ANDREA BOTTLINGER CHRISTIAN HUMBERG

SORGE DICH NICHT, BEAME!

Besser leben mit Star Wars und Star Trek

Der etwas andere Lebensratgeber

»SORGE DICH NICHT, BEAME! – Besser leben mit Star Wars und Star Trek«
wird herausgegeben von Amigo Grafik, Teinacher Straße 72, 71634 Ludwigsburg.
Herausgeber: Andreas Mergenthaler und Hardy Hellstern,
Autoren: Andrea Bottlinger und Christian Humberg; verantwortlicher
Redakteur und Lektorat: Markus Rohde; Lektorat: Juliane Wimmer und Anika Klüver;
Satz: Rowan Rüster/Amigo Grafik; Cover Artwork und Illustrationen: Martin Frei;
Print-Ausgabe gedruckt von CPI Morvia Books s.r.o., CZ-69123 Pohorelice.
Printed in the Czech Republic.

Print ISBN 978-3-86425-048-4 (Dezember 2012)
E-Book ISBN 978-3-86425-049-1 (November 2012)

WWW.CROSS-CULT.DE

»WAS WÜRDE HAN SOLO TUN?«

Eine Bedienungsanleitung für dieses Buch

»Nummer vier«, sagt Thomas und hebt entsprechend viele Finger – was ihm, seinem Alkoholpegel angemessen, nicht mehr so *ganz* gelingt. »Vier in 20 Minuten. Was meint ihr, wie viele da noch kommen, bis wir betrunken sind?«

Wir sitzen im Außenbereich einer Kneipe in einer übersichtlichen Studentenstadt. Es ist Samstagabend und, obwohl dies schon das vierte Lokal unserer kleinen Tour und erst Frühsommer ist, noch immer recht warm. Leise Musik liegt in der Luft, die nach Entspannung riecht. Die Getränke schmecken. Wir beobachten Passanten und zählen Justin-Bieber-Frisuren.

»Mal ehrlich«, legt Thomas neues Holz ins Feuer seiner künstlichen Aufregung, »hat sich die Friseurinnung intern abgesprochen, oder was ist das? Gab's da irgendwann mal eine Rundmail an alle Meister: ‚Sehr geehrtes Innungsmitglied, männliche Kunden bis zum Alter von 17 Jahren sind ab sofort ausschließlich soundso zu frisieren. Mit freundlichen Grüßen, Ihr Dachverband' – oder wie?«

»Na, komm«, winken wir ab, »lass sie doch rumlaufen, wie sie wollen. Bieber-Fieber ist eben in.«

Entsetzlich, wie *alt* wir klingen. Wie konservativ. Nicht mehr lange, und wir scheuchen spielende Kinder von unserem Rasen? Furchtbarer Gedanke.

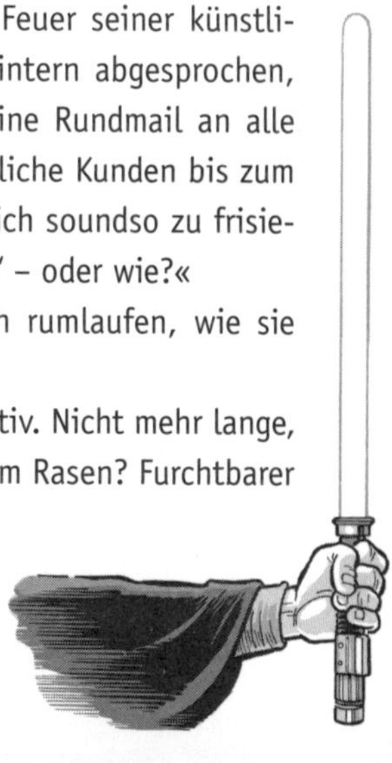

Thomas schnaubt. »In. Wenn ich das schon höre. Als ob dieser Milchbubi Bieber ein Vorbild sein könnte. Was weiß der denn schon?«

Mehr als du in deinem Suff, denken wir belustigt, schmunzeln die Worte aber weg, bevor sie zu Lauten werden können, und nehmen einen weiteren Schluck. »Jede Generation sucht sich eben ihre eigenen Vorbilder zur Orientierung. Wir waren in dem Alter auch nicht anders. Nur ... na ja ... anders, halt.«

»Geenau!« Thomas reißt die Augen auf, hebt sogar den Zeigefinger zu einer *Achtung, Erkenntnis!*-Geste. »Wir waren nämlich Geeks! Fernsehkinder. SF-Fans. Unsere Idole kamen nicht aus der BRAVO, sondern aus STARLOG, Hollywood und Co. Fiktive Helden, nicht Könige des Boulevards!«

Wir sehen uns an. So absurd Thomas in diesem Moment auch wirkt – und das vermutlich auch weiß –, ganz unrecht hat er nicht. Es gibt eine Generation, und die meisten ihrer Mitglieder sind momentan wohl irgendwo zwischen »um die dreißig« und »etwas jenseits der vierzig«, die verbrachte einen Gutteil ihrer Kindheit vor der heimischen Flimmerkiste. Und das mit Begeisterung! Eine Generation, der Luke Skywalker und James T. Kirk, MacGyver und Timm Thaler weitaus mehr imponierten, als es Popsternchen und It-Girls je vermocht hätten. Wir kannten zwar noch keine Paris Hilton, aber wir hätten ihr vermutlich sowieso keine Beachtung

geschenkt – es sei denn, sie wäre die weibliche Hauptrolle der Woche beim A-TEAM gewesen oder mal in Simon & Simons rotem Flitzer durch die Straßen von San Diego gebrettert.

»Aber wir hatten doch auch keine Spock-Haarschnitte, nur weil wir den toll fanden.«

»Isnichderpunkt«, wiegelt Thomas unseren Pseudoprotest ebenso fatalistisch wie schwerzüngig ab. »Ehrliche Antwort, jetzt: Als ihr zwölf wart, wessen Poster hingen da über euren Betten? Na?«

Wir grübeln nicht lange und nennen Kino- und Fernsehhelden, überwiegend aus dem phantastischen Genre. Wohlgemerkt nicht Schauspieler-, sondern *Rollen*namen.

»E-ben«, betont Thomas begeistert. »Dasisdochintrssant! Hier, ihr macht doch dieses Science-Fiction-Zeugs. Gab's da nicht mal so'n Buch? ALLES, WAS ICH IM LEBEN BRAUCHE, HAB ICH VON CAPTAIN KIRK GELERNT, oder so? *Das* is der Punkt! Wir Fernsehkinder sind 'ne Generation, die sich in ihren prägenden Jahren – nicht nur, aber ganz schön ordentlich auch – von fiktiven Idolen beeindrucken ließ. Von Serienprotagonisten, Raumfahrern und Sternenkriegern. Schreibt doch *da* drüber mal was!«

Die Idee, das begreifen wir sofort, ist ebenso schräg wie genial. Ein Buch von und für uns Fernsehjunkies von damals. Für Leute wie wir, die noch immer das Titellied vom ZDF-Ferienexpress mitsingen könnten.

»Mhm«, verneint Thomas kopfschüttelnd. »Für uns *Geeks*! Betont das,

und zwar mit Stolz. Kramt den Kirk aus'm DVD-Regal! Holt den Obi Wan Kenobi aus der Versenkung! Das waren doch unsere größten Vorbilder. Seid ehrlich: Wie oft habt ihr schon versucht, irgendwas mithilfe der Macht schweben zu lassen?«

Wir nicken. Vor allem, wenn die Fernbedienung knapp außerhalb der Reichweite liegt, ist das immer einen Versuch wert. Irgendwie begleitet uns das bis heute. Recht hat Thomas!

»Ein Ratgeber«, spinnen wir den Ansatz weiter. »Ein Buch, das uns Alltagsprobleme am Beispiel unserer alten Helden lösen hilft.«

»Ein Lebensratgeber für Geeks!« Thomas reißt triumphierend die Arme hoch. »Das isses. Ein Sorge dich nicht, lebe für die Generation Nerd, die beim Völkerball immer als Letztes in eine Mannschaft gewählt wurde. Ein Bestell dir was beim Universum-Buch, in dem ihr *wirklich* ins Universum geht. Nämlich in das von George Lucas und Co.«

»Klingonisch statt esoterisch!«

»Zeitreisen statt Astralreisen!«

»Katra statt Chakra!«

»Was würde Han Solo tun?«, ruft Thomas so laut, dass uns schon strafende Blicke von den Nebentischen treffen.

Wir ignorieren sie. Je mehr wir uns in diesen herrlichen Blödsinn hineinsteigern, desto deutlicher werden uns nämlich zwei Dinge. Erstens: Dieses Buch, von dem wir hier träumen, würde ein recht ironisches sein. Eines, das sich selbst nicht allzu ernst nähme. Das Spaß macht und Spaß hat. Und zweitens: Wir wollen es *tatsächlich* schreiben – unbedingt!

»Sorge dich nicht, beame«, betiteln wir in den warmen Frühsommerabend hinaus.

»Besser leben mit Star Wars und Star Trek«, ergänzt Thomas grinsend.

»Der etwas andere Ratgeber.«

Die Kellnerin kommt, angelockt von unserer Begeisterung, und fragt, ob sie uns noch etwas bringen kann. Wir schenken dem fünften Justin Bieber, der gerade in diesem Moment den Außenbereich passiert, kaum mehr Beachtung und bestellen Wookiee-Wango und romulanisches Ale.

Beides könne die Theke nicht aufweisen, bedauert die junge Aushilfe. Sie wirkt ein wenig verwirrt.

»Aber …«, schauspielert Thomas ihr den ebenso Rat- wie Fassungslosen. »Aber, was würde Han Solo trinken?«

»Ich fürchte, der war lange nicht hier«, sagt die Frau schlagfertiger, als sie es vermutlich selbst merkt.

Thomas sieht sie schelmisch an. »Wenn *Sie* wüssten …«, sagt er.

Andrea Bottlinger & Christian Humberg

KEINE PANIK!

Die Lage ist bestimmt nicht so kritisch, wie sie aussieht. Und selbst wenn, sind Sie garantiert nicht der/die Erste, der/die in ihr steckt – es sei denn, Sie befinden sich gerade an Bord eines halb zerstörten X-Wing-Fighters oder Föderationsschiffes und treiben orientierungslos durch den unerforschten Teil des Alls. Tun Sie das? Na, sehen Sie.

Was Ihnen im Moment fehlt, ist einfach die Perspektive. Der nötige Abstand zur Gegenwart, dank dem Sie Ihr Problem nüchterner betrachten und so leichter lösen könnten. Ihnen fehlt die Gewissheit, dass das – was immer *das* in Ihrem konkreten Fall auch sein mag – schon ganz andere gewuppt haben.

Wo und wie, fragen Sie? Na, schauen Sie doch einfach mal im DVD-Regal nach. In der Heiligen Schrift der weltweiten Gemeinschaft der Geeks und Nerds. Hat Han Solo nicht sogar dem Imperium getrotzt? Hat Captain Kirk nicht sogar Frieden mit den Klingonen geschlossen? Was sind unsere irdischen Sorgen denn schon im Vergleich mit dem Alltag unserer Idole aus der Sternenflotte und der Rebellenallianz? Klagen Sie nicht: »Was kann ich denn noch tun?« Fragen Sie sich lieber: »Was würde Captain Picard an meiner Stelle tun?« Und Yoda. Und Spock. Und Leia. Und ...

Dieses Buch will Ihnen helfen, die erwähnte Perspektive zurückzugewinnen – indem es Sie an Vorbilder erinnert, die nicht grundlos zu

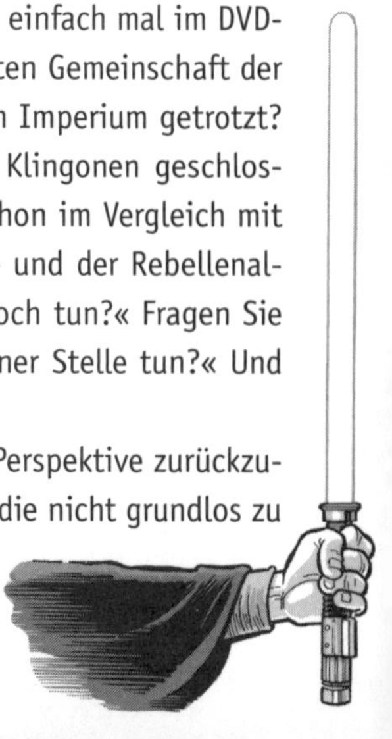

den Ihren wurden. Es meint längst nicht alles todernst, was es Ihnen auf den folgenden Seiten präsentiert. Aber es hofft – und seine Autoren mit ihm –, dass es Ihre Erinnerung ebenso kitzelt wie Ihre Lachmuskeln. Und vielleicht, nur vielleicht, springt dabei ja sogar der eine oder andere Aha-Moment für Sie heraus.

Wäre das nichts? Vertrauen Sie einfach den »Star-Universen«. Denn, hey: Warum sich sorgen, wenn Sie auch beamen können?

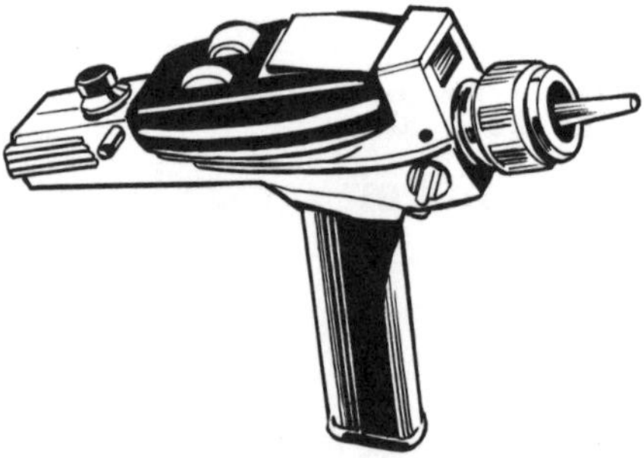

1

DER MOND IST EINE RAUE GELIEBTE

Über die Zweisamkeit zwischen den Sternen

Beziehungen und Science-Fiction – passt das zusammen? Die meisten Menschen würden auf diese Frage wohl spontan mit Nein antworten. Ein Mann, so die Allgemeinheit, muss sich irgendwann entscheiden, ob er sein trautes Heim mit seinen Raumschiffmodellen oder einer Frau teilen möchte. Und die Frauen? »Was haben Frauen denn mit Science-Fiction zu tun?«, werden die meisten Leute wohl fragen.

Da sieht man mal wieder, wie sehr sich die Allgemeinheit irren kann.

Wer mit Star Wars und Star Trek aufgewachsen ist, hat seine Jugend – im Sinne Amors betrachtet – nicht zwangsläufig verschwendet. Denn beide Universen bieten auch in Liebesdingen eine Fülle an Orientierung gebenden Vorbildern – und einige abschreckende Beispiele. Der geneigte Zuschauer kann in den Filmen und Serienepisoden die verschiedensten Möglichkeiten beobachten, mit dem Thema Liebe umzugehen.

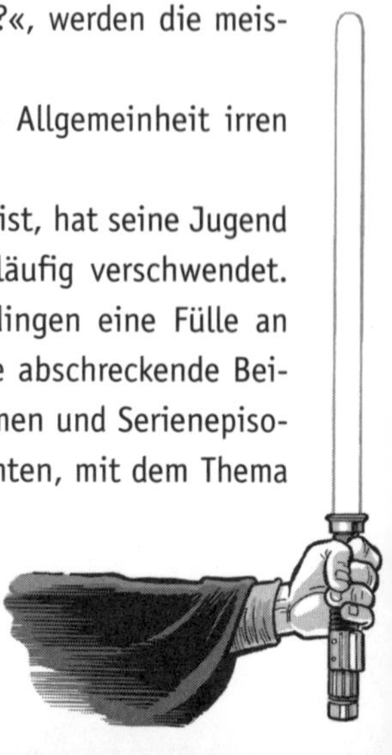

Und das geht weit über die Frage hinaus, wie man die Person herumkriegt, die man will. Tatsächlich gibt es eine ganze Menge wichtiger Dinge zu klären, *bevor* man sich diesem Teil des großen Abenteuers Zweisamkeit widmen kann. Haben Sie schon einmal darüber nachgedacht, was Ihnen wichtiger ist, Karriere oder Beziehung? Wollen Sie sich überhaupt fest binden? Und sind Sie sicher, dass Sie sich nicht aus Versehen in Ihre Zwillingsschwester verliebt haben?

1. CHERCHEZ LA FEMME …

Es gibt da also eine Frau, die Ihr Interesse geweckt hat. Eine Frau in einer Bar, Ihre Nachbarin oder eine Kollegin. Wer auch immer sie ist, nun stellt sich die große Frage: Was wollen Sie deswegen unternehmen? Sie denken zurück an all die Dinge, die sie über die Liebe und das Flirten wissen, und natürlich kommen Ihnen gleich zwei Ihrer größten Vorbilder aus Ihrer Jugend in den Sinn. Wer sonst außer Captain Kirk und Han Solo sollte hier Rat wissen?

James T. Kirk

Der Captain der U.S.S. Enterprise gilt als Womanizer allererster Güte. Als typischer Klischee-Seemann, sozusagen, obwohl sein Schiff nicht die sieben Weltmeere, sondern die Galaxis bereist. Kirk, so heißt es, hat in jedem Raumhafen eine andere und bezirzt alles, was nicht bei drei auf den Bäumen ist. Dafür könnte man sich ihn als Vorbild nehmen.

Und doch …

Ein Beziehungsmensch ist er nicht. Kirks Karriere jenseits der Kar-

riere ist, liest man einmal zwischen den Zeilen, primär von Einsamkeit geprägt – ganz so, wie es sich für eine Hauptfigur einer 1960er Abenteuerserie gehört. Seine Verwandtschaft spielt in den Geschichten des klassischen STAR TREKS kaum mal eine Rolle. Das bisschen Familie, das er sich im Laufe der Drehbücher aufbaut, darf prompt den Heldentod sterben (siehe u. a. Kirks Sohn David Marcus in STAR TREK III – AUF DER SUCHE NACH MR. SPOCK), und selbst bei der Ersatzfamilie, seiner ihn immer unterstützenden und ihm vertrauenden Mannschaft, war sich Kirk stets sicher, sie nicht bis zum bitteren Ende an seiner Seite zu haben. »Ich habe immer gewusst, dass ich allein sterben werde«, beichtet er Pille und Spock in STAR TREK V: AM RANDE DES UNIVERSUMS. Und er soll recht behalten.

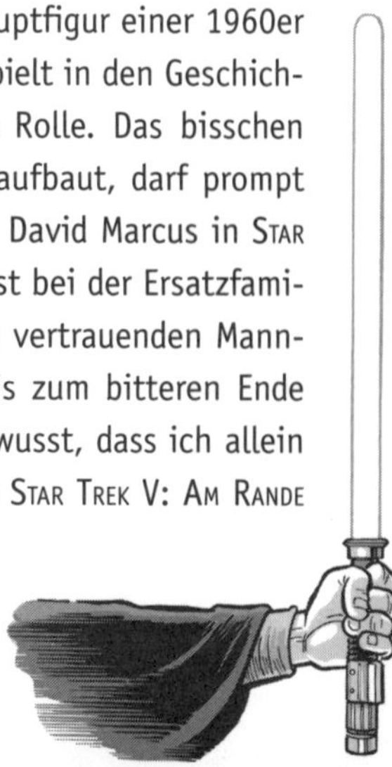

Die Ehe mit dem Beruf

Mal ehrlich, liebe Leser, wollen Sie sich wirklich an so einem Mann orientieren?

Machen wir uns nichts vor: In Sachen amouröser Eroberungen steckt Kirk uns vermutlich alle in die Tasche. Aber keines seiner Techtelmechtel hat das Zeug zur Langfristigkeit, keines entwickelt sich für ihn zu einem Zuhause. Das liegt primär an Kirk, zieht er doch *boldly* weiter, während die soeben noch Angebetete traurig zu den Sternen blickt. Er könnte bleiben, tut es aber nie. Warum? Weil er es nicht will? Weil er nicht für diese Art von Leben gemacht ist?

Jein. Hauptsächlich, weil er sich bereits – und zwar mit Haut und Haarteil – einer anderen verschrieben hat. Einer, neben der selbst die bezauberndste und atemberaubendste Alien-Schönheit verblasst. Und ihr Name lautet ... Enterprise.

Kirk *ist* nämlich treu, allen Womanizer-Gerüchten zum Trotz. Sogar treuer als Mundgeruch. Zu seinem und der intergalaktischen Damenwelt Leidwesen handelt es sich bei dem Objekt seiner Begierde nur um nichts Lebendes. Als der jugendlich wirkende Captain aus Riverside, Iowa, damals das Kommando über das stolze Raumschiff mit der Kennung NCC-1701 übernahm – und damit auch die Verantwortung für dessen mehrere Hundert Personen umfassende Besatzung –, begann eine Beziehung, die weit über Konzepte wie Pflicht und Ehre hinausgeht. Die Enterprise steht für Abenteuer, für Forschung und Ideale. Sie ist das Werkzeug, mittels dessen die Menschheit und ihre Alliierten dem Unbekannten gegenübertreten und das Vertraute im Fremden finden können. *Sie* ist Zuhause. Wundert es da, dass Kirk nicht von ihr loskommt? Er liebt die Faszination dessen, was dieses Schiff verkörpert, und als er es in Star Trek III zerstören muss, um es vor dem Zugriff der feindlichen Klingonen zu bewahren (»Mein Gott,

Pille, was habe ich getan?«), schmerzt ihn das mindestens so sehr wie Edith Keelers Tod (TOS: *Griff in die Geschichte*, 1x28). Garantiert.

Als Kirk stirbt, stirbt er für sein Schiff. Ist das nicht romantisch?

Han Solo

Han Solo ist eigentlich kein Beziehungsmensch. Er ist ein glücklicher Single und führt eine wunderbare Männerfreundschaft mit seinem besten Kumpel, Arbeitskollegen und Mitbewohner Chewbacca. Zusammen ziehen die beiden durch die Gegend, pflegen einige eher fragwürdige Kontakte und handeln sich öfter mal Ärger ein. Eine Frau würde da nur stören und Han schlimmstenfalls sogar zwingen, seine getragenen Socken wegzuräumen und mit dem Glücksspiel aufzuhören.

Aber letztendlich ist er auch nur ein Mann, und wenn er eine Frau erblickt, die sein Interesse weckt, kann er nicht widerstehen. Selbstbewusst, wie er ist, würde er einfach zu der eingangs erwähnten Schönheit an der Bar hinüberspazieren und einen coolen Spruch ablassen.

Dabei ist es nicht schlimm, wenn sie diesen Spruch eher als ein Zeichen seiner schlechten Erziehung oder seines aufgeblasenen Egos sieht. Leias erster Eindruck von Han ist immerhin auch alles andere als gut. Die ersten Worte, die sie an ihn richtet, sind ein Vorwurf. Sie meint, er habe ihre Rettung versaut, weil nicht alles so glattgeht wie erhofft. Sein Schiff und Heim kommentiert sie mit: »Sie fliegen mit dem Ding? Sie sind mutiger, als ich dachte.« Seinen besten Freund nennt sie einen »laufenden Bettvorleger«. Und er selbst ist in ihren Augen ein »aufgeblasener, schwachsinniger, mieser, widerwärtiger Wookietreiber«.

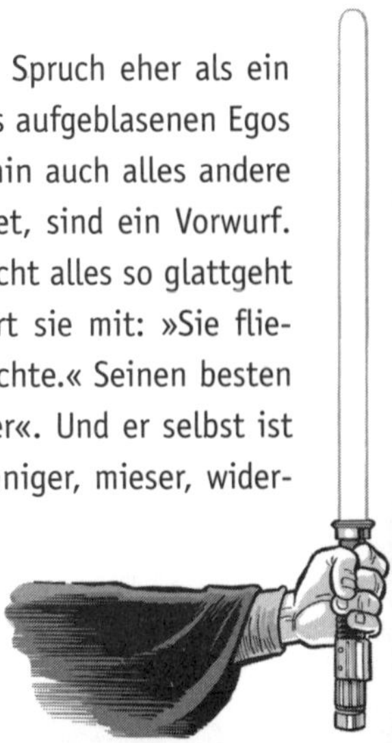

Kommt Ihnen das alles bekannt vor, zumindest ungefähr? Hat Ihnen die Frau an der Bar gerade auch eher einen genervten als einen beeindruckten Blick geschenkt? Dann verzagen Sie nicht! Es mag nicht nach einem guten Anfang für eine glückliche Beziehung aussehen, aber noch ist alles möglich. Fragen Sie sich: »Was würde Han Solo tun?«

Auf steinigen Pfaden zum Ziel

Han ist auf keinen Fall der Typ Mann, der Himmel und Hölle in Bewegung setzt, nur um eine Frau zu beeindrucken. Er kauft keine Blumen, gibt keinen Drink aus, und anstelle eines vor Leidenschaft glühenden Blicks kann man von ihm eher ein selbstgefälliges Grinsen erwarten.

Außerdem lässt er sich nicht die Butter vom Brot nehmen. Wenn die Frau, mit der er es zu tun bekommt, ihm deutlich macht, dass sie ihn für einen Idioten hält, dann schießt er zurück. Allerdings mit Stil. Ein Han Solo wird niemals ausfallend. Stattdessen verlegt er sich auf sarkastische Kommentare und ist ein Meister darin, selbst Worte wie »Eure Hoheit« wie eine Beleidigung auszusprechen.

Versuchen Sie, dabei möglichst unterhaltsam zu sein. Wenn die Frau an der Bar sich fragt, wie Sie wohl als Nächstes kontern, haben Sie schon etwas gewonnen.

Die ganze Harter-Kerl-Nummer heißt aber nicht, dass Han nicht flirtet. Sein Trick ist, sich erst von der netten Seite zu zeigen, wenn sein weibliches Gegenüber es gar nicht mehr von ihm erwartet.

So stellt Han – und so stellen auch Sie – sicher, stets positiv zu überraschen und niemals negativ. Und wenn die Frau, an der Sie interessiert sind, von vorneherein keine hohe Meinung von Ihnen hat, was haben Sie dann schon zu verlieren?

Hartnäckigkeit ist für die Han-Solo-Taktik äußerst wichtig. Selbst wenn die Angebetete sich immer neue Beschimpfungen ausdenkt, darf ein Han-Schüler sich nie aus der Ruhe bringen lassen. Er muss stets an der Überzeugung festhalten, er sei der tollste Kerl, den sie je treffen wird. Irgendwann, so weiß er, wird sie das schon einsehen.

Ein echter Solo bewahrt sich außerdem seine Coolness bis zum Schluss. Glauben Sie uns: »Ich weiß« *ist* eine vollkommen legitime Erwiderung auf »Ich liebe dich«, solange Sie nur darauf achten, all Ihre Leidenschaft in den darauf folgenden Kuss zu legen. Cooler geht es nur, wenn Sie sich zudem in Karbonit einfrieren lassen. Aber wer hat das Zeug schon daheim rumliegen?

2. AUF DER SUCHE NACH EINEM MANN

Aber vielleicht sind Sie ja eher an Männern interessiert. Was tun Sie dann? Enthalten die ja meistens eher auf ein männliches, heterosexuelles Publikum ausgerichteten Science-Fiction-Universen überhaupt sinnvolle Vorbilder, wenn es darum geht, sich den *Mann* seiner Träume zu angeln? Lassen Sie es uns zusammen herausfinden.

Stellen Sie sich vor, Sie sind gerade unterwegs, um irgendwelche wichtigen Besorgungen zu erledigen. Der Alltag hetzt Sie mal wieder von A nach B und nach C und lässt Ihnen kaum Zeit, an die Liebe zu denken. Und dann, mit einem Mal, steht da dieser Typ an einer Straßenecke neben Ihnen an der Ampel. Er sieht recht gut aus, und er hat Sie offensichtlich auch bemerkt.

Wenn Sie in einer solchen Situation eigentlich Zigtausend wichtigere Dinge zu tun haben, als stehen zu bleiben und sich mit dem Mann zu unterhalten, der Ihnen gerade zulächelt, dann geht es

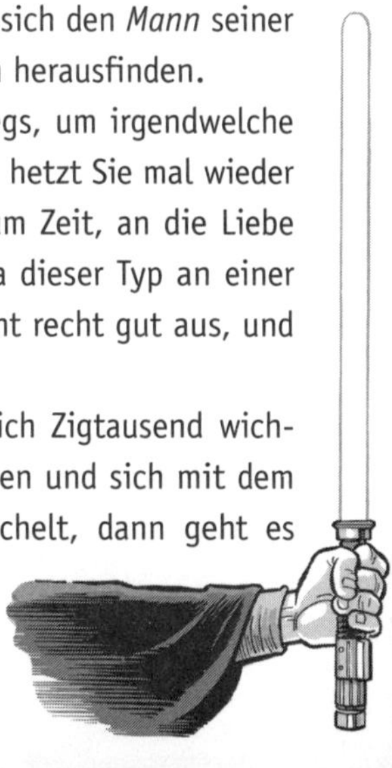

Ihnen ähnlich wie Leia Organa oder Captain Kathryn Janeway. Wie kommen diese Frauen dennoch in den Genuss eines Liebeslebens? Tun sie das überhaupt?

Leia Organa

Falls Leia auf der Suche nach dem Mann ihrer Träume ist, lässt sie sich das nicht anmerken. Fest steht, dass sie eine Menge »wichtigerer« Dinge als eine Beziehung im Kopf hat. Zum Beispiel ihre Karriere – und vor allem die Revolution. Dafür hetzt sie von Adleraan nach Hoth und nach Endor.

Sie kennen das ja. Ersetzen Sie die Planetennamen einfach durch Supermarkt, Bafög-Amt, Prüfung X oder Überstunde Y.

Doch auch in stressigen Zeiten muss man nur die Augen offen halten, um jemanden zu entdecken, den man näher kennenlernen möchte (auch wenn einem das vielleicht nicht von Anfang an klar ist). Sei es nun der Typ an der Ampel oder der Kerl, der Sie aus einer Kerkerzelle befreit, weil er sich eine Belohnung dafür erhofft.

Was also tun, wenn Sie sich die Zeit nehmen wollen, sich ein wenig mit dem Mann Ihres neu geweckten Interesses auseinanderzusetzen?

Eisprinzessin

Leia flirtet mit einer fiesen »Ich bin schwer zu kriegen«-Taktik. Die funktioniert vor allem dann, wenn Sie den Typ an der Ampel jeden Tag sehen. Vielleicht hat er denselben Weg wie Sie? Dann kann es nicht schaden, die Sache langsam anzugehen. Wer etwas weniger an höhere Ziele zum Wohle des Universums und etwas mehr daran denkt, den Mann seiner Träume zu finden, sollte sich allerdings nicht ganz so abweisend geben wie Leia. Den eigenen Bruder zu küssen, um dem Mann, an dem man eigentlich interessiert ist, zu zeigen, was er nie haben kann, geht womöglich etwas zu weit. Außerdem ist es meistens klug, mit dem Liebesgeständnis nicht so lange zu warten, bis äußere Umstände den Auserwählten zum Gehen zwingen – egal ob er einfach umzieht, ins Gefängnis muss oder von Kopfgeldjägern in Eiswürfelform abtransportiert wird.

Einmal Tatooine und zurück

Oft fangen die Probleme allerdings erst mit dem Liebesgeständnis an. Was macht Frau mit der Karriere, wenn die Beziehung über das Stadium zufälliger Treffen an der Straßenecke hinaus ist? Aufgeben kommt für die moderne Frau von heute natürlich nicht infrage.

Trotzdem stellt ein Mann eine große Ablenkung dar. Er will Aufmerksamkeit und lässt sich nicht einfach in einer Ecke abstellen, bis Sie Zeit haben, sich um ihn zu kümmern. Überstunden, durchgearbeitete Wochenenden und Dienstreisen in abgelegene Gegenden – das alles werden Sie plötzlich etwas zurückfahren müssen, um mehr Zeit mit dem Partner zu verbringen (oder ihn aus den Fängen eines fiesen Gangsterbosses zu retten, bei dem er Schulden hat). Gut, Letzteres passiert nicht unbedingt häufig. Aber rechnen Sie damit, dass ein Partner Ihr karrierebezogenes Singleleben nicht unerheblich

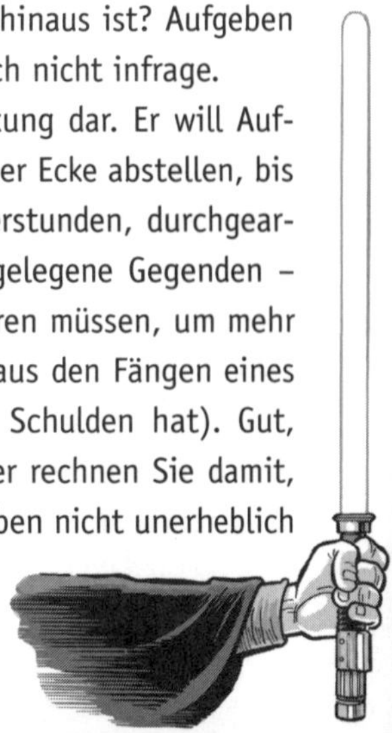

durcheinanderbringen dürfte.

Leia gelingt es gut, Karriere und Beziehung unter einen Hut zu bringen. Sie hat kein Problem damit, ihre Rebellenkollegen eine Weile allein zu lassen, um ihrem Geliebten in einer verzwickten Situation beizustehen. Hier beweist sie ein gesundes Vertrauen in ihre Mitarbeiter. Kein Problem ist groß genug, dass die Kollegen nicht auch mal eine Weile ohne sie auskämen.

Vor allem, wenn man viel zu tun hat, ist es wichtig, Prioritäten zu setzen und sich die Zeit, die man nicht hat, dennoch zu nehmen. Achten Sie einfach darauf, Ihren Wüstenurlaub nicht auf die Phase des Jahres zu legen, in der Ihr Unternehmen mal wieder einen Todesstern zerstören muss. Alles andere ist durchaus vernachlässigbar. Das Leben kann immerhin nicht nur aus Arbeit bestehen.

Leia schafft es außerdem, ihrem Partner klarzumachen, wie wichtig ihr ihre Arbeit ist und dass sie trotz allem noch Zeit mit Freunden wie General Ackbar und Mon Mothma verbringen will. Das gelingt ihr vor allem, indem sie Han an dem teilhaben lässt, was sie tut. So erfährt er direkt, dass sich ihr Leben nicht nur um ihn dreht, und er und sein Ego können sich damit arrangieren.

Captain Kathryn Janeway

Mars, 2349. In den unterirdischen Höhlen bei Olympus Mons spielt sich ein schicksalhaftes Drama ab. Mark Johnson, ein junger Mann von der Erde, wird bei einem Schwimmausflug von gefährlichen Strömungen erfasst und droht zu ertrinken. Doch seine Begleiterin, eine gewisse Kate Janeway aus Bloomington, Indiana, rettet ihm mutig das Leben. Es ist der Beginn einer wunderbaren Freundschaft, aus der Liebe wird.

Janeway und Johnson sind ein Traumpaar. Beide erfolgreich, beide engagiert, beide weltoffen. Die Zukunft scheint bereits geschrieben und Ehe, Kinder und das sprichwörtliche Häuschen im Grünen zu beinhalten, doch dann ... Dann erhält Kate das Kommando über das Raumschiff Voyager, wird auf eine Spionagemission geschickt – und von einem Moment auf den anderen verändert sich ihrer beider Leben. Kates Schiff wird von einem Weltraumphänomen erfasst und in einen weit, weit entfernten Winkel des Universums verschlagen. Auf der Erde hält man es für zerstört, seine Besatzung für tot. Mark trauert, und irgendwann lebt er weiter. Heiratet eine andere.

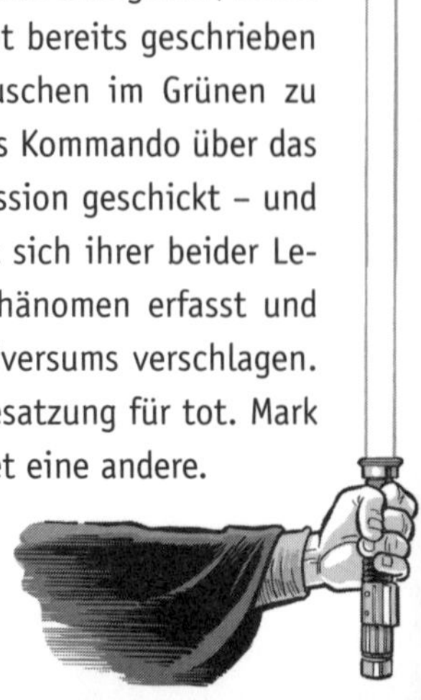

Manchmal kommt es anders, als man denkt

Ja, Kathryn Janeways Biografie beginnt durchaus romantisch und so, als hätten die Drehbuchautoren ihrer SF-Serie (Star Trek – Voyager) ihr tatsächlich ein Privatleben gönnen wollen. Doch der erste Eindruck täuscht. Im fernen Deltaquadranten und mit der Aussicht konfrontiert, die Heimat und die dortigen Lieben frühestens in 70 Jahren wiederzusehen – so lange dauert der Rückflug laut Bordcomputer unter Optimalbedingungen ungefähr –, wird aus der romantischen Kate zwangsweise die resolute und willensstarke Captain Janeway. Eine Frau, die ihren Beruf nicht nur ausfüllen, sondern durch und durch *leben* muss. Die mit gutem Beispiel vorangehen muss, um ihre Untergebenen vor dem Verzweifeln zu bewahren. Die Hoffnung machen muss – ganz egal, wie es in ihr aussieht. Kathryn mag eine Frau mit Gefühlen sein, aber wenn ihre Besatzung auch nur den Hauch einer Chance haben soll, die Heimat irgendwann einmal wiederzusehen, darf sie diese nicht zeigen. Die ihr anvertrauten Offiziere und Passagiere bedeuten Kathryn Janeway alles, ganz wie es sich für einen guten Captain gehört. Ihnen ordnet sie sogar ihre Träume unter – bis auf den, den sie alle teilen. Den Traum einer sicheren Rückkehr zur Erde.

Sie mag Beziehungen gehabt haben, als die Serie begann. Aber die Abenteuer auf der U.S.S. Voyager machen Kate im Handumdrehen zur reinen Karrierefrau. Sie kann gar nicht anders. Würde sie in nennenswertem Maß amourösen Interessen nachgehen, liefe sie Gefahr, ihren Posten zu vernachlässigen. Und in der feindlichen Fremde bedeutet dies den sicheren Tod aller, die sich ihrer Obhut anvertraut haben. In Sachen Aufopferung für seine Mitmenschen kann sich so mancher von ihr eine Scheibe abschneiden, aber in der Liebe sollten Sie Kates Beispiel nicht folgen.

3. Eine Beziehung, und was jetzt?

Gut, da haben Sie nun also eine Beziehung. Aber wie sorgen Sie dafür, dass sie auch hält und nicht etwa in Blut, Tränen und glühender Lava endet?

Hier ergeben sich ohne Zweifel die größten Probleme, wenn Sie durch Star Wars und Star Trek geprägt wurden. Glückliche Beziehungen geben einfach zu selten gute SF-Geschichten ab, deshalb gibt es davon so wenige in diesen Filmen und Serien. Welcher Geek will schon sehen, wie sich ein zufriedenes Paar anderthalb Stunden lang verliebt anlächelt?

Aber das eine oder andere Beispiel lässt sich dennoch finden. Und zur Not lernen wir natürlich auch stets aus den Fehlern anderer. In Sachen Fehler hat nämlich niemand einen Grund, sich über mangelnde Beispiele in der SF zu beklagen. Wo große Raumschlachten geschlagen werden und jeder viel zu sehr darauf konzentriert ist, den Gegner in die Luft zu jagen, bevor er dasselbe mit einem tut, haben Beziehungen es tierisch schwer …

Was Sie vermeiden sollten!

Den Rekord für die kaputteste Beziehung in der Geschichte des Science-Fiction-Films halten wahrscheinlich Anakin und Amidala aus Star Wars. Dabei wollen wir außen vor lassen, dass sich die beiden kennenlernen, als er acht ist und sie vierzehn. Sechs Jahre sind kein allzu großer Altersunterschied, sobald man erst erwachsen ist. Und auch eine Sandkastenliebe muss nicht unbedingt scheitern.

Nein, bei Anakin und Amidala laufen ganz andere Dinge schief.

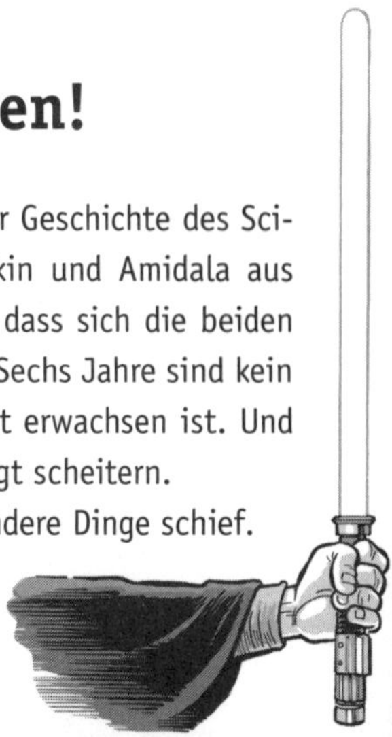

Ihre größten Probleme fußen auf mangelndem Vertrauen und ungenügender Kommunikation. Die ganze Misere beginnt, als Anakin träumt, Amidala sterbe bei der Geburt ihres Kindes. Anakin fühlt sich an die wahr gewordene Vision des Todes seiner Mutter erinnert und sagt dies seiner Holden auch. Beide wissen, dass Jedi ab und zu die Zukunft sehen. Es steht für sie also außer Frage, dass Anakins Traum ernst genommen werden sollte.

Aber was sagt Amidala? Sie tut Anakins Bedenken mit einem läppischen »Es war nur ein Traum« ab.

Ernsthaft? Nach allem, was sie weiß? Sie schiebt die Möglichkeit ihres drohenden Todes einfach von sich und will sie nicht wahrhaben. Sie will ihr Kind auf Teufel komm raus zur Welt bringen und hat keine Lust, sich diese Erfahrung durch Anakins Sorgen vermiesen zu lassen. Also sagt sie ihm die Star Wars-Version von: »Stell dich nicht so an. Wird schon alles gut werden.«

Danach reden die beiden nie wieder über das Thema. Irgendwie verständlich.

Jedes vernunftbegabte Wesen dies- und jenseits von Tatooine weiß: Ein kräftiges »Stell dich nicht so an« ist die beste Methode, eine Beziehung zu töten. Sobald Sie die Sorgen Ihres Partners / Ihrer Partnerin nicht ernst nehmen, passieren zwangsläufig schreckliche Dinge. Nicht jeder wechselt deshalb gleich zur dunklen Seite der Macht und bringt Jünglinge um, aber eine harmonische Beziehung kann man danach auf jeden Fall vergessen.

Allerdings ist die ganze Katastrophe in unserem Beispiel natürlich nicht allein Amidalas Schuld.

Anakin hätte mehr als einmal versuchen können, sie von seinen Visionen zu überzeugen. Er hätte nicht ständig »Nichts« antworten müssen, als sie ihn fragte, was los sei. Und er hätte *wirklich* nicht versuchen sollen, das Problem allein zu lösen, ohne sich mit ihr abzusprechen.

Aber selbst ist der Mann, und Amidala hat ja sicher nichts dagegen, wenn er – als Mann typisch ergebnisorientiert denkend – massenweise Kinder tötet, um sie zu retten …

Seufz.

»Wie, du wolltest *nicht* umziehen?«

Was uns gleich zur nächsten Regel für eine glückliche Beziehung bringt: Wichtige Entscheidungen trifft man *nicht* allein. Und manchmal müssen Sie Kompromisse schließen.

Stellen wir uns mal vor, Amidala und Anakin hätten vernünftig miteinander geredet. Vielleicht wären sie zu einer Einigung gekommen. Vielleicht hätte er gesagt: »Okay, ich bringe die Jünglinge *nicht* um und wechsle *nicht* zur dunklen Seite, aber du solltest zumindest einen Arzt nachschauen lassen, ob mit deiner Schwangerschaft alles gut verläuft.«

Darauf sie vielleicht: »Oh, stimmt. Daran habe ich noch gar nicht gedacht. Das klingt nach einer guten Idee. Immerhin leben wir in einer technisch hoch entwickelten Gesellschaft, die sogar in der Lage ist, Armprothesen herzustellen, die kaum schlechter funktionieren als das Original aus Fleisch und Blut. Es sterben nicht mehr viele Leute im Kindbett. Zur Not kann ich immer noch einen Kaiserschnitt machen lassen, falls es Komplikationen gibt.«

»Du hast ja so recht«, wäre vermutlich Anakins Erwiderung gewesen. »Ich bin froh, dass wir darüber gesprochen haben. Stell dir vor, was passiert wäre, wenn wir es nicht getan hätten.«

Und alle Bewohner Alderaans hätten plötzlich das Gefühl gehabt, aus irgendeinem Grund knapp dem Tod entronnen zu sein.

Anakins letzter Fehler ist bisher allerdings unerwähnt geblieben: Wer Entscheidungen, die beide Partner betreffen, allein trifft und den anderen vor vollendete Tatsachen stellt, sollte nicht überrascht

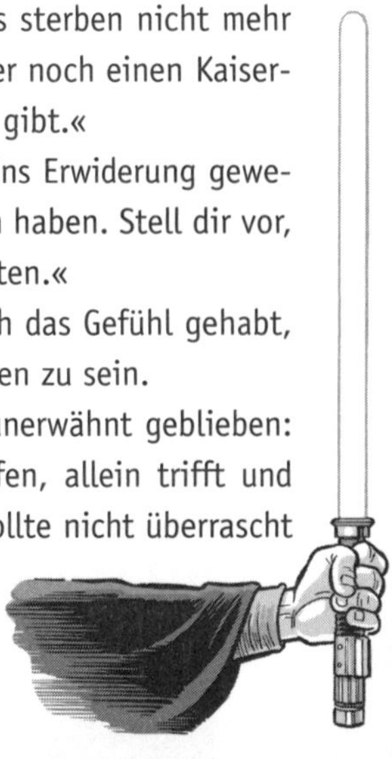

sein, wenn besagte/r andere/r wenig begeistert reagiert oder gar erschrickt. Überraschungen sind schön und gut, sollten sich aber auf so harmlose Dinge wie Geburtstagspartys beschränken. Wenn Ihre Partnerin sich ein ruhiges Leben auf dem Land wünscht, sollten Sie zuerst mit ihr sprechen, bevor Sie einen wichtigen Job in der Stadt annehmen oder gar ein neues Imperium gründen.

Wer eine glückliche Beziehung führen möchte, sollte sein Bestes tun, nicht Anakin oder Amidala nachzueifern.

Wie es besser funktioniert

Ein deutlich positiveres Beispiel zwischenmenschlichen Zusammenlebens finden wir in Star Trek – Deep Space Nine: Chief Miles Edward O'Brien ist trinkfester Ire, bodenständiger Handwerker, Vater von zwei Kindern – und mit so ziemlich der unerträglichsten Person liiert, die je die Dreistigkeit besaß, ein Franchise zu plagen. (Und kommen Sie jetzt bloß nicht mit Jar Jar Binks.) Keiko Ishikawa, so ihr Geburtsname, ist ein fleischgewordener Zahnschmerz, ein den Schlaf raubender Ausschlag und Gottes wohl letzte biblische Plage. Finden zumindest wir.

Nahezu immer, wenn die Drehbücher der Serie sie berücksichtigen, nörgelt sie an etwas herum. Sie mag die Atmosphäre der Raumstation nicht, auf die Miles' Beruf sie verschlagen hat. Sie kann die Schule, die sie dort eröffnet, nicht halten. Sie stört sich an Miles' abendlichen Stippvisiten in der stationseigenen Bar. Sogar die Geburten ihrer Kinder werden – vermutlich, um ihrer Mäkel-Kanone neue Munition zu verschaffen – zu Krisen extremster Güte. So kommt Molly zur Welt, als die U.S.S. Enterprise gerade Katastrophenfilm spielt, und Kirayoshi nur, weil eine Serienhauptdarstellerin, deren Rolle die Au-

toren kein Kind andichten wollten, während der Drehzeit unvermittelt schwanger wurde und sich der Babybauch nicht kaschieren ließ.

Zwischen Miles und Keiko, diesem ehrlichen simplen Techniker und seiner kreativ-fürsorglichen Botanikerin, rummst es ebenso oft wie gewaltig. Ihre Liebe ist keine der dauernden Schmetterlinge und rosa Brillen, ihr gemeinsamer Ritt in den Sonnenuntergang ein äußerst holpriger. Und doch ist sie ein Happy End. Ein Zuhause.

Der Grund dafür ist ebenso einfach wie empfehlenswert: Miles ist die Geduld in Person und Keiko trotz aller Quälgeist-Attribute ein rücksichtsvolles Wesen. Wenn sie zu viel nörgelt, stellt der Chief – was in jeder guten Beziehung von Zeit zu Zeit schlicht unumgänglich ist – die Ohren auf Durchzug und lässt die Partnerin motzen (natürlich ohne den Amidala-Fehler zu begehen und die tatsächlich wichtigen Aussagen nicht ernst zu nehmen). Der Chief weiß: Es wird besser, sobald sie es hinter sich hat. Und wenn er ihr zu unordentlich wird oder wieder den Beruf (oder das Feierabendbier im Quark's) über das Familienleben stellt, mag Keiko ihn zwar dafür schelten; sie weiß aber tief drin, dass er eben so ist – und im Ernstfall für sie und die Kinder alles stehen und liegen lassen würde. Selbst einen aus Gold gegossenen Spulenspanner.

Zwischenspiel:

Wann ist 'ne Frau 'ne Frau?
»Weibsbilder« in der Serien-SF

Es liegt wohl in der Natur des Genres Abenteuerserie, dass sich die interessantesten Frauenfiguren beider Universen nicht gerade durch Charakteristika auszeichnen, die allgemein als klassisch weiblich angesehen werden. So haben beispielsweise die Leias, Janeways, Kiras und so weiter der Star Trek- und Star Wars-Serien wenig mit dem Frauenbild gemein, das andere zeitgenössische Produktionen als typisch propagieren und in dem sich die Zuschauerinnen zumeist – und sei es nur zum Teil – wiedererkennen. Auf Alderaan *gibt* es schlicht keine Pyjamapartys für die junge Prinzessin Leia, und die Autoren dieses Buches können trotz intensiven Quellenstudiums nicht bestätigen, dass Major Kira Nerys auf der Raumstation Deep Space 9 überhaupt die Zeit für Gilmore Girls-Videoabende mit ihren Freundinnen aufbringen kann – vom dafür nötigen Interesse ganz zu schweigen.

Starke Frauen in der seriellen Science-Fiction sind zumeist energisch agierende Frauen. Entscheiderinnen in Machtpositionen. Kommandantinnen, Regentinnen, Rebellinnen. Die Zeiten der Dale Ardens, die sich in Alex Raymonds gefeierten Flash Gordon-Comics noch von intergalaktischen Bösewichten wie Ming dem Grausamen entführen und spärlich bekleidet an wahllose Thronsaalwände, Folterbänke oder Kerkergitter fesseln und den gierigen Blicken niederer *minions* aussetzen lassen mussten, bis der moralisch tadellose Held zu ihrer Rettung eilte, liegen weit hinter uns. Die SF-Protagonistin von heute schaut nicht zu ihrem männlichen Pendant auf, sie begegnet

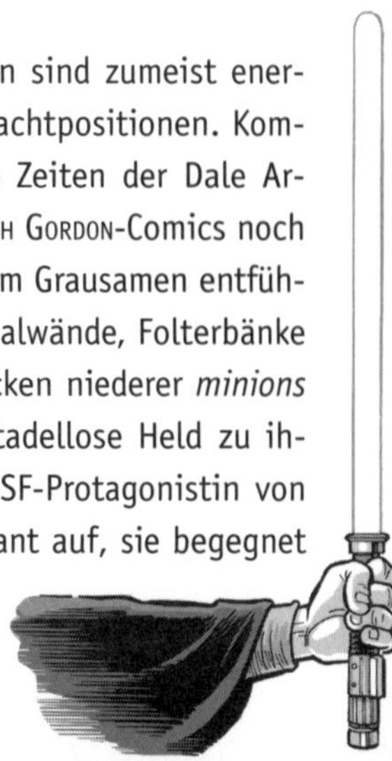

ihm auf Augenhöhe. Mindestens. (Reminiszenzen an die »gute alte Zeit«, man denke etwa an Leia im Harem Jabbas des Hutten, lassen wir bewusst außen vor, sind sie doch die nostalgische Ausnahme der Regel. Und wer jetzt anführen möchte, dass Shmi Skywalker, Darth Vaders Mutter, in den Freuden der Mutterschaft voll und ganz aufgegangen sei und damit die klassischste weibliche Rolle überhaupt ausgefüllt habe, der sei erinnert, dass dieser bedauernswerten Dame exakt zwei Auftritte in der neuen Star Wars-Trilogie gegönnt waren: Beim ersten bekam sie ihr einziges Kind abgenommen, da es der Auserwählte war, und beim zweiten starb sie. Ein starker Charakter sieht anders aus.)

Nein, die Heldinnen der Gegenwartszukunft haben kaum Berührungspunkte mit verzweifelten Hausfrauen oder Tagebuch führenden Medizinerinnen. Wer kann schon *Sex in der City* haben, wenn es ganze Welten und Zivilisationen zu beschützen (oder bekriegen) gilt und die RICHTIG WICHTIGEN ENTSCHEIDUNGEN™ getroffen werden müssen?

Aber haben Frauen in der Science-Fiction denn wirklich nur die Wahl zwischen rettungs- und schutzbedürftig und knallhart karriereorientiert? Gibt es überhaupt nichts dazwischen? Wir haben uns mal in ein paar anderen Universen umgesehen.

Kaywinnet Lee »Kaylee« Frye (Firefly)

Kaylee ist der Beweis, dass es auch anders geht. Im Grunde ist sie ein junges, naives Mädchen vom Land. Das Namensschild über ihrer Zimmertür hat sie mit Blümchen verziert. Sie mag hübsche Kleider. Im Kampf ist sie vollkommen unbrauchbar. Und ihre Beziehung zum

Doktor ist ziemlich schüchterner und romantischer Natur.

Aber das macht sie nicht zu einem schwachen Charakter. Denn ihre Stärken liegen trotz allem in einem Feld, das man traditionellerweise eher Männern zuordnen würde. Sie ist eine begnadete Mechanikerin, und als solche ist sie vollkommen unverzichtbar für die Crew. Die Serenity würde eher ohne Captain Reynolds weiterfliegen als ohne Kaylee. Sie ist stark, ohne dabei knallhart und steif sein zu müssen.

Delenn (Babylon 5)

Als Botschafterin zählt Delenn wohl eher zu den Karrierefrauen. Einen solchen Posten bekommt man nicht, wenn man einfach nur ein ruhiges Leben führen will. Gleichzeitig nimmt sie in Bezug auf ihren Partner Captain John Sheridan eine sehr klassisch weibliche Rolle ein. Sie ist die Frau, die hinter einem erfolgreichen Mann steht, ihn ermuntert und unterstützt und sich um ihn sorgt, wenn er auszieht, um das Universum zu retten. Ja, auch sie trägt zur Rettung des Universums ihren Teil bei, aber letztendlich spielt sie nur die zweite Geige und oft genug die treusorgende Lebensgefährtin.

Kristine Kochansky (Red Dwarf)

Krissie war nie wirklich wichtig. Sie war »the one that got away« – die verflossene Traumfrau, der der eigentliche Protagonist der Handlung zeitlebens nachtrauern wird. Sie war der personifizierte Grund für seinen Blues, ein Mahnmal seiner Einsamkeit. Und dann kam Staffel sieben. Die Produzenten würzten ihr Serienrezept ein wenig nach, und auf einmal war Krissie Kochansky eine Dauerpräsenz in

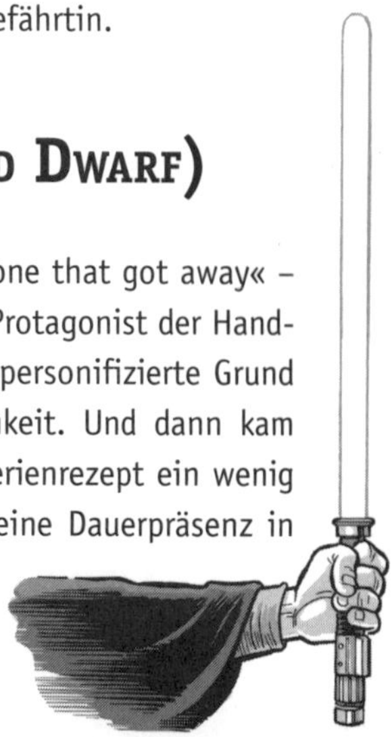

der Serie, in jeder Episode vertreten. Und wie schon bei zahlreichen anderen SF-Klischees geschehen, nahmen sich besagte Autoren auch ihrer bis dato einzigen Protagonist*in* auf sehr untypische Weise an. Kochansky ist nicht die toughe Alleskönnerin, die wagemutige Viperpilotin oder Prinzessin eines Sternenreichs, sie ist ... normal. Sie hasst es auf der Red Dwarf, wo der Tee nicht schmeckt, nur Dummköpfe leben und man sich morgens nicht die Haare föhnen kann, ohne Gefahr zu laufen, den Bordantrieb zur Selbstzerstörung zu bewegen (weil nur noch eine Steckdose verfügbar ist, und an der hängt schon der Antrieb). Smeggin' hell!

Buffy Summers (Buffy – Im Bann der Dämonen)

Okay, äußerlich stimmt alles. Das naive Blondchen mit dem langen Haar. Cheerleaderin. US-Highschool-Schönheit. Diesen Typ hat man doch schon tausendmal in Filmen gesehen, oder? Wenn dieser einem Vampir begegnet, dann nur, um ihm als Mitternachtsimbiss zu dienen.

Bis ... diese Buffy Summers den hölzernen Pflock auspackt und besagten Vampir kurzerhand zu Staub zertrümmert. Und dann den nächsten. Und den übernächsten. Und und und. Serienschöpfer Joss Whedons wohl genialste Pointe in Buffy ist vermutlich die, aus dem Klischee ein Antiklischee gemacht zu haben. Sein Highschool-Blondchen ist eben gar keins, sondern eine knallharte, problembeladene »Jägerin«, eine Kämpferin des Lichts gegen die Ausgeburten des – zufälligerweise unter ihrer Schule gelegenen – Höllenschlunds. Ihre Freundinnen sind keine oberflächlichen Schickimickis, sondern lesbische Hexen (Grundgütiger!), ihr erster Freund kein Quarterback mit wenig Hirn und schönem Haar, sondern ein jahrhundertealter Untoter mit Hang zur Melancholik.

Gut gemacht, Joss!

Ellen Ripley (Alien-Filme)

Ellen Ripley fängt als Offizierin an, ohne dabei aber superkorrekt und steif zu wirken. Zwischendurch schlägt sie sich ziemlich gut in verschiedenen Kampfsituationen, wird das Science-Fiction-Äquivalent einer Gabelstaplerfahrerin, nimmt die Mutterrolle für ein kleines Mädchen ein, hat eine relativ unromantische Affäre mit einem ehemaligen Sträfling und wird am Ende mehr oder weniger zur Mutter einer neuen Generation fieser Aliens – die sie tötet.

Das Schöne an Ripley ist, dass sie beides kann: die klassisch männlichen Aufgaben und die klassisch weiblichen. Sie wechselt ganz natürlich vom einen zum anderen oder kombiniert beides. Sie kann für sich selbst sorgen, aber sie lebt nicht nur für irgendeine Art von Karriere. Sie hat eine mütterliche, fürsorgliche liebevolle Seite, ohne dass das ihrer Stärke Abbruch tut. Sie ist einfach, was sie will und was sie sein muss, ohne sich dabei um Geschlechterrollen zu kümmern.

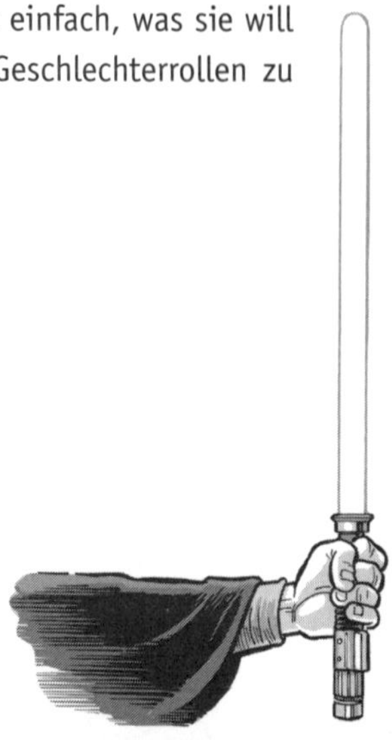

DARTH VADER
INVESTMENT BANK
Coruscant · Tokio · Frankfurt

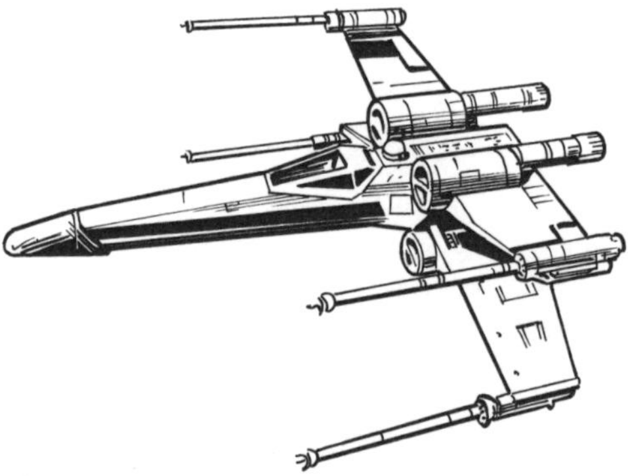

2

VON NULL AUF IMPERATOR

Stromberg im All

Um Karriere geht es in unseren beiden Universen die ganze Zeit. Während in Star Trek im Rang auf- und hin und wieder auch abgestiegen wird, und ständig irgendwer überlegt, ob er in der Sternenflotte eigentlich noch richtig ist, treffen in Star Wars junge Männer Entscheidungen, die den Rest ihres Lebens beeinflussen. Und alte Männer versuchen, sich mithilfe von Intrigen selbst zu befördern. Praktisch alles, was die Helden dieser Universen tun, steht in irgendeiner Art und Weise mit ihrem Beruf in Zusammenhang. Die Besatzung der Enterprise hat nicht zum Spaß beschlossen, die Weiten des Alls zu erforschen, in denen noch nie zuvor ein Mensch gewesen ist. Und auch wenn die Rebellen in Star Wars vielleicht eher einer Berufung als einem Beruf folgen, tun sie, was sie tun, doch in Ausübung ihrer selbst gewählten Pflichten. Kaum einer von ihnen wird sagen: »Also, heute habe ich irgendwie keine Lust, den Todesstern schon wieder in die Luft zu jagen. Können wir stattdessen nicht Scrabble spielen?« Und man denke erst, was passiert, würden die Jedi plötzlich beschließen, Minigolfen zu gehen, anstatt den ga-

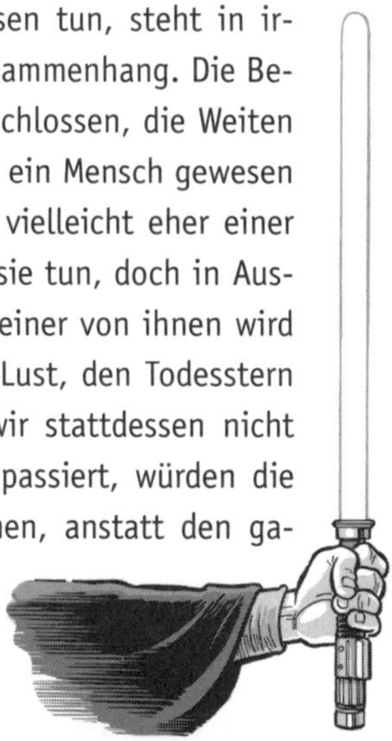

laktischen Frieden zu wahren – egal wie sehr sie in dieser Hinsicht öfter mal versagen.

Im letzten Kapitel haben wir festgestellt, dass es mit dem Liebesleben der uns allen wohlbekannten Figuren oft nicht so weit her ist. Hier sehen wir den Grund: Die arbeiten einfach alle zu viel.

In Sachen Karriere sollte es also an Vorbildern oder auch abschreckenden Beispielen nicht mangeln. Wir wollen an dieser Stelle zwei recht gegensätzliche Persönlichkeiten vorstellen.

Senator Palpatine a. k. a. der Imperator

Palpatine ist einer von der Sorte, die meint, alles besser zu wissen als alle anderen. Ließe man ihn nur machen, wäre das Universum sofort ein besserer Ort. Da ihm aber niemand freiwillig die Fäden in die Hand gibt, muss er sie sich eben nehmen. Er meint es ja nur gut. Am Ende werden ihm die Leute noch dankbar sein, deshalb heiligt der Zweck die Mittel. Und mithilfe *seiner* Mittel schafft Palpatine es vom kleinen Licht zum Chef.

Wenn er scheitert, war es außerdem nicht seine Schuld, sondern ganz eindeutig die unfähiger Untergebener. Ehrlich, was kann denn der Boss dafür, wenn sein ehemals treuer Stellvertreter plötzlich durchdreht und anfängt, auf seinen rotznäsigen Sohnemann zu hören?

Am Ende bleibt aber womöglich die Frage, ob es das alles wert war.

Commander William T. Riker a. k. a. die ewige Nummer Eins

Seriensüchtige kennen vermutlich die Bezeichnung »Jumping the shark«. Sie geht auf eine Episode der US-amerikanischen Serie Happy Days zurück, in der eine als besonders cool charakterisierte und präsentierte Hauptfigur mit Wasserskiern über einen Hai sprang und dabei lässig in die Kamera grinste. Seitdem sprechen Kritiker wie Fans dieser und so ziemlich aller anderen TV-Reihen von »Jumping the shark«, quasi vom »Haisprung«, wenn eine Serie den Moment erreicht, ab dem sie irreparabel unglaubwürdig wird. Die Rückkehr des angeblich toten Bobby Ewing in Dallas[1] ist beispielsweise ein weltweit bekannter – und gewaltiger! – Haisprung.

Seit Star Trek – The Next Generation kursiert unter Serienfans aber auch eine zweite Bezeichnung: »Riker's Beard« (Rikers Bart). Sie beschreibt den Moment, mit dem eine Serie grandios wird. Werden auch Sie grandios – mit der Methode Riker!

1 Ewings Darsteller Patrick Duffy hatte die Seifenoper verlassen, seine Serienfigur war gestorben; doch als sich dies für Darsteller wie Serie als negativ erwies, schrieb man Bobby kurzerhand wieder in DALLAS hinein – und erklärte die komplette, ohne ihn abgedrehte und gesendete Staffel im Nachhinein zum Traum.

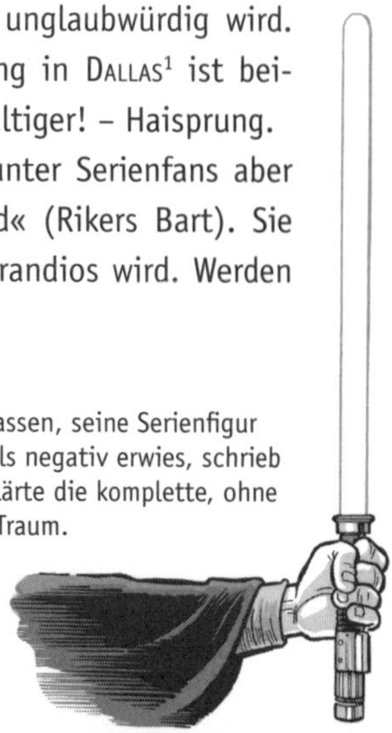

1. Wie werde ich befördert?

Ausgerüstet mit Ihren beiden Ratgebern Riker und Palpatine, die Sie sich gerne wie Engelchen und Teufelchen auf der rechten und linken Schulter vorstellen dürfen, gehen Sie nun also zur Arbeit. Eigentlich ist es längst Zeit, dass Sie befördert werden oder zumindest eine Gehaltserhöhung bekommen. Seit Jahren schuften Sie sich den Buckel krumm, aber so ganz scheinen Ihre Vorgesetzten das noch nicht wahrgenommen zu haben. Oder etwa doch? Fest steht, dass langsam mal etwas passieren sollte.

Wie man es nicht macht: Die Riker-Methode

Sollten Sie dies glauben, ist Commander William Thomas Riker, Erster Offizier der U.S.S. Enterprise NCC-1701-D der Sternenflotte und vielfach erwähnte »Nummer Eins« seines Captains Jean-Luc Picard, vielleicht doch kein so gutes Vorbild für Sie. Dabei bringt er eigentlich alles mit, was es braucht, um in der Geschäftswelt schnell nach oben zu kommen.

Der feuchte Traum eines Headhunters

Riker ist ein Macher, ein ideenreiches Arbeitstier. Seine breiten Schultern tragen metaphorische wie physische Lasten, ohne darunter nachzugeben. Seine Loyalität gegenüber Vorgesetzten und Firma ist mit dem Wort »mustergültig« weit unter Wert beschrieben. Seine Kollegen – *alle* seine Kollegen – halten viel von ihm. Vertrauen ihm. Bauen auf ihn.

Riker ist belastbar, ausdauernd, konzentriert – und selbst in kritischsten Situationen noch für einen charmanten Scherz oder einen kleinen Flirt zu haben. Er klagt nicht und verzweifelt nicht, er handelt. Mag sein Uniformoberteil auch mitunter spannen, seine Frisur sitzt, und seine Attraktivität aufs weibliche Geschlecht und für gehobene Positionen bleibt davon unberührt.

Und trotzdem ...

Wenn Assets zu Problemen werden

Was nützen Ihnen all diese Alphamännchen-Eigenschaften, wenn Sie sich vehement und stetig sträuben, aus ihnen den angemessenen beruflichen Nutzen zu ziehen? Will Riker verbringt Jahre auf Picards Enterprise, ist an vorderster Front in so ziemlich jeden wirklich bedeutenden Einsatz der Sternenflotte verwickelt und bei diesen nicht selten das Zünglein an der Waage. Sein Lebenslauf ist der feuchte Traum eines jeden Headhunters, seine Qualifikationen sind eines galaktischen Großimperators würdig. Captains, Admirals und andere Hochdekorierte loben seine Fähigkeiten und seinen Kampfgeist – doch Riker braucht eine gefühlte Ewigkeit, bis er es über sich bringt, seine Talente als Karriereschub zu verstehen. Warum? Weil er ein Nesthocker ist. Weil seine Loyalität, ausgerechnet diese vielleicht lobenswerteste seiner Eigenschaften, seinem beruflichen Erfolg im Weg steht.

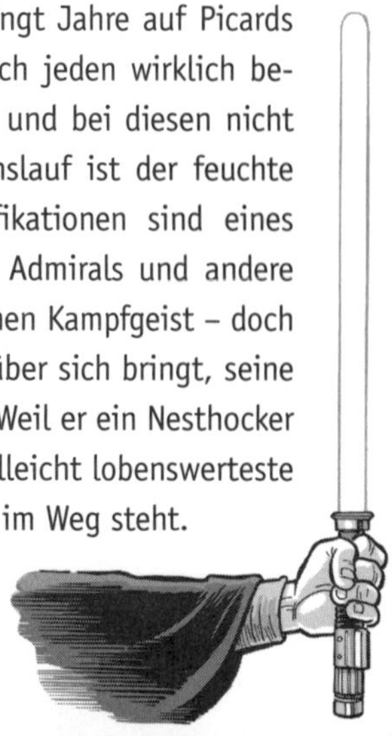

Für Riker ist der Führungsstab der Enterprise mehr als ein Kollegenkreis, die Brücke dieses ehrwürdigen Schiffes mehr als ein Arbeitsplatz. Und das liegt bei Weitem nicht (nur) daran, dass dort seine Ex wartet, seine Imzadi, die verflossene Liebe seines heroischen Lebens. Riker betrachtet – und empfindet – das Konglomerat der Hauptfiguren aus Star Trek – The Next Generation als seine Familie, die Enterprise als sein Zuhause. So oft die Sternenflotte ihm auch ein eigenes Kommando anbietet, eigene Schiffe, eigene Abenteuer, so oft lehnt dieser angeblich (und wohl auch unzweifelhaft) beste Erste Offizier solche Beförderungen ab. Dankend, aber bestimmt. Das ist in etwa so, als würde der Souverän persönlich, die Gemeinschaft der Wählenden, dem Ministerpräsidenten Ihres Bundeslandes den Kanzlerposten in Berlin anbieten – und Ihr Ministerpräsident würde mehrfach (!) abwinken: »Ich fühle mich zwar sehr geschmeichelt, aber mir gefällt's hier im Landtag einfach supigut.«

Sagen Sie doch selbst: Karriere geht anders, richtig?

Klammern schadet!

Die Tatsache, dass Will Riker zutiefst integer ist, wird ihm jahrelang zum Verhängnis. Riker weiß, dass Picard den besten Ersten Offizier braucht, den die Flotte zu bieten hat, und es der Enterprise, diesem Flaggschiff der Föderation, nicht zu Gesicht steht, sich mit Personen zweiter Wahl zu begnügen. (Vielleicht kommt es in diesem Zusammenhang auch nicht von ungefähr, dass die für Star Trek – Nemesis abgedrehte Szene, in der Picard auf Rikers Amtsnachfolger trifft, vor Kinostart des Filmes wieder rausgeschnitten und somit ihrer Kanonik beraubt wurde.) Und er fürchtet vermutlich, sich auf keinem anderen Schiff je so heimisch zu fühlen, wie auf diesem. Schon während der Erstausstrahlung der Serie, dessen zweite männliche Hauptrolle er ist, überschlugen sich die Autoren zahlreicher Fanzine-Artikel fast vor lauter Spott. Zwar wollte wohl kein Fan Riker aus der Serie scheiden sehen, aber sie alle wussten, wie unglaubwürdig sein Verbleib auf der Enterprise war. Wie oft kann man die Chance seines Lebens ungenutzt verstreichen lassen, ohne sich dauerhaft zu schaden? Bietet *Ihr* Chef Ihnen die verdiente Beförderung so lange wieder und wieder an, bis Sie endlich akzeptieren, oder sieht er sich nach der ersten, zweiten, dritten Abfuhr nach Alternativkandidaten um?

Rikers Haisprung

Ob wir es für realistisch halten oder nicht: Die Sternenflotte wartet auf Riker. Als die Enterprise-Familie endlich zerbricht (nach Star Trek – Nemesis), bekommt ihr Erster Offizier abermals ein eigenes Kommando angeboten – und diesmal nimmt er es an und seine Ex (die er inzwischen geehelicht hat) gleich mit. Seitdem lesen wir in den Romanen der Reihe Star Trek – Titan, wie Herr und Frau Riker sich auf der Brücke eines neuen Schiffes eine neue Familie aufbauen.

Aber ist das nicht eher typisch Hollywood als typisch Arbeitswelt? Klar verdient der Held sein Happy End, doch bekommt er es nur in der Fiktion auch wirklich garantiert. Wir hier draußen in der Realität dürfen – oder besser: sollten – uns nicht allein darauf verlassen, dass die Dinge sich schon alle fügen werden, wenn die Zeit gekommen ist.

Riker mag der mit dem Bart sein, aber wie wir sehen, ist auch er – irgendwo – nicht vor einem kleinen Haisprung gefeit. So oder so: Wollen Sie Karriere machen, richten Sie sich bitte nur bedingt nach ihm. Kopieren Sie seinen Eifer, seine Belastbarkeit, seinen Einsatzwillen, wenn Sie können. Aber nutzen Sie um Himmels willen auch die Chancen, die Sie sich erarbeiten.

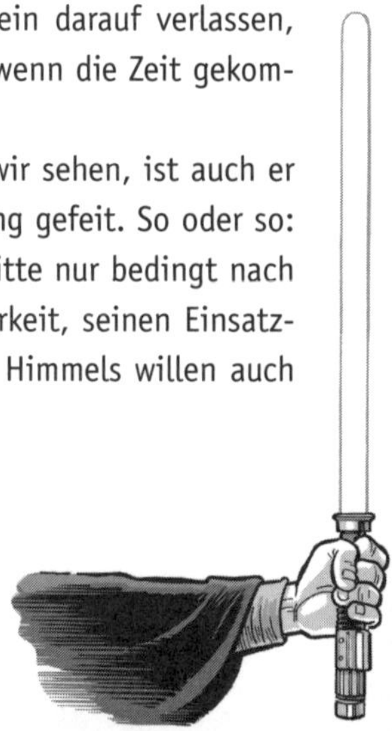

Vom Hinterwälder-Senator zum Imperator: die Palpatine-Methode

Die Palpatine-Methode bringt Sie da schon eher ans Ziel, aber sie erfordert einiges an Planung und Geduld. Holen Sie sich am besten zuerst einmal Stift und Papier und entwickeln Sie einen Masterplan; dessen Durchführung könnte durchaus ein paar Jahre dauern. Wenn es Ihnen hilft, machen Sie eine Checkliste. Palpatine hatte sicher auch eine:

- Planeten mit naiver, junger Königin finden? Check.
- Von der Handelsföderation belagern lassen? Check.
- Naive, junge Königin dazu bringen, den Kanzler abzusetzen? Check.
- Die nervigen Jedi loswerden? Check. Doch noch nicht. Jetzt aber! Ach nein, verdammt!

Phase eins

Fangen Sie damit an, sich in allen Richtungen Verbündete zu schaffen. Dazu ist ein gewisser Charme nötig. Tun Sie so, als würden Sie sich für die Probleme Ihrer Mitarbeiter interessieren. Helfen Sie hier und dort mal aus, wenn es Sie nicht allzu viel Mühe kostet. Scheuen Sie sich nicht, unterschiedlichen Leuten unterschiedliche Dinge zu erzählen. Mitarbeiter A muss nicht wissen, dass Sie hinter seinem Rücken mit Mitarbeiter B über ihn lästern, genauso wie Mitarbeiter C Sie für seinen Freund halten sollte, während Sie schon planen, ihn vor dem Chef schlecht dastehen zu lassen. Wichtig ist, dass Sie möglichst viele unterschiedliche Personen in möglichst vielen unterschiedlichen Abteilungen kennen. Am besten ist es, wenn diese Ihnen außerdem etwas schulden.

Weihen Sie Ihre Verbündeten je nach Bedarf auf einer »need to know«-Basis in Teile Ihrer Pläne ein. Den naiven, gutherzigen Exemplaren sollten Sie dabei edle Motive vorspielen. Sie wissen schon: Die einzige Möglichkeit, Naboo zu retten, besteht angeblich darin, ein Misstrauensvotum gegen den Kanzler auszusprechen. Ganz zufällig wird man dann selbst als Kanzlerkandidat vorgeschlagen. Wie konnte das denn passieren? Das hat natürlich überhaupt nichts mit persönlichem Machtstreben zu tun. Wer käme denn auf so etwas ...?

Phase zwei

Haben Sie Ihr Netz derartig ausgeworfen, spielen Sie Ihre »Fische« gegeneinander aus, wobei Sie alle Beteiligten glauben lassen müssen, Sie seien auf ihrer Seite. Die hübsche, junge Abteilungsleiterin meint, Sie seien um das Wohl ihrer Abteilung besorgt, während die beiden Franzosen vom Einkauf wissen, dass Sie eigentlich ganz andere Ziele verfolgen. Niemand dieser Sprossen in Ihrer Leiter an die Spitze ahnt, dass auch sie nur als Mittel zum Zweck dienen, und Sie sie feuern werden, sobald Sie die Zügel in der Hand halten.

Wichtig: Überlassen Sie die Drecksarbeit stets den anderen! Sie selbst halten sich gepflegt im Hintergrund. Müssen Sie jemanden beim Chef verpetzen? Schicken Sie doch den neuen Büroboten mit der lächerlichen Stachelfrisur, der Sie für seinen Mentor hält.

Treten Sie selbst ausschließlich als gutwilliger Helfer auf. Schütteln Sie in Unverständnis den Kopf über die Dinge, die Sie selbst ins Rollen gebracht haben, und verurteilen Sie sie vor den richtigen Leuten aufs Schärfste. Je mehr Unfrieden sie schüren, desto leichter wirken Sie, als versuchten Sie zu vermitteln und alles wieder ins Lot zu bringen.

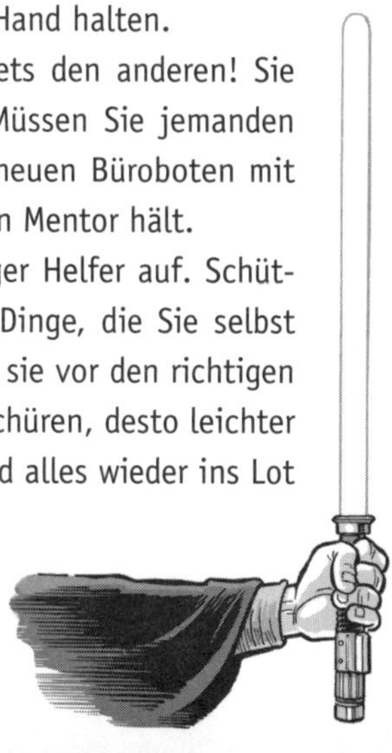

Denken Sie daran: Palpatine hat jahrelang einen Krieg gegen sich selbst geführt. Auf der einen Seite er als Kanzler mit seiner Klonarmee, auf der anderen Seite er als Darth Sidious und die Handelsföderation. Der ganze Sinn der Übung war, die Republik so lange zu zermürben, bis sie den Senat außer Kraft setzt und ihm viel zu viele Entscheidungsvollmachten überträgt.

Auch Sie müssen sich so positionieren, dass Sie als einzige Lösung für die von Ihnen geschaffenen Probleme erscheinen.

Der krönende Abschluss

Am Ende haben Sie nicht viel geleistet, außer eine Menge Intrigen zu spinnen, aber da alle anderen mit ihren von Ihnen in die Wege geleiteten Streitereien beschäftigt sind, stechen Sie positiv heraus und wirken im Vergleich produktiv, obwohl sie eigentlich kaum etwas tun. Achten Sie generell darauf, so wenig echte Arbeit wie möglich zu leisten und selbst nicht in Konflikt mit Ihren Kollegen zu geraten – von so etwas bekommt man nur Falten.

Nun steht ihrer Beförderung nichts mehr im Weg. Und irgendwann können Sie sicher auch den Posten Ihres Chefs ergattern, wenn Sie es richtig anstellen.

Der Nachteil bei dieser Methode besteht darin, dass Ihnen irgendjemand auf die Schliche kommen könnte. Wahrscheinlich wird niemand versuchen, Sie aus einem Fenster zu werfen oder in tiefe Schächte, aber im übertragenen Sinne könnten Sie tatsächlich tief fallen. Aus diesem und aus diversen moralischen Gründen sollte die Palpatine-Methode Ihnen eher als abschreckendes Beispiel dienen. Sie sorgt vielleicht kurzfristig für Erfolg, aber langfristig richten Sie damit ein mehr oder weniger funktionierendes System zugrunde und haben es schließlich mit ganz vielen Mitarbeitern zu tun, die wiederum meinen, es besser als Sie machen zu können. Die sich womöglich die alten Zeiten zurückwünschen. Und der Meinung sind, Sie hätten alles nur schlimmer gemacht.

Hören Sie auf unsere Worte: Irgendwann wird Ihnen Ihr größtes Projekt um die Ohren fliegen.

Falls Sie einmal in Versuchung kommen sollten, Ihre Kollegen auszunutzen und die Karriereleiter über die beruflichen Leichen anderer zu erklimmen, denken Sie einfach an das Ende von Episode VI. Wer keine echten Freunde hat, muss damit rechnen, am Schluss von einem unzufriedenen Handlanger verraten zu werden. Selbst wenn man gerade versucht, dessen Sohn ein einmaliges Jobangebot zu machen. So ist das Leben.

2. GIBT ES EIN »I« IN TEAM?

Umgang mit den Mitarbeitern

Kollegen sind nicht immer so, wie man sie sich wünscht. Vor allem wenn man sie jeden Tag sehen muss, können sie schnell ziemlich nervig werden, und man lernt viel zu viele Macken des jeweiligen Gegenübers viel zu gut kennen. Da ist zum Beispiel Sekretärin Liselotte, die immer noch nicht weiß, wie man einen Papierstau im Kopierer behebt. Oder Kollege Hans, der noch nicht im digitalen Zeitalter angekommen ist und seine Mails ausdruckt, bevor er sie liest, was natürlich für alle anderen den Drucker blockiert. Oder aber Karl-Friedrich, mit dem Sie ein Büro teilen und der einfach nicht die Klappe halten kann.

Können Ihnen Ihre Vorbilder aus dem All auch in solchen Situationen helfen?

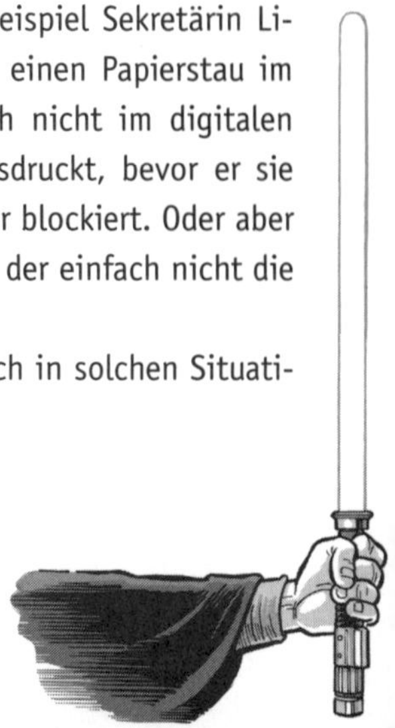

Geduld und Toleranz: die Riker-Methode

Drei Dinge braucht der Vorgesetzte zum beruflichen Glück, zumindest wenn wir uns am Beispiel des Ersten Offiziers der U.S.S. Enterprise orientieren wollen: Geduld, Toleranz und Effizienz. Dann passt das schon, behauptet jedenfalls STAR TREK.

Und sollen wir Ihnen etwas sagen? Das könnte durchaus stimmen …

Potenzial fördern statt Druck aufbauen

Als Erster Offizier ist Will Riker auch so etwas wie der Personalchef der Enterprise und in dieser Funktion einem Personaler, wie wir ihn aus der Realität kennen, gar nicht so unähnlich. Ihm obliegt es, Rücksprache mit den einzelnen Stationen und Abteilungen des Unternehmens Raumschiff zu halten. Er stellt die Mannschaftslisten zusammen, schreibt die Dienstpläne und ist gegenüber dem Boss, dem Captain, für deren Einhaltung verantwortlich. Riker, so liegt es also nahe zu vermuten, kennt die Menschen und Aliens an Bord der Enterprise recht gut – und zweifellos besser als sein stets ein wenig kontaktscheuer, glatzköpfiger Vorgesetzter.

Er kennt die Fleißbienchen … und die schrägen Vögel. Etwa Reginald Barclay, sozusagen den Kollegen Hans von der Enterprise.

Der Einzelne ist in STAR TREK stets ein Ideal, so wollte es Serienschöpfer Gene Roddenberry. Jeder, der in der Sternenflotte Dienst tut, handelt aus edlen Motiven und fühlt sich dem gemeinschaftlich verfolgten Ziel verpflichtet, neue Welten, unbekannte Zivilisationen zu entdecken – und so den Horizont der gesamten Spezies zu weiten. Wirklich jeder.

Riker weiß das. Deshalb hat er auch mit den, sagen wir mal: ungeschickteren Kollegen stets Geduld. Reginald Barclay, zum Beispiel, mag zwar ein brillanter Kopf sein, in puncto Sozialkompetenz hat er aber gewaltigen Nachholbedarf. Statt sich mit den Personen seines realen Umfelds auseinanderzusetzen, vertreibt er sich seine Freizeit mit holografischen (und auf Barclay-Verehrung programmierten) Nachbildungen selbigen Umfelds. Statt sich seinen zahlreichen Ticks und Phobien kämpferisch zu stellen, gibt er ihnen nach. Er hat kein einfaches Los, aber er bremst sich auch selbst aus.

Will Riker jedoch lässt ihn gewähren, schubst ihn höchstens mal sanft in die richtige Richtung, wenn Reg in die Irre zu laufen droht. Riker erkennt Regs Talent und lässt dem spleenigen Untergebenen den Raum, sich trotz seiner Exzentrik zu voller Effizienz zu entfalten. Ein Vorgehen, das sich die Personaler unserer Wirklichkeit durchaus zum Beispiel nehmen können.

Wä bütze will, muss fründlich sin

Als rechte Hand des Enterprise-Captains ist Commander Riker an zahllosen Erstkontakten mit der Föderation bis dato unbekannten Weltraumvölkern beteiligt. Er ist Picards Mann fürs Grobe, also für die gefährlichen Außeneinsätze, muss sich aber, genauso wie sein Chef, auch auf dem diplomatischen Parkett zurechtfinden und zu behaupten wissen. Er kann brachial *und* subtil sein, braucht Muskeln *und* Taktgefühl. Insbesondere Letzteres schadet auch Ihnen nicht, sollten Sie die Karriereleiter erklimmen wollen.

Egal, ob Sie nun einem potenziellen Neukunden im Nadelstreifenanzug oder dem grüngeschuppten Imperator eines Gasplaneten aus dem Wega-System gegenüberstehen – erinnern Sie sich bitte stets

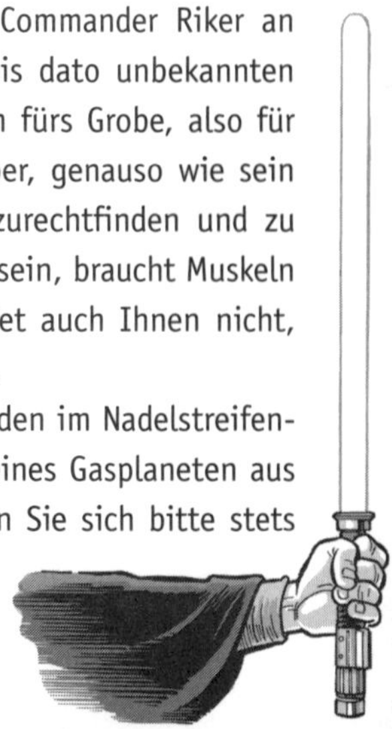

an Ihre gute Kinderstube. Geschäftswelt hier, interstellare Bühne da, niemand bekommt eine zweite Chance für einen ersten Eindruck. Seien Sie also höflich! Seien Sie zuvorkommend! Zeigen Sie Verständnis für die Wünsche und Sorgen Ihres Gegenübers, so absurd und unfundiert sie Ihnen auch erscheinen mögen. Selbst als die einer absolut lächerlichen Kleidungsweise verfallenen Edo den Sohn seiner Ärztin töten wollen, weil dieser beim Spiel eines ihrer schönen Blumenbeete betreten hat, vergisst Will Riker nie, dass andere Welten andere Sitten haben. Okay, er hilft mit, den Bengel vor dem Henker zu bewahren – und handelt sich damit den Zorn von Abermillionen Fans ein, die Wunderkind Wesley Crusher nur zu gern in die ewigen Jagdgründe unbeliebter Sidekicks geschickt hätten –, aber er tut es mit Bedacht und ohne die Edo über Gebühr zu brüskieren.

Wer Karriere machen will, muss auch Diplomatie beherrschen. Wieder ein Punkt für Vorbild Riker.

Ein Nein ist nur ein Ja, das länger braucht

Betrachten wir Will Riker in einer abschließenden Analyse, sehen wir einen Mann zwiespältigen Vorbildcharakters: Einerseits ist er der unverzichtbare Helfer seines Chefs und verständnisvolle Mentor seiner Untergebenen, andererseits fehlt es ihm an den metaphorischen spitzen Ellbogen, um sich auf der Karriereleiter den verdienten Aufstieg zu erkämpfen. Dennoch wollen wir Ihnen die Methode Riker empfehlen? Warum?

Weil der Mann mit dem Bart und dem flotten Scheitel etwas besitzt, was seine negativen Eigenschaften ausgleicht. Etwas, das Sie sich unbedingt von ihm abschauen sollten! Riker liefert Ergebnisse. Immer und immer und immer!

Geben Sie's zu: Ein Mitarbeiter, der die ihm übertragenen Aufgaben vorbildlich erfüllt, ist ein guter Mitarbeiter. Selbst wenn sein Ehrgeiz, wie in Commander Rikers Fall, vielleicht ein wenig zu wünschen übrig lässt. Haben Sie ihn etwa eingestellt, damit er schnellstmöglich zum firmeninternen Superstar mutiert, oder damit er seinen Job erledigt? Riker erledigt den seinen, und das sogar gut. So ausweglos die Lage auch scheint, er steht seinen Mann, und das Unternehmen Enterprise verdankt es nicht selten allein ihm, dass am Ende des Monats noch immer schwarze Zahlen in den digitalen Büchern stehen.

Seien Sie Riker! Ernsthaft.

Jeder Idiot hat seinen Zweck: die Palpatine-Methode

Palpatine ist ein Meister darin, eine Maske der Freundlichkeit zur Schau zu tragen, egal, mit wem er es zu tun hat. Er weiß, jeder Idiot erfüllt seinen Zweck, weshalb er auch mit den Jar Jar Binksens des Universums Geduld beweist. Palpatine würde Karl-Friedrich dazu bringen, Liselotte bei ihrem Papierstau zu helfen, und dann dafür sorgen, dass der Chef mitbekommt, wie die beiden am Kopierer ein ausgedehntes Schwätzen halten, anstatt zu arbeiten. Es sei denn, einer von beiden spielt eine wichtige Rolle in seinem Masterplan, der ihn zum Kalif anstelle des Kalifen machen soll.

Kollege Hans könnte zudem darin bestärkt werden, sich gerade dann zu Recherchezwecken Wikipedia-Artikel auszudrucken, wenn einer Ihrer Konkurrenten eigentlich dringend Handouts für eine wichtige Präsentation herstellen soll. Man muss die Macken seiner Mitarbeiter eben nur zu nutzen wissen.

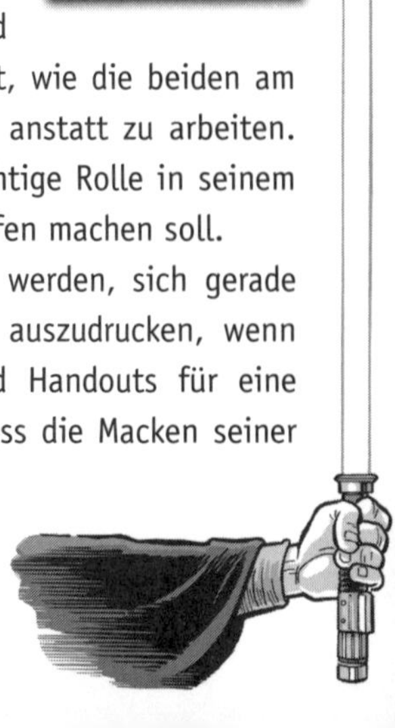

Durch Manipulation nach oben

In jedem Fall lautet die Devise, freundlich zu sein und die Leute durch geschickte Manipulation dazu zu bringen, zu tun, was man will. Müssen Sie dabei die Zähne zusammenbeißen, um überhaupt noch ein Lächeln zustande zu bringen, trösten Sie sich mit dem Gedanken, dass Sie sich später, wenn Sie endlich das Sagen haben, immer noch ausgiebig rächen können. Denken Sie mal darüber nach, warum die Truppen des Imperiums so gut wie nur aus Menschen bestehen. Es ist natürlich nur eine Theorie, aber womöglich ist dies das Ergebnis einer Überreaktion. Man stelle sich nur die Jahre vor, die sich Kanzler Palpatine mit Senator Jar Jar Binks abgeben musste. Hin und wieder war der anstrengende Gungan ja vielleicht ganz nützlich, aber den Rest der Zeit ... Grundgütiger! Da kann man schon mal zu etwas übertriebenen Maßnahmen greifen, wenn einem am Ende der Kragen platzt. Dann stellt man womöglich eine »Nur Menschen«-Regelung auf, einzig um nie wieder einen Typen mit Schlappohren und Sprachfehler sehen zu müssen, der ständig alles kaputt macht. Und große Superwaffen, mit denen man ganze Planeten in die Luft sprengen kann, gewinnen sicher ungemein an Attraktivität.

Du musst ein Schwein sein in dieser Welt

Na gut ... Genau genommen wollen Sie auch in diesem Fall nicht Palpatine sein. Unerschütterliche Freundlichkeit ist sicher nicht verkehrt, aber auch Riker wird immerhin höchst selten unfreundlich, und das wahrscheinlich sogar aus den besseren Gründen. Ein manipulatives Arschloch zu sein, bringt Sie vielleicht weit, aber gleichzeitig scheint es nicht sehr viel Spaß zu machen. Hat irgendwer Palpatine schon mal lachen sehen? Und das manische Gelächter, das er als Imperator teilweise drauf hat, zählt nicht! Intrigieren ist ein anstrengender Zeitvertreib, der Sie letztendlich nur in eine noch anstrengendere Position bringt. Erst müssen Sie sich ständig mit Leuten abgeben, die Sie verachten und eigentlich nicht interessieren. Dann reißen Sie sich den Hintern auf, um einen Haufen undankbarer Faulpelze herumzukommandieren, die doch nicht richtig hinbekommen, was Sie von ihnen verlangen. Und am Ende sprengt irgendwer alle Versuche, das große Projekt zum Laufen zu bekommen, an dem Sie so lange gearbeitet haben. Und warum? Weil er explodierende Planeten nicht so großartig findet wie Sie. Na toll!

Schielen Sie also nicht nur nach dem Gehalt, wenn Sie sich eine Beförderung wünschen. Denken Sie auch darüber nach, ob das Ergebnis den ganzen Aufwand wert ist. Denn am Ende dankt es Ihnen ja doch niemand, dass Sie den Leuten Dinge aufzuzwingen versuchten, um die sie nicht gebeten haben.

MAY
4th
be with YOU!
3
2

Zwischenspiel

BIG BOSS

Karrieremodell Sternenkrieger

Karriere – jeder hat eine, zumindest in Science-Fiction-Serien. Oft genug hat man dort nichts *außer* ihr. Sie ist unseren Helden eine Berufung, der einzig entscheidende Lebensinhalt und teilweise sogar ein Zuhause. Auch jenseits von Star Trek und Star Wars mangelt es daher nicht an Persönlichkeiten, an denen man sich orientieren kann. Ein paar davon wollen wir Ihnen hier als Komplementärbeispiele kurz vorstellen.

Big Boss 1 (Babylon 5)

Name: John J. Sheridan

Titel: Captain, Präsident der Interstellaren Allianz

Tätigkeitsfeld: Leiter der Raumstation Babylon 5. Später auch Auserwählter und Retter des Universums.

Ist tätig in: Babylon 5

Wohnhaft: Babylon 5

Alter: 44 (bei seinem ersten Auftritt)

Familienstand: anfangs ledig, später verheiratet

Kinder: David Sheridan

Karriereverlauf: Sheridan beginnt als einfacher Offizier im Minbari-Krieg. Nach dem Krieg wird er zum Captain befördert und schließlich zum Kommandanten von Babylon 5. Als Präsident Clark auf der Erde eine Diktatur errichtet, sagt sich Sheridan von seiner Heimat los.

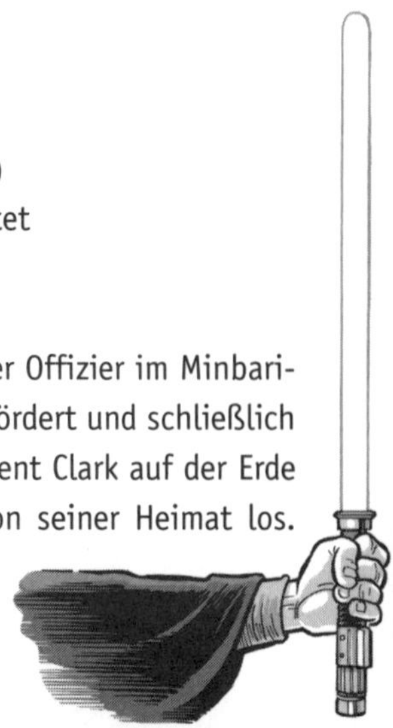

Man könnte es so sehen, dass er seine eigene Firma gründet, nachdem ihm nicht passt, was sein Chef tut. Kurz darauf beschließt er, in die Politik zu gehen, und wird Präsident der von ihm gegründeten Interstellaren Allianz. Schließlich rettet er das Universum, indem er die Vertreter von Gut und Böse wie bockige Kinder nach Hause schickt. Das passiert aber erst, nachdem er gestorben und wiedergekehrt ist. Sheridans Karriere lässt sich in einer ansteigenden Coolnesskurve ausdrücken.

Motivation: Sheridan hat einen starken Sinn für Gerechtigkeit, und sein Ziel ist es, stets das Richtige zu tun, ganz gleich mit wem er sich dafür anlegen muss. Er hält sich für den Sheriff des Universums. Manchmal greift er in seinem Bestreben allerdings auch zu fragwürdigen Mitteln, vor allem wenn es darum geht, andere Allianzmitglieder dazu zu bringen, zu tun, was er will.

Verhältnis zu seinesgleichen: Solidarität gegenüber Speziesangehörigen hält Sheridan nicht davon ab, zu tun, was er für richtig hält. Genau genommen hält ihn *niemand* davon ab, zu tun, was er für richtig hält. Man steht entweder auf seiner Seite oder ist gegen ihn. Nicht nur bricht er mit seiner Heimat, der Erde, er gibt auch seinem Freund Garibaldi sehr deutlich zu verstehen, dass er sein Verhalten nicht dulden wird, als dieser auf Anti-Sheridan-Kurs geht.

Realismus: Sheridan ist ein Idealbild, das man zwar anstreben, aber selten erreichen kann. Seine einzige Schwäche ist seine Ungeduld mit Leuten, die weniger entschlusskräftig sind als er.

Big Boss 2 (Battlestar Galactica)

Name: Gaius Baltar

Titel: Präsident der Zwölf Kolonien Kobols

Tätigkeitsfeld: Anführer der Überlebenden der Menschheit, zeitweise auch schlichter Computeranalytiker, zeitweise auch Teilzeit-Guru

Ist tätig in: New Caprica

Wohnhaft: Caprica, New Caprica, Battlestar Galactica, Colonial One

Alter: unbekannt

Familienstand: ledig, aber von der Zylonin Caprica Six besessen

Kinder: keine

Karriereverlauf: Das Leben ist keine Auto-, sondern eine Achterbahn. Zumindest für Gaius Baltar, bei dem auf jedes Hoch schnell wieder ein Tief folgt. Anfangs genialer Computeranalytiker auf Caprica, entwickelt sich Baltar, der seiner Lenden wegen den gesamten Planeten dem Untergang weiht, im Laufe der Serie zunächst zum feigen Zyniker, dann zum gefürchteten Politiker. Unter seiner Regentschaft schließt das Volk der Zwölf Kolonien eine alles andere als gesunde Allianz mit den Zylonen. Angst und Unterdrückung sind an der Tagesordnung. Da er (wider Erwarten) sogar den ihm trotz seiner Regentschaft gemachten Prozess überlebt, kann Baltars Achterbahnfahrt danach weitergehen. Seine dritte Karriere ist die eines Sektenführers.
Motivation: Baltar will keine Macht und auch keine Frauen (von Caprica Six vielleicht abgesehen). Eigentlich will er nur seine Haut retten. Er ist sich seiner Schwächen und Fehler sehr bewusst, entwickelt mit der Zeit aber ein Talent dafür, sich nicht von ihnen auffressen zu lassen. Manche nennen das dickes Fell, andere trotzige Selbstverleugnung – entscheiden Sie!

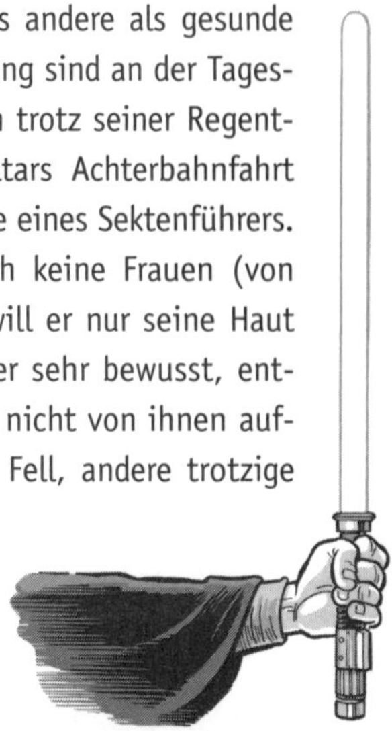

Verhältnis zu seinesgleichen: Schwierig! Anfangs ist Baltar ein gefeiertes Genie, zählt zur intellektuellen Elite seines Planeten. Nach der Zerstörung Capricas durch die Zylonen macht er zunächst nur als der schwächliche Exzentriker unter den flüchtenden Überlebenden der Katastrophe von sich reden. Als Politiker begegnet man ihm mit Abneigung, Hass und der Sorte Furcht, die Unterdrückte für ihre Peiniger reserviert haben. Der Guru Baltar aber lebt buchstäblich von Luft und der Liebe seiner zumeist weiblichen Anhänger, die in ihm den gut bestückten Weg zur koitalen Erleuchtung gefunden zu haben glauben. Wem's gefällt …

Realismus: Baltar ist nicht perfekt, aber trotz aller Kurven, die sein Lebensweg auf der Achterbahn nimmt, durchaus glaubhaft. Seine Fehler sind fraglos eklatant und tragisch, doch gerade sie machen ihn zu einer Figur mit Tiefgang. Man muss jemanden nicht mögen, um ihm zu glauben, oder?

Big Boss 3 (Farscape)

Name: Aeryn Sun
Titel: Offizierin
Tätigkeitsfeld: Pilotin in der Armee der Peacekeeper
Ist tätig im: Peacekeeper-Imperium
Wohnhaft: Moya
Alter: unbekannt
Familienstand: ledig, später Partnerin John Crichtons
Kinder: D'Argo Sun-Crichton

Karriereverlauf: Die gebürtige Sebaceanerin Sun geht den Weg, der ihresgleichen vorbestimmt ist: Sie schließt sich schon in jungen Jahren dem herrschenden Militär an und wird eine ebenso überzeugte wie vehement für ihre Sache eintretende Kämpferin. Als sie auf der Jagd nach Flüchtlingen mit diesen in einen fernen Winkel des Alls versetzt und selbst zu einer Gejagten wird, ändert sich ihr Werdegang gewaltig. Aus der nüchternen Offizierin wird mit der Zeit ein eigenständig denkendes Wesen, das, obwohl es nie seine charakterliche Härte verliert, auch sanfte Züge an sich erkennt und zulässt.
Motivation: Aeryns Motive wandeln sich, da auch sie sich im Laufe der Serie verändert. Anfangs hinterfragt sie nichts, fügt sich mit gehorsamer Begeisterung ins Peacekeeper-Machtgefüge. Entsprechend bereitwillig heftet sie sich auch an die Fersen der Flüchtlinge um den verschollenen NASA-Piloten John Crichton, der Hauptfigur von Farscape. An Bord der Moya und in der (zunächst zwangsweisen) Gesellschaft von Nebari, Luxanern und Hynerianern lernt Sun im Laufe der Serie, was Vielfalt bedeutet. Sie lernt, auch an sich selbst verschiedene Facetten zu gestatten. Und sie erkennt, was es im Leben noch gibt – außer Ja-Sagen.

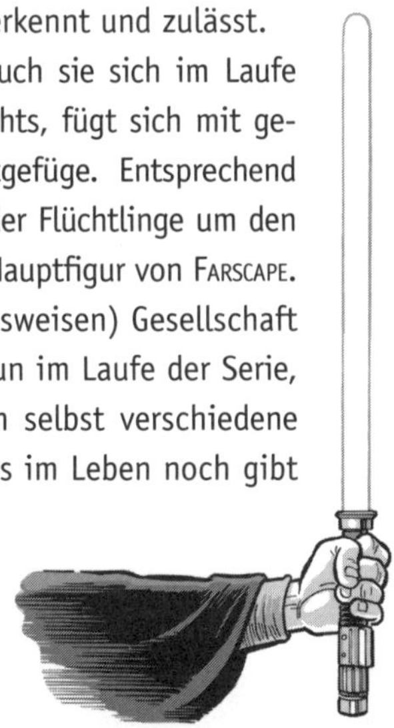

Verhältnis zu ihresgleichen: Lustigerweise ist das *immer* positiv. Als gehorsam untergebene Offizierin der Peacekeeper-Armee ist Sun perfekt besetzt. Ihre Vorgesetzten kennen sie als verlässliches Rädchen im Gesamtgetriebe, ihre Kolleginnen und Kollegen als Person, auf die sie stets bauen können. Nach dem Wechsel von der Jägerin zur Gejagten ändert sich dahin gehend eigentlich nichts. Auch auf der Moya ist Sun, nach der anfänglichen Orientierungsphase, eine loyale Gefährtin – auch wenn erwähnt werden muss, dass auf der Moya generell eher eine »Jeder kämpft für sich«-Atmosphäre vorherrscht.

Realismus: Vom Saulus zum Paulus – für Aeryn Suns charakterlichen Wandel finden sich auch jenseits der Fiktion genügend Entsprechungen. Sie ist glaubhaft und insbesondere durch ihre Vielschichtigkeit sehr sympathisch.

3

FAMILIE UND FREUNDE
Von denen, die hinter Ihnen stehen (sollten)

Sie erwarten ein wichtiges Paket, sind aber nie zu Hause, wenn der Postmann zweimal klingelt? Sie brauchen jemanden, der für Sie die lieben Kleinen von der Schule abholt? Beim Abendessen schmatzt niemand im Takt zu Ihnen, weil Sie allein leben? Wird Ihnen gar langweilig, so ganz ohne Gesellschaft im Millennium Falken?

Dann brauchen Sie ein liebendes Umfeld. Leute, die Sie nehmen, wie Sie sind – nicht nur obwohl, sondern weil. Sie brauchen eine Sippe, die mit Ihnen durch dick und dünn will. In den Star-Universen ist das nicht anders: Kaum ein serieller Weltraumheld, der sich den Unannehmlichkeiten und dem Reiz des großen weiten Alls ohne Anhang stellen würde. Aber können George Lucas' Sternensaga und Gene Roddenberrys Utopie Ihnen zeigen, welche Art von Gefolge überhaupt zu Ihnen passt?

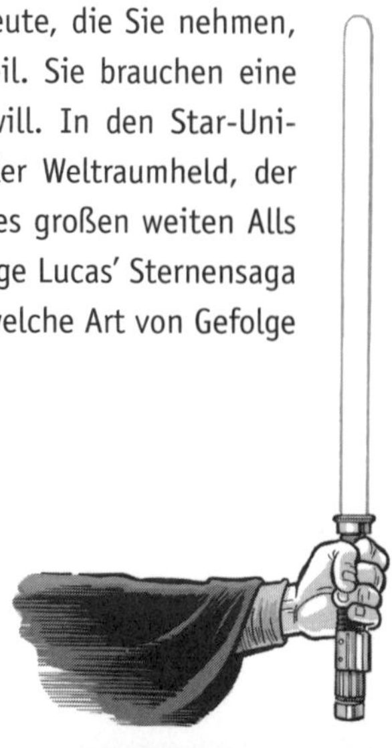

1. DER FREUNDESKREIS

Freunde sind die Familie, die man sich selbst sucht. Oft spielen Sie im eigenen Leben eine viel wichtigere Rolle als die richtige Familie. Das gilt im realen Leben ebenso wie in unseren Universen. Sowohl bei Star Wars als auch bei Star Trek sind Freunde diejenigen, denen die Protagonisten ihr Leben anvertrauen können. Sie begleiten unsere Helden in unendliche Weiten oder stehen ihnen im Kampf gegen galaktische Unterdrückung zur Seite. Sie halten ihnen den Rücken frei. Sie kehren zurück, um ihre Kameraden zu retten, wenn diese in Schwierigkeiten stecken. Sie setzen sich für einen guten Freund sogar einer tödlichen Dosis radioaktiver Strahlung aus oder schmuggeln sich für eine ausgefeilte Rettungsaktion in das Hauptquartier eines Gangsterbosses. Manchmal machen sie einen Protagonisten auch verletzlich, wenn ein Bösewicht sie bedroht. Aber dieser Nachteil wird bei Weitem von den Vorteilen überwogen, ganz gleich was Leute wie der Imperator sagen mögen.

Auch im richtigen Leben können gute Freunde entscheidend sein. Wer hört Ihnen denn sonst zu, wenn es Ihnen dreckig geht? Mit wem könnten Sie sonst den größten Blödsinn machen, ohne schief angesehen zu werden?

Entsprechend viel sagt der Freundeskreis über die eigene Persönlichkeit aus. Umgeben Sie sich gern mit Gleichgesinnten? Suchen Sie den Diskurs mit Leuten, die eine ganz andere Weltsicht haben als Sie? Richtig oder Falsch gibt es bei der Wahl des Freundeskreises kaum. Die Frage ist eher: Was für eine Art von Mensch sind Sie, zu was für einem Freundeskreis tendieren Sie? Und wie gehen Sie mit den Freunden um, die Sie um sich sammeln? Denn wie bei unseren Vorbildern bringen Freunde auch im realen Leben nicht immer nur

Freude und Spaß. Einige davon können einem auch ganz schön Ärger machen. Aber das sind gute Freunde eben wert.

Star Wars: ein bunter Haufen

Ein Star Wars-Freundeskreis bedeutet vor allem Überraschungen. Kennen Sie viele Leute, die sich überhaupt nicht unter einen Hut bringen lassen? Leute mit ganz unterschiedlichen Interessen und Vorstellungen vom Leben?

Da wäre zum Beispiel der Typ auf seinem seltsamen Religionstrip, der nur noch in weiten Gewändern herumläuft. Oder die beiden Kerle in ihrer Männer-WG, die ihr klappriges Auto über alles lieben. Oder der mit seiner leichten Paranoia, der überall eine Falle vermutet. Und nicht zu vergessen Ihre beste Freundin, die manchmal ziemlich eingebildet und oft verdammt zickig sein kann, Ihnen aber auch schon aus so mancher Klemme geholfen hat.

In einem solchen Freundeskreis ist Streit vorprogrammiert. Sehr unterschiedliche Persönlichkeiten ecken früher oder später zwangsläufig an. Fragen Sie sich auch manchmal, wie die Star Trek-Leute es schaffen, mit allen ihren Freunden eine gemütliche Grillparty zu feiern? Müssen Sie bei Ihren Partys die Gästeliste genauso sorgfältig planen wie der Imperator seinen Aufstieg zur Macht, weil sich ansonsten eine explosive Mischung ergäbe? Und am Ende stürmt dann doch wieder jemand beleidigt davon, der Trottel mit dem Sprachfehler, den Sie einfach nicht loswerden, stolpert in den Grill, und der einzige brave CDU-Wähler versucht sich an einer Verteidigungsrede für Imperatorin ... ähm ... Kanzlerin Merkel, was immerhin den Vorteil hat, dass der Rest sich danach darin einig ist, nicht seiner Meinung zu sein. Zumindest *der* Rest, der gerade zugehört hat.

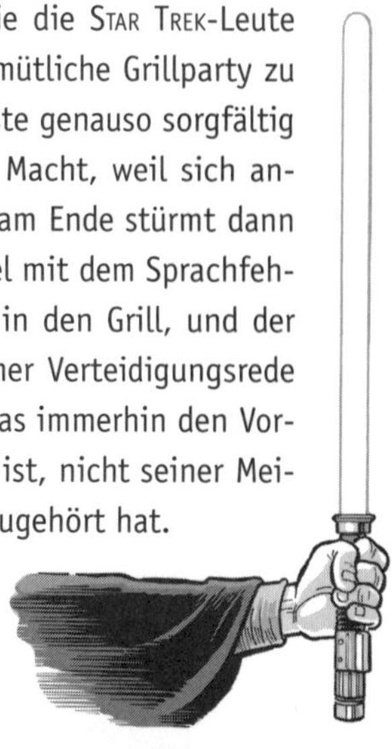

Machen Sie sich keine Sorgen, Sie sind mit diesen Problemen nicht allein. Und das Beste, was Sie tun können, ist auch, nichts zu ändern. Sie sind einfach eine Star Wars-Person, was die Wahl ihrer Freunde angeht. Sie heißen die Individualität mit offenen Armen willkommen. Es kann nicht alles Star Trek- und Föderation-Einheitsbrei sein.

Parole: vermeintliche Offenheit

Versuchen Sie einfach eines zu vermeiden: Partei zu ergreifen. Im schlimmsten Fall könnte ansonsten einer Ihrer Freunde den Anakin machen und glauben, jemand anderes hätte Sie gegen ihn aufgehetzt. Dann besteht die Gefahr, dass Sie zu einer »Er oder ich«-Entscheidung aufgefordert werden. In diesem Fall gilt eine Regel: Wenn Sie sich genötigt sehen, irgendwem die Freundschaft zu kündigen, dann wählen Sie dafür nur die Person, die von Ihnen verlangt, sich zwischen ihr und irgendwem anders zu entscheiden.

Aber am besten vermeiden Sie solche unschönen Zwischenfälle, indem Sie sich um die berühmte Jedi-Neutralität bemühen.

Solange niemand versucht, irgendwen in glühende Lava zu stoßen, sollte dann alles gut gehen. Lassen Sie sich von den Streitereien nicht den Abend verderben, akzeptieren Sie sie einfach als unvermeidlichen Bestandteil. Die meisten Meinungsverschiedenheiten klären sich von selbst wieder. Und im Zweifelsfall sollte Ihr Garten groß genug sein, dass man sich aus dem Weg gehen kann.

Ansonsten erfreuen Sie sich an der Vielfalt in Ihrem Freundeskreis. Während die Leute im Star Trek-Garten sich nämlich nur schon wieder über Poker, Billard oder Darts unterhalten oder sich gegenseitig in ihren politischen Ansichten bestätigen, gibt es bei Ihnen richtige Diskussionen. Und interessante Geschichten, die Sie nicht schon alle kennen. Denn außerhalb Ihrer Grillparty gehen alle Ihre Freunde getrennte Wege. Während der eine irgendwo im hintersten Winkel der Welt meditiert, feiern die anderen womöglich ausgelassene Partys irgendwo in der Wüste. Wenn man dann wieder zusammenkommt, kann jeder zur Abendunterhaltung beitragen, indem er erzählt, was er erlebt hat.

Star Trek: Gleich und Gleich gesellt sich gern

In Gene Roddenberrys Zukunftsvision ist Vielfalt zwar ein Ideal, besieht man sich das Umfeld der Helden, hat man es aber meist mit Stabilität und Effizienz garantierendem Einklang zu tun. Unter den Captains Kirk, Picard und Co. dienen keine Individualisten und Exoten, sondern eher passionierte Ja-Sager. Die U.S.S. Enterprise 1701-D hat über 1000 Personen an Bord, und obwohl sich diese kulturell, optisch, olfaktorisch und auf diverse andere Weise voneinander unterscheiden mögen, ziehen sie alle an einem Strang, verfolgen dasselbe Ziel der Forschung und des Wissenserwerbs. Sie sind ein Team und, so machen ihre Abenteuer deutlich, wollen auch gar nichts anderes sein.

Bloß kein Streit!

Sind Sie eine Star Trek-Person? Fühlen Sie sich nur dann richtig wohl, wenn Sie genau zu wissen glauben, wie Ihre Gegenüber denken? Wenn Sie einer Meinung mit ihnen sind, sich im Notfall auch blind auf sie verlassen können? Ein Star Trek-Freundeskreis entsteht durch berufliche Notwendigkeit, entwickelt sich aber im Handumdrehen zu engstmöglicher Bande. Er braucht keine Überraschungen, sondern mag seine Routine.

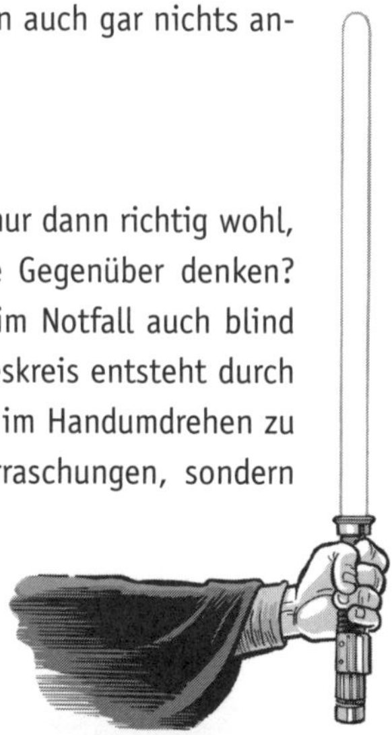

Die Sternenflotte positioniert ihr Personal, und weil dieses Personal ein und demselben Gedankengut und Idealismus verschrieben ist, kommen kaum einmal interne Reibereien auf. Selbst auf Kathryn Janeways Raumschiff Voyager, das aufgrund seiner Besatzung aus regeltreuen Flottenangehörigen und streitbaren Terroristen eigentlich prädestiniert für Zwiespalt und Dissens sein sollte, legen sich die meisten Meinungsverschiedenheiten innerhalb der ersten Episoden, und aus Vielfalt wird eitel Sonnenschein.

Entsprechend heftig fallen Überraschung und Reaktion aus, wenn jemand aus der Reihe tanzt. Als sich führende Flottenangehörige zur Ermordung des klingonischen Kanzlers, zum Diebstahl eines intergalaktischen Jungbrunnens oder ähnlichen kriminellen Machenschaften verschwören, schockieren sie damit die komplette Organisation – und bekommen es prompt mit eben dieser zu tun.

Yo, wir schaffen das!

Das Feierabendbier, zu dem sich Star Trek-Freunde treffen, heißt Synthehol und hat keinerlei bleibenden Wumms. Star Trek-Freunde gehen nicht ins Stadion, sondern auf Holodecks, wo sie dann mit intellektuellen Größen wie Leonardo Da Vinci und Stephen Hawking diskutieren und Karten spielen. Sie pokern zwar gern mal, aber selbst wenn nur noch der Himmel das Limit darstellt, spielen sie stets nur um die Ehre, nie um echtes Geld. Sie sind, kurz gesagt, auch in ihrer Freizeit die Fleißbienchen und Streber, die sie vermutlich schon zu Schulzeiten waren. Wer heute ein Raumschiff der Sternenflotte kommandiert, hatte früher wahrscheinlich einen Aktenkoffer mit Zahlenschloss anstatt eines Schulranzens. *The Geek shall* – and did indeed – *inherit*, sagt Star Trek, und, wie ihr Vorstoß ins All beweist, eine einzige Welt ist ihnen noch lange nicht genug.

Sind auch Sie ein Effizienzmonster? Oder anders gefragt: Wer ist

Ihnen eher sympathisch: der seinen Routinen und Aufgaben verfallene Sheldon Cooper oder die chaotische Penny aus The Big Bang Theory? Ein Sheldon käme in der Sternenflotte weit …

2. FAMILIE

Friedensnobelpreisträger und Erzbischof Desmond Tutu sagte einmal, Familienangehörige könne man sich nicht aussuchen, denn sie seien Gottes Geschenk an uns. Der Blick ins All beweist: Die Götter müssen (mitunter) verrückt sein. *Das* – ein Geschenk? Na, besten Dank auch …

Star Trek: Zufriedenheit wird nicht garantiert!

Zugegeben: Die »wahre« Familie eines Star Trek-Protagonisten ist sein Kollegenkreis. Wo sonst fühlt sich ein Fleißbienchen wohl, wenn nicht in der produktiven Gesellschaft anderer Fleißbienchen? Der Blick ins Private ernüchtert da eher – und schreckt mitunter sogar ab. Überlegen Sie sich bitte sehr genau, ob Ihnen die gute Fee eine Star Trek-Familie herzaubern soll!

Von Mäusen und Moogies

Nehmen wir nur eine der Prominentesten: die Sippe des Ferengi Quark. Der ebenso emsige wie verschlagene Barbesitzer der Raumstation Deep Space 9 ist im Beruf ein Meister seines Fachs. Niemand schmuggelt illegale Substanzen so gekonnt an Zollbehörden vorbei, niemand stellt seiner Kundschaft fadenscheinigere Leistun-

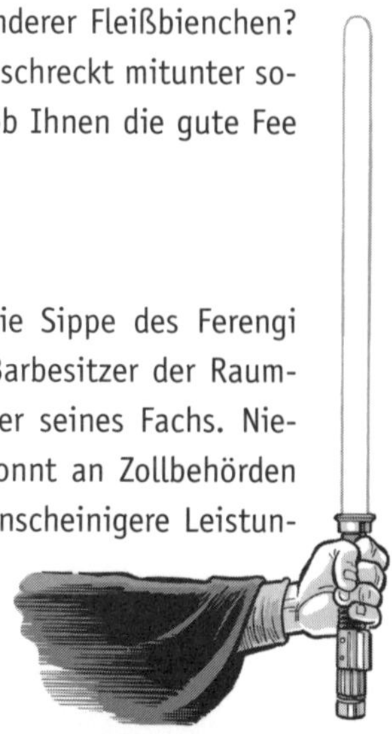

gen in Rechnung. Quark ist eine Zierde seines Berufsstandes, ein Musterbeispiel seiner Profit besessenen Spezies, kein Opfer, sondern ein bekennender Fan seiner eigenen Kultur – und sein Bruder fällt mehr als nur aus dem Rahmen. Rom mag eine Stadt in Italien und ein Dorf in der Eifel sein, für Ferengi Quark ist Rom aber ein absoluter Schandfleck. Wie kann ein Mann, der mit Gewerkschaftlern sympathisiert und ein gutes Geschäft nicht einmal sieht, wenn es ihn in die Nase beißt, vom selben Elternpaar abstammen wie DS9s verschlagener Erfolgs-Barkeeper? Quark und Rom sind eng verwandt und doch grundverschieden.

Wo Quark von klein auf dem Geld, oder besser: Latinum, nacheifert und seinem frustrierend wohlhabenderen Cousin Gaila dessen Mond neidet, begnügt sich der genügsame (und, okay, geistig vielleicht ein wenig langsame) Rom mit Handlangertätigkeiten. Quarks Ehrgeiz geht Rom völlig ab, für die kapitalistisch-egoistische Tour seines Volkes hat er nur ein desinteressiertes Schulterzucken übrig. Es zeugt von Fortunas Sinn für Humor, dass ausgerechnet der untypische Rom am Ende der Serie das atemberaubend schöne Mädchen und den imposanten Job bekommt, während Quark bleibt, wo, was und wie er ist. Als Großer Nagus – die Ferengi-Variante von Präsident und Papst in Personalunion – leitet Rom fortan das Geschick seines gesamten Volkes und revolutioniert das System von innen heraus. Quark hingegen muss sich weiter mit dem Spülen von Gläsern auf DS9 begnügen und sein Einkommen als Schmuggler und Ganove aufbessern.

Star Wars: Blutsbande

In Sachen direkter Familie kann Star Wars mit einigen Negativbeispielen aufwarten. Vom rechten Weg abgekommene Väter, Küsse zwischen Geschwistern und grauenhaft schieflaufende Ehen. Aber sobald man sich der *entfernteren* Verwandtschaft zuwendet, wird alles erstaunlich nett. Hier sind die Leute füreinander da. Lukes Onkel und Tante nehmen ihn ohne Zögern bei sich auf und erziehen ihn wie ihren eigenen Sohn. Auch seinen Vater Anakin haben sie zuvor schon mit offenen Armen empfangen, als er nach Jahren beschließt, seine Mutter mal wieder zu besuchen. Keine Vorwürfe in der Art von: »Warum hast du dich nicht früher mal gemeldet? Was bist du denn für ein schrecklicher Sohn, so lange nichts von dir hören zu lassen? Wie, ein Jedi muss seine Familie hinter sich lassen? Das ist kein Grund, nicht zumindest mal eine Postkarte zu schreiben! Ich hoffe, unsere Mutter hat dich dafür enterbt! Mit dir teilen wir das Familienanwesen auf jeden Fall nicht.«

Stattdessen heißt es nur: »Ich dachte mir schon, dass du eines Tages mal auftauchst.« Und dann wird Saft ausgeschenkt.

Für Onkel Owen und Tante Beru zählt nur die Blutsbande. Wer zur Familie gehört, gehört eben zur Familie, und deshalb sollte man ihn besser freundlich behandeln und da sein, wenn er Hilfe braucht.

Wenn Sie solche Personen im Kreis Ihrer Verwandtschaft haben, hüten Sie sie wie den seltenen Schatz, der sie sind. Versuchen Sie außerdem jede Freundlichkeit entsprechend zu vergelten, denn ein solches Verhalten verdient jede Ermutigung, die es bekommen kann. So können Sie zudem sicher sein, dass Ihre Kinder in besten Händen sind, falls Ihnen etwas zustoßen sollte, sei es nun ein Autounfall oder die Verlockung der dunklen Seite. Wundern Sie sich aber spä-

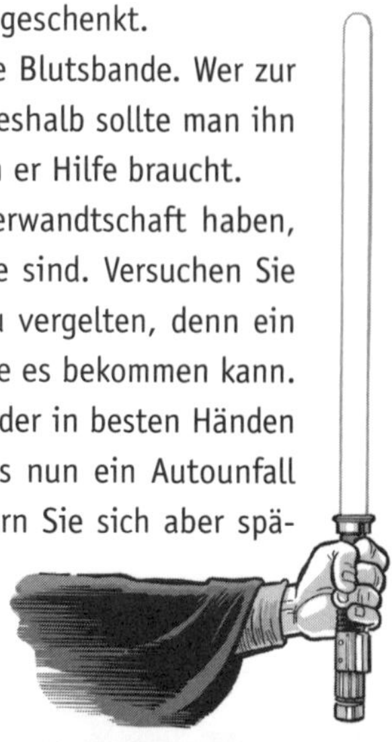

ter nicht, falls Ihr Nachwuchs von Ihnen fordert, sich den hohen moralischen Standards entsprechen zu verhalten, die er von seiner wohlmeinenden Verwandtschaft gelernt hat.

Falls Sie selbst eine solche Person sind, passen Sie auf, dass die bucklige Verwandtschaft Sie nicht ausnutzt. Nehmen Sie sich vor den Sturmtruppen in Acht und lassen Sie sich von uns dazu gratulieren, dass Sie die Welt zu einem besseren Ort machen.

3. KINDERERZIEHUNG

Entscheidet man sich, eine eigene Familie zu gründen, dann kommt die Umsetzung dieser Entscheidung mit einem ganz eigenen Set an Problemen. Die lieben Kleinen machen es einem oft nicht leicht. Vor allem sobald sie damit aufhören klein zu sein und über Pickel und Hormonschwankungen langsam zum Erwachsenen mutieren – oder zu etwas, das sie dafür halten. Beim Umgang mit einem Teenager können Sie eigentlich nur etwas falsch machen. Aber manche Dinge sind falscher als andere.

Wie die meisten Eltern haben vielleicht auch Sie gewisse Vorstellungen davon, wie die Zukunft Ihres Sprösslings aussehen sollte. Womöglich soll er das Familiengeschäft übernehmen oder zumindest etwas Anständiges lernen, anstatt ständig mit seinen seltsamen Freunden herumzuhängen. Die Frage ist allerdings: Hat Ihr Nachwuchs dieselben Pläne wie Sie?

Familie Skywalker oder: »Ich bin dein Vater, Luke!« – »Neeeein!«

Anakin Skywalker a. k. a. Darth Vader weiß ziemlich genau, was er von seinem Sprössling erwartet: »Verbünde dich mit mir«, fordert er. »Mit vereinten Kräften können wir diesen tödlichen Konflikt beenden und der Galaxis Frieden und Ordnung wiedergeben. Es ist deine Bestimmung, den Imperator zu vernichten. Gemeinsam können wir als Vater und Sohn über die Galaxis herrschen. Komm mit mir! Das ist der Weg, der dir bestimmt ist.«

Das sind ziemlich hohe Erwartungen. Aber seien Sie mal ehrlich: Sähen Sie Ihre Kinder nicht auch gerne in irgendeiner wichtigen Position? Es muss ja nicht gleich der Vizeherrscher über die Galaxis sein, aber zumindest eine Karriere in der Politik? Oder auf einem wichtigen Managerposten? Denken Sie mal darüber nach, was Sie Ihrem Sprössling abverlangen!

Darth Vader droht zudem mit harten Strafen, falls Luke nicht tut, was er will (»Zwing mich nicht, dich zu töten.«). Doch bei Teenagern gilt eine Regel: Je rigoroser man fordert, desto heftiger ist der

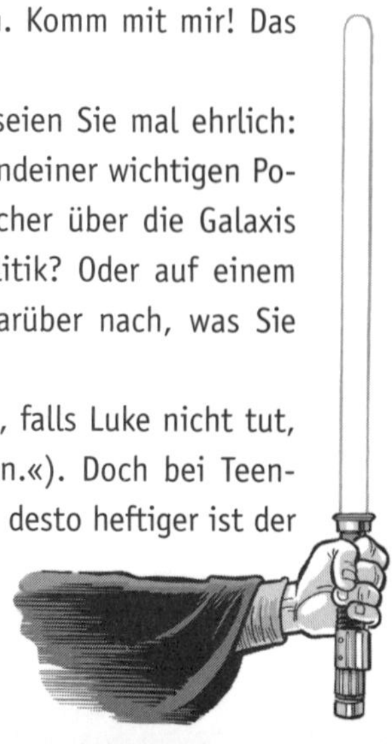

Widerstand. Seien Sie also *nicht* Darth Vader und gehen Sie behutsam vor. Vermeiden Sie es unter allen Umständen, Ihren Nachwuchs in die Ecke oder an das Ende eines über einen tiefen Abgrund hinausragenden Stegs zu drängen. So etwas könnte zu Kurzschlusshandlungen führen. Ihr Sprössling wird sich vielleicht nicht gleich in den scheinbar sicheren Tod stürzen, aber wenn er Ihnen entgegenschreit, dass er sie hasst, und versucht von zu Hause wegzulaufen, ist das ja vielleicht schon schlimm genug.

Ernste Gespräche

Sehr viel klüger stellt sich Darth Vader bei der zweiten Begegnung mit seinem Sohn an. Anstatt gleich wieder zu drohen und zu fordern, versucht er es mit einem Gespräch. Er lobt die Fähigkeiten seines Sohnes: »Wie ich sehe, hast du ein neues Lichtschwert konstruiert. Deine Fähigkeiten sind bemerkenswert. Du bist tatsächlich sehr stark geworden.«

Auf diesem Weg erreichen Sie deutlich mehr. Anstatt in Ihnen einen fiesen Tyrannen zu sehen, der versucht ihn zu seinem Abbild zu formen, erkennt Ihr Teenagernachwuchs, dass Sie sich tatsächlich für ihn und sein Wohlergehen interessieren (oder zumindest, dass noch ein wenig Gutes in Ihnen steckt). Er wird seinerseits Argumente vorbringen, und es kann eine durchaus fruchtbare Diskussion entstehen. Womöglich hört er dann sogar auf Ihren Rat.

Außer natürlich, Sie haben unrecht …

Kindermund tut Wahrheit kund!

Auch Eltern können sich irren. Bleiben Sie offen für Argumente! Versuchen Sie es zu würdigen, wenn Ihr Sprössling Sie darauf hinweist, dass Sie die ganze Zeit auf der falschen Seite gekämpft haben. Hören Sie sich an, was Ihre Kinder zu sagen haben, und denken Sie gründlich darüber nach. Sollten Sie es danach immer noch für eine gute Idee halten, Planeten in die Luft zu jagen, versuchen Sie Ihre Gründe zu erklären.

Aber letztendlich werden Sie immer einsehen müssen, dass Sohn und Tochter einen eigenen Willen haben. Ihre Kinder sind nicht dafür da, Ihnen Ihre Wünsche zu erfüllen, und Sie können keinen guten Sith aus jemandem machen, der lieber ein Jedi wäre. Selbst wenn es Ihnen gelingt, Ihren Nachwuchs auf den von Ihnen gewünscht Weg zu zwingen, hätten Sie damit nur einen unglücklichen Erwachsenen geschaffen, der für den Rest seines Lebens morgens mit solchen oder ähnlichen Gedanken aufwacht: »Nicht schon wieder dem Zorn freien Lauf lassen und Universumseroberungspläne schmieden. Scheiß auf den sicheren Job und das gute Gehalt; ich wünschte, ich hätte damals nicht auf meinen Vater gehört!«

Da haben Sie noch Glück, wenn Ihr Kind seinen eigenen Weg geht, egal wie sehr Sie es zu verhindern versuchen. Machen Sie es allen Beteiligten nicht unnötig schwer, lassen Sie es nicht in Tränen enden. Wählen Sie am besten gleich den einfachen Weg und unterstützen Sie ihren Sprössling in dem, was er möchte. *Sie* müssen sich immerhin nicht von Blitzen versengen lassen und Ihren Boss umbringen, um das zu erreichen. Gegen die Opfer, die Anakin Skywalker letztendlich für das Wohl und Glück seiner Kinder bringt, wirkt das bisschen Geld, das Sie vielleicht für Gesangsunterricht ausgeben müssen, gar nicht mehr so schlimm, oder? Auch die paar grauen Haare, die Sie bei dem Gedanken bekommen, Ihr Nachwuchs könnte als hungernder Künstler, Hartz-IV-Empfänger oder Erntehelfer enden, können Sie sicher verkraften. Lassen Sie sich davon überraschen, was Ihr Sprössling alles erreicht.

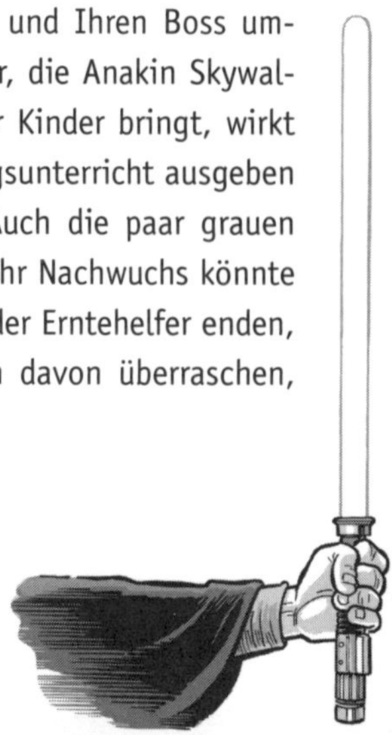

Familie Crusher, oder: »Darf ich heute länger lernen, Mom?«

Millionen Fans können nicht irren: Wesley Robert Crusher, einziger Sprössling der Bordärztin der Enterprise-D, nervt. Und zwar gewaltig! Was, so fragt man sich, hat Mama denn bei dessen Erziehung falsch gemacht?

Na ja. Was nicht?

Abenteuerspielplatz Brücke

Man stelle sich das nur vor: Über 1000 Personen leben und arbeiten auf diesem Schiff. Das sind so viele, wie eine mittelgroße Landgemeinde Einwohner hat. Und da soll ein Teenager keinen Anschluss unter Gleichaltrigen finden? Oder wie sonst erklären Sie es sich, dass Wunderkind Wesley deutlich lieber mit den Freunden seiner Mutter abhing, als sich eigene zu suchen? Wesley war die Generation nach der nächsten, aber er verhielt sich nicht so. Wo blieb die Teenagerrebellion, wo der pubertäre Ungehorsam?

Gut, er war brillant. Er rettete das Schiff selbst dann noch, wenn die echten Profis längst aufgegeben hatten. Er reiste mit dem Wanderer, er erschuf Naniten, er überraschte nahezu wöchentlich mit neuen Heldentaten. Bremst man als Elternteil sein Kind aus, wenn es sich als Mozart der Wissenschaft herausstellt, oder lässt man es lieber machen (und betet insgeheim darum, dass es neben aller fachlichen trotzdem auch die eine oder andere soziale Kompetenz entwickelt)? Oder hätte es Wes und dem Schiff (und den Zuschauern) ganz gut getan, wenn Mama Beverly ihn hin und wieder gezwungen hätte, mit dem hyperaktiven Nachbarsjungen auf der PS201 statt im Maschinenraum mit dem Spulenspanner zu spielen? Entscheiden Sie!

Sicher, Beverly ist fraglos stolz wie Bolle, den Nachwuchs in den eigenen Fußstapfen brillieren zu sehen. Aber hat sie da wirklich ein Kind, oder doch eher einen noch nicht ganz ausgewachsenen Kollegen im Haus?

Mary Sue als Stammhalter

Wir dürfen mit Wesley nicht zu hart ins Gericht gehen. Er kann nichts dafür, dass die Serienbibel von Star Trek – The Next Generation ihn zur Mary Sue[2] verdammte. Wesley ist Gene Roddenberrys ganz persönliches Ideal. Er ist das Kind, das Roddenberry gern gewesen wäre – ein wissbegieriges Kerlchen, das die Chance bekommt, ins All zu reisen und dessen Wunder mit eigenen Augen zu erfahren. Er ist Roddenberrys fasziniertes Staunen, Roddenberrys *sense of wonder* personifiziert in der Gestalt des Schauspielers Wil Wheaton (der Jahre brauchte, um sich karrieremäßig von Wesleys Image zu erholen).

In der Theorie ist er gar nicht mal so übel. Schließlich hat wohl fast jeder SF-Fan Roddenberrys Kindheitstraum mitgeträumt, als er/sie in dem entsprechenden Alter war. Nein, was an Wes stört, ist nicht seine Konzeptionierung und auch nicht die Erziehungsweise seiner Mutter. Es sind die Drehbücher, die in all den Jahren, da er eine Hauptfigur Star Treks war, nur selten wirklich teenagergerecht mit ihm umgingen. Hätte Wesley auch funktioniert, wenn Star Treks Autoren ihn mit Mädchen, aufgemotzten Shuttles und intergalaktischen Drogen hätten experimentieren lassen? Mit Sicherheit. Wäre sein Idealcharakter, sein Status als personifizierter *sense of wonder* dadurch verloren gegangen? Mit Sicherheit nicht!

2 Mary Sue: Figur, in der sich der Autor einer Geschichte in ebendiese schreibt. Mary Sues sind meist talentierter als alle anderen, retten die Welt (mindestens), verdienen sich im Handumdrehen die Bewunderung ihrer Mitfiguren und locken am Ende den Protagonisten in ihr Bett, vor den Traualtar oder beides.

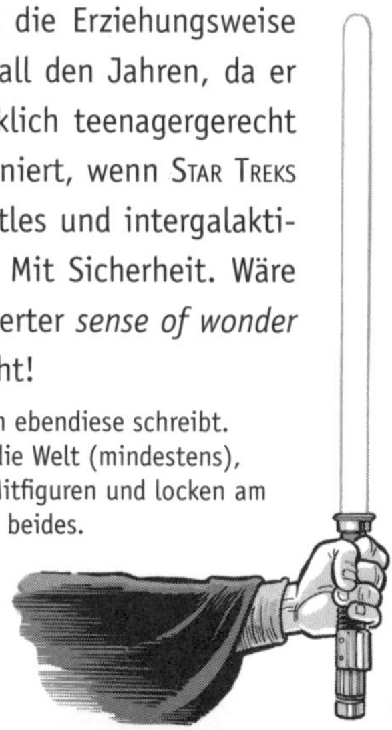

3.1 ALLEIN, ALLEIN: SOLO FÜR MAMA

Doch halt! Tun wir den Eltern unserer Star-Universen vielleicht unrecht, wenn wir ihre Erziehungsmethoden als überwiegend gescheitert, ihre familiären Bande als den beruflichen unterlegen bezeichnen? Schauen wir noch einmal genauer hin ...

Space-Mozart

Beverly Crusher hat zugegebenermaßen immer viel um die Ohren und kaum die Zeit, ihrem Kind ein Heimchen am Herd zu sein. Sie ist gefeierte Medizinerin, leitet die Krankenstation des Flottenflaggschiffes, gehört zu dessen Führungsstab und sehnt sich insgeheim danach, das Witwendasein hinter sich zu lassen und mit ihrem Captain den einen oder anderen Earl Grey zu trinken – natürlich heiß, wenn Sie verstehen. Ihre Karriere ist wichtig, längst nicht nur ihr. Und ihr Privatleben muss zwangsläufig darunter leiden (wie das aller Führungsstabler, allesamt Singles). Beverlys Mann Jack starb während eines Außeneinsatzes mit der U.S.S. Stargazer. Seitdem kümmert sie sich allein um den Jungen. Da sie, wie für Sternenflottler üblich, ein bekennendes und passioniertes Fleißbienchen ist, verwundert es nicht, dass sich Wesley diese Eigenschaft an ihr – und den anderen erwachsenen Bezugspersonen seines Umfelds – abguckt. Welche Vorbilder hat der Junge denn auch sonst, an denen er sich auf der moralisch wie hygienisch blitzsauberen Enterprise orientieren könnte?

Man sagt, es bedürfe eines ganzen Dorfes, um ein Kind zu erziehen. Dass diese Weisheit auch im 24. Jahrhundert noch greift, beweist Star Trek auf eindeutige Weise. Denn im Falle von Wesley heißt dieses Dorf

Enterprise – und zu niemandes Überraschung entwickelt sich Beverlys Augapfel zu einer Kopie seiner begnadetsten Einwohner.

Jungfräuliche Empfängnis auf fernen Planeten

In die Riege der alleinerziehenden Mütter reiht sich Shmi Skywalker sehr eindeutig ein. Nicht nur ist der Vater ihres Sohnes nicht mehr da, es gab ihn auch nie. Außer, man wollte versuchen, den Midi-Chlorianern die Vaterschaft anzuhängen. Die dazu zu bringen, Unterhalt zu zahlen, würde aber sicher schwieriger.

Shmi will immer nur das Beste für ihren Sohn, egal was es kostet. Während Beverly Crusher ihr Kind durch das Universum schleift, um es bei sich zu haben, ist Shmi bereit, Anakin aufzugeben, um ihm eine bessere Zukunft zu ermöglichen. Sie unterstützt ihren Sohn in

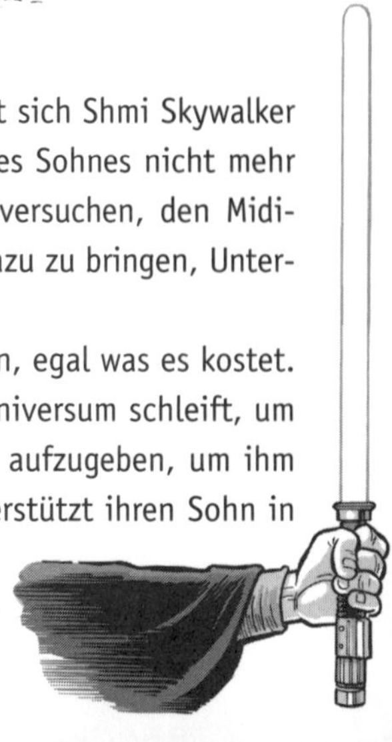

der Entscheidung, Tatooine zu verlassen und ein Jedi zu werden.

Andererseits führt das zu einem lebenslangen Mutterkomplex beim kleinen Anakin. Er kann die Trennung nie so ganz verwinden, hat das Gefühl, sie im Stich gelassen zu haben, was noch mal verstärkt wird, als er schließlich zu spät kommt, um ihr das Leben zu retten. Womöglich wäre Anakin als Roboter reparierender Sklave und Pod-Rennfahrer auf Tatooine glücklicher geworden als als Jedi. Womöglich hätte er sich aber auch irgendwann schrecklich über die verpasste Gelegenheit geärgert. Relativ sicher wäre die Galaxis besser dran gewesen.

Eines steht auf jeden Fall fest: Egal wie viel Sie zu tun haben und egal was Sie sich für Ihr Kind wünschen, versuchen Sie da zu sein! Es ist sicher nicht optimal, sein Kind wie Beverly Crusher mit auf ein Raumschiff zu nehmen, das wöchentlich in lebensbedrohliche Situationen gerät. Aber es ist auch nicht optimal, es bei der Verwandtschaft oder in einem Internat abzuladen, weil der eigene Beruf einen an einem kinderunfreundlichen Ort hält. Als alleinerziehendes Elternteil hat man es nicht leicht.

Zwischenspiel

SIDEKICKS

Finden Sie den Robin zu Ihrem Batman?

Man sagt, jeder sei seines eigenen Glückes Schmied – gewissermaßen also der Held seines eigenen Abenteuers. Und wie uns die Genreliteratur und das Kino zeigen, brauchen Helden auch stets einen Sidekick, also einen (oft jüngeren) Begleiter, der ihnen zur Seite steht, zu ihnen aufschaut, ihnen den Wagen holt. Wir haben für Sie ein paar Sidekick-Schemata analysiert, damit Sie auch in *Ihrem* Umfeld den für Sie passenden Robin zu Ihrem Batman finden.

1. DAS MODELL »ANSCHMACHTEN«

Mary Jane Watson (Spider-Man)

Normalerweise bezeichnet man einen Charakter wie Mary Jane eher als *Love Interest* denn als Sidekick, aber zum Zwecke der Argumentation erklären wir sie zu einem. Sie stellt nämlich das perfekte Beispiel für eine bestimmte Art von Nebencharakter dar: den komplett nutzlosen Ärgermagneten.

Mary Jane trägt nichts und wirklich gar nichts Sinnvolles zur Handlung der unter Regisseur Sam Raimi entstandenen Spider-Man-Filme bei und bringt ihren Angebeteten Peter Parker stattdessen immer wieder in schwierige Situationen, in denen er sich beispielsweise entscheiden muss, ob er lieber sie oder eine Seilbahngondel

voller Kinder rettet. Den Rest der Zeit ist sie damit beschäftigt, panisch zu kreischen, unseren Helden anzuschmachten und/oder sich in Verzweiflungsbeziehungen mit anderen Männern zu stürzen, um ihn zu vergessen.

Eine Mary Jane in Ihrem Freundeskreis sorgt meistens für ziemlich viel Drama.

Pepper Potts (Iron Man)

Ein recht aufschlussreiches komplementäres Beispiel zu Mary Jane ist Pepper Potts aus den erfolgreichen Iron Man-Kinofilmen. Am Anfang der Spielfilmreihe hatte Potts durchaus noch eigene Facetten. Sie unterstützte den von Robert Downey Jr. gespielten Helden und trug durch ihre eigene Cleverness und ihre Herzlichkeit zu dessen Erfolgen bei. Sie war die Frau im Hintergrund, aber dort stützte sie Downeys Tony Stark nach Kräften.

Seit Iron Man 2 sieht das ein wenig anders aus ...

Es ist selten gut, wenn starke Frauen etwas mit dem Helden der Geschichte anfangen. Meist verlieren sie dadurch nämlich an Stärke. So geschehen bei Pepper Potts. Obwohl sie mit Gwyneth Paltrow auch nicht gerade unter Wert besetzt wurde, darf nicht Potts, sondern eine neue, erst mit Film 2 eingeführte Frauenfigur, in der ersten Filmfortsetzung kämpfen und auf die Zelluloidkacke hauen: Scarlett Johanssons Black Widow. Potts-Paltrow beschränkt sich zwar nicht vollständig darauf, den Helden anzuschmachten. Ganz nebenbei macht sie auch Karriere und wird sie Geschäftsführerin von Stark Industries, aber sie verliert viel von ihrer im ersten Film noch vorhandenen Eigenständigkeit und hat teilweise Mary-Jane-verdächtige Anfälle nutzloser Herumkreischerei, während sie auf Rettung durch ihren Angebeteten wartet.

2. DAS MODELL »ERGÄNZEN«

Melina (Total Recall, Remake)

Die von Jessica Biel verkörperte Melina ist dank ihrer Fähigkeiten eine sinnvolle Ergänzung des Helden. Im Gegensatz zu einer Mary Jane kann man sie durchaus mal allein lassen, ohne dass sie gleich von irgendeinem Monster entführt wird. Sie weiß sich ihrer Haut zu wehren und ist tatsächlich eine Hilfe anstelle eines Klotzes am Bein. Meistens fungiert sie als Fahrerin des Fluchtfahrzeugs, egal ob das nun ein Magnetschwebeauto oder ein Hubschrauber ist – sie scheint einfach mal auf Verdacht einen ganzen Haufen Führerscheine gemacht zu haben. Außerdem hat sie ein Talent dafür, mit besagtem Fluchtfahrzeug immer gerade dann vorzufahren, wenn der Held dringend schnell weg muss.

Jemand wie Melina ist immer eine nützliche Ergänzung für Ihren Freundeskreis. In Filmen gibt es Melina auch in männlich. Dann heißt so ein Charakter beispielsweise Robin.

3. DAS MODELL »RUNNING GAG«

Woola (John Carter)

Der »Riesenhund« aus Disneys beeindruckend gefloppten Old-School-SF-Streifen John Carter – Zwischen zwei Welten ist ein Sidekick, wie er im Buche steht – allerdings im Witzbuch. Figuren wie er haben keine Bedeutung für die dramatischen und spannenden Teile einer Geschichte. Sie sind der *comic relief*, die humoristische Verschnaufpause zwischen zwei Action-Episoden. Woolas reißen selbst dann noch lustige Sprüche, wenn hinter ihnen gerade ganze Todes-

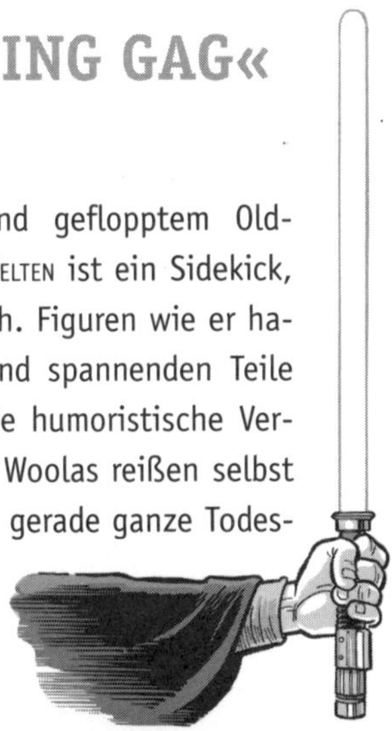

sterne explodiert sind. Woolas amüsieren durch ihren Mangel an Geschick. Woolas fallen sogar in offene Gräber oder fangen vorbeifliegende Sahnetorten mit dem Gesicht auf, solange sie dadurch nur den Zuschauer (oder Leser; den Helden gar nicht mal zwangsweise) zum Schmunzeln bringen können.

Klingt super? Sehen Sie sich vor! Running Gags können sich schnell abnutzen und nerven. In George Lucas' erster Brainstorming-Phase war Jar Jar Binks sicher auch noch ganz witzig …

4. DAS MODELL »NEBENBUHLER«

Tsu'tey (AVATAR)

Tsu'tey gehört zu der Sorte von Charakter, die dieselbe Frau liebt wie der Held (und das schon viel länger als jener). Diese Tatsache stellt für Nebencharaktere ziemlich oft ein Todesurteil dar, was erzähltechnische Gründe hat: Der Held muss immer eine möglichst weiße Weste bewahren. Einem anderen Mann die Frau auszuspannen, trüge dazu aber nicht unbedingt bei. Es gibt daher nur zwei Möglichkeiten, wie der Held seine Angebetete trotzdem bekommen kann: Entweder tritt besagter Rivale freiwillig zurück, was aber eher selten passiert, oder er stirbt eben – meist sehr heroisch und oft mit Worten auf den Lippen wie: »Mach sie glücklich!« Das funktioniert jedes Mal wieder, wenn man auf die Tränendrüse des Publikums drücken will, und ist daher ein fester Bestandteil des Hollywood-Film-Bausatzes.

Diese Art von Nebenbuhler ist aber reine Fiktion. Sie werden im wahren Leben wahrscheinlich nie einem Tsu'tey begegnen, so praktisch das für Sie vielleicht hin und wieder auch wäre.

4

KRIEG AM GARTENZAUN

Politik im Großen und Kleinen

Politik ist kein sonderlich beliebtes Thema und wird von der Mehrheit der Menschen *nicht* als spannend erachtet. Für den Uneingeweihten besteht sie größtenteils aus alten Leuten, Händeschütteln und vermeintlich unendlichen Reden, bei denen selbst einige Politiker einzuschlafen scheinen.

Ganz anderes ist das in unseren Star-Universen. Dort gibt es spannende Intrigen, Kriege (die natürlich auch immer Politik sind) und diplomatische Gespräche, von denen das Schicksal ganzer Welten abhängt.

Aber ist der Unterschied zwischen der Realität und den fiktiven unendlichen Weiten tatsächlich so groß? Vieles von dem, was uns STAR TREK und STAR WARS vormachen, kann man auf die Fragen anwenden, denen sich jeder Bürger spätestens dann stellen muss, wenn er einen Stimmzettel in der Hand hält.

Und nicht nur das. Politik beginnt bereits vor der Haustür. Diplomatie brauchen Sie täglich im Umgang mit Ihren Mitmenschen. Zwar hängt davon nicht das Schicksal ganzer Welten ab, aber ein langer

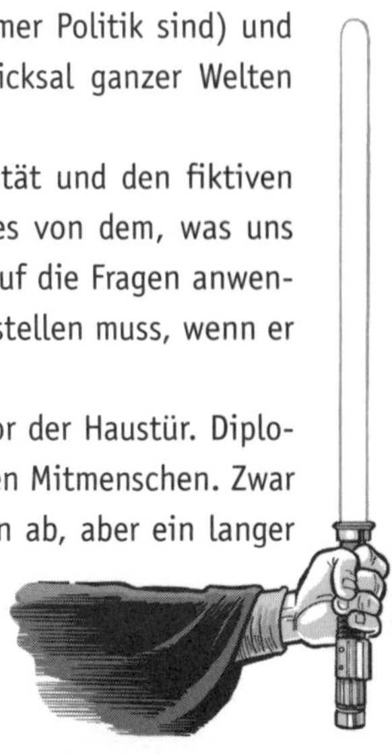

Grabenkrieg mit dem Nachbarn macht sicher auch keinen Spaß. Lernen Sie von Ihren Vorbildern, wie Sie ihn vermeiden.

1. WAHL? WELCHE WAHL?

Kennen Sie das Gefühl? Sie stehen in der Wahlkabine, starren auf den großen Zettel, der auf Ihre Kreuzchen wartet, und fragen sich, wem zum Teufel Sie jetzt Ihre Stimme geben sollen. Macht es überhaupt noch einen Unterschied? Die Programme der großen Volksparteien scheinen immer mehr auf den größten gemeinsamen Nenner abzuzielen, statt auf Individualität, und in Berlin wird ohnehin längst nicht mehr regiert, sondern nur – mehr oder weniger geschickt – versucht, multimediale Shitstorms abzuwehren und sich dabei die Taschen zu füllen. Behauptet zumindest mancher Stammtisch.

Wen also wählen? Und: warum?

Auch gegen diese vermeintliche Ratlosigkeit hilft der suchende Blick ins All, denn von Politik versteht man sogar in weit, weit entfernten Galaxien so einiges ...

Sozialisten im Orbit: Politik in Star Trek

»Glauben Sie mir«, raunt der Ferengi-Barkeeper Quark, durch und durch Kapitalist, in einem Roman einem seiner Tresengäste zu, als die Vereinigte Föderation der Planeten die Raumstation übernimmt, auf der er wohnt. »Diese Sternenflottenfuzzis sind auch nicht anders als die Borg. Sie assimilieren nur mit einem Lächeln und nennen es

Wohlstand – aber unterm Strich verliert man bei ihnen genauso die Individualität wie bei den Maschinenwesen.«

Harte Worte. *Unfaire* Worte, vielleicht – und doch haftet ihnen ein Funken Wahrheit an.

Die Borg waren stets Star Treks Antimodell, der düstere Bruder zum strahlenden Ideal der VFP. Wo die Föderation als Zusammenschluss Freiwilliger präsentiert wird, die sich gemeinsamen Idealen verschreiben und einander nicht trotz, sondern ausdrücklich wegen ihrer Gegensätze mögen, wirkt das von einem insektoid anmutenden Schwarmbewusstsein gesteuerte Borg-Kollektiv wie eine Armee gedankenlos gehorchender Schläger. Bei den Borg gibt es keine Individuen, es gibt nur Borg. Und glaubt man den Borg, ist Borgsein ein Zustand, den *alle* Lebewesen anstreben sollten. »Netterweise« helfen die Borg auch gern nach.

Freier Wille steht also erzwungener Unterordnung gegenüber, kreative Entfaltung stupider Geradlinigkeit. Und Quark sagt, er sähe zwischen den beiden Modellen kaum einen Unterschied.

Durchs Schlüsselloch der Toleranz

Wie gesagt: harte Worte.

Aber Quark ist nicht dumm. Es liegt in der konzeptionellen Natur Star Treks, die Föderation und ihren pseudo-militärischen Forschungsarm namens Sternenflotte in den Fokus der Geschichten zu rücken. Die Abenteuer, die Star Trek uns schildert, erleben wir aus der Sicht der Sternenflottenangehörigen, der Captains, Commanders und Admirals dort draußen im All. Star Trek nutzt die Sternenflotte schon seit seinen Anfängen, um mit ihrer Hilfe den Blick auf fremde Kulturen zu ermöglichen. Die Menschheit – bzw. die Menschheit und ihre intergalaktischen Freunde – hat in Gene Roddenberrys Vision der Zukunft innere Konflikte wie Rassenkampf, soziale Ungerechtig-

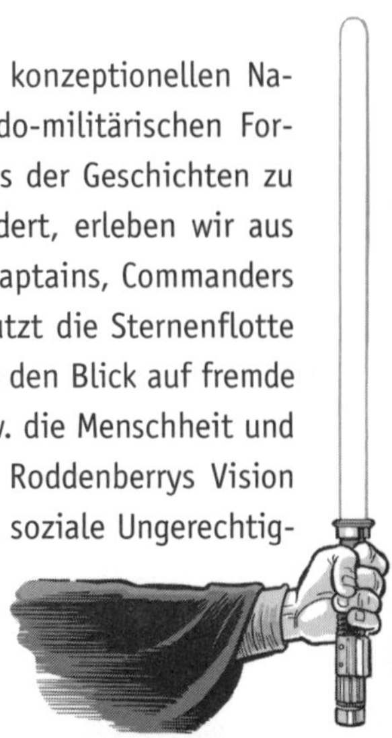

keit und Ähnliches hinter sich gelassen. Sie ist erwachsen geworden und gewinnt »nur« noch dann neue Erkenntnis, wenn sie im Verhalten und den Strukturen außerirdischer Kulturen Parallelen zu sich oder ihrer eigenen Vergangenheit sieht. Die Sternenflotte ist das Schlüsselloch, durch das wir, die Zuschauer, zu den Problemen anderer Leute blicken dürfen. Sie ist – genau wie ihr »Dach«, die Föderation – ein Fest der Vielfalt, ein riesig großer Verein der Freunde der Toleranz.

Selbst Quark versteht das. Und auf dem Papier, so findet er, ist an diesem Ansatz auch nichts auszusetzen. Nur die Praxis sieht für den Barkeeper mit den großen Ohren und dem Näschen für Profit meist ein wenig anders aus, deutlich weniger glamourös. So ist auch die Föderation in seinen Augen Gleichschalterei. Sie könne gar nicht anders, müsse sie per definitionem doch all ihren Mitgliedswelten den gleichen Wohlstand und die gleichen kulturell-soziologischen Möglichkeiten anbieten. Anders gesagt: Sie können in einer Stadt voller Veganer keine McDonald's-Filiale eröffnen, ohne dass irgendwann auch mal jemand einen Burger mit Fleisch bestellen wird. (Und wenn Sie McDonald's sind, wollen sie das vermutlich auch gar nicht anders.) Angebot erzeugt nämlich Nachfrage.

Gleiche unter Gleichen

Die Föderation bringt kriegsgeschüttelten Welten den Frieden, sie verhilft armen Zivilisationen zu mehr Wohlstand, heilt, wo Wunden schwären, und schlichtet, wo noch immer dicke Köpfe aneinandergeraten. Sie tut dies, weil sie helfen will; aus dem Glauben heraus, dass Streit und Zwietracht eine Kultur nicht nach vorn bringen, sondern klein halten, hinter ihren Möglichkeiten. Sie tut dies, ohne eine Gegenleistung zu verlangen. Doch wer sich nach erfahrener Hilfe der Föderation anschließen will, übernimmt auch ihre Regeln und

Strukturen. »Gleiches Recht für alle« funktioniert nämlich nur, wenn alle das Gleiche dürfen.

Im Romanzyklus Die Welten von Star Trek – Deep Space Nine, der die TV-Serie gekonnt fortsetzt, erleben wir Leser mit, wie zwiespältig eine Welt – in diesem Fall Bajor – den durch ihren Föderationsbeitritt erhaltenen zivilisatorischen Segnungen der großen interstellaren Gemeinschaft gegenübersteht. Wie viel Ratlosigkeit und Widerwillen bei denen herrscht, die doch bekommen haben, was sie wollten – und die sich jetzt fragen, ob sie es immer noch wollen.

Die Föderation raubt niemandem den Charakter. Sie ersetzt Ihre Organe und Extremitäten nicht durch Hightech-Implantate (obwohl das unter Umständen ganz cool sein könnte), und sie unterzieht Sie auch keiner Gehirnwäsche. Doch auch sie, das weiß Quark, hat ihre Schattenseiten – und die sind vielleicht sogar ganz unvermeidlich. Selbst im Ideal Star Trek, so scheint es, fällt es mitunter schwer, zu dem zu stehen, was man als richtige Wahl betrachtet. Das ist für all die großen Captains wie Kirk, Picard, Sisko und Janeway aber kein Grund, es nicht zu versuchen. Denken Sie daran, wenn Sie Ihre Kreuzchen setzen müssen.

Star Wars: Selbst ist der Universumsbürger!

In der weit, weit entfernten Galaxis kennt man sich damit aus, keine wirklich gute Wahl zu haben. Schon der Senat ist wenig entschlussfreudig und mindestens teilweise korrupt. Und wenn Jar Jar Binks dort einen Platz bekommt, *kann* bei den Wahlen der Senatoren irgendwas nicht mit rechten Dingen zugehen.

Aber spätestens mit der Machtergreifung Palpatines wird die Situ-

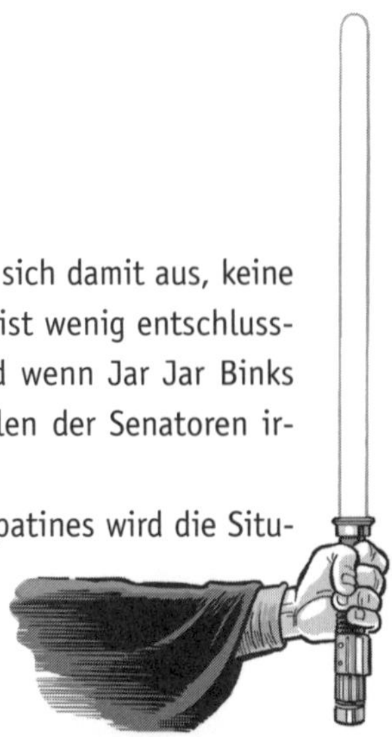

ation alternativlos scheiße. Selbst Leute, die ihr Fähnchen nach dem Wind schwenken und versuchen, dem Imperator jeden Wunsch von den Lippen abzulesen, laufen Gefahr, bei dem kleinsten Fehler von Darth Vader mithilfe der Macht erwürgt zu werden. Das sind gefährliche Zeiten, in denen eigentlich niemand leben will.

Was tut man da als einfacher Bürger? Sich mit Freunden am Stammtisch treffen und meckern? Politik für blöd erklären, den Kopf unten halten und schauen, dass man sich seine eigene kleine Ecke irgendeines Hinterwäldlerplaneten möglichst gemütlich gestaltet?

Geht natürlich auch. Zumindest so lange, bis Sturmtruppen Ihre Wohnung stürmen, weil selbst Meckern am Stammtisch neuerdings verboten ist und Sie des Hochverrats angeklagt werden.

Hierzulande gibt es natürlich keine Sturmtruppen und keinen Imperator. Das macht es leichter, den Kopf unten zu halten, den Stimmzettel einfach mit unanständigen Bildchen vollzukritzeln und möglichst wenig Nachrichten zu schauen. Aber dadurch wird's nicht unbedingt besser. Die Star Wars-Methode sieht anders aus. Denn die Rebellen wissen: Wenn es keine gute Alternative gibt, schafft man sich eben eine.

Occupy Coruscant

Bevor Sie sich jetzt aber bewaffnen und einen geheimen Stützpunkt in den verschneiten Alpen errichten, lassen Sie sich gesagt sein, dass Sie durchaus etwas kleiner anfangen können. Auch Leia und ihre Freunde greifen nur zu den Lasergewehren, weil sie keine andere Wahl haben. Es gibt immerhin keinen Senat mehr, in dem man Politik ohne Waffengewalt betreiben könnte. Abwählen lässt sich der Imperator auch nicht. Und über Demonstrationen mit Plakaten und kämpferische Megafondurchsagen lachen er und Darth Vader wahrscheinlich herzlich, bevor sie ihre Sturmtruppen schicken, um dem Ganzen ein unfreundliches Ende zu bereiten.

Wäre Letzteres nicht der Fall, könnte man Ihre Hoheit Leia Organa womöglich öfter auf den Straßen von Coruscant finden – entweder mit wehendem Transparent oder beim Zelten mit Guy-Fakes-Maske. Aber man passt seine Mittel eben den Gegenebenheiten an.

Die Botschaft, die Star Wars vermittelt, bleibt auf jeden Fall immer gleich und ist universell anwendbar: Wenn man etwas ändern möchte, muss man dafür etwas tun. Das ist nicht immer einfach. Manchmal landet man dabei in einem Müllschacht oder wird fast

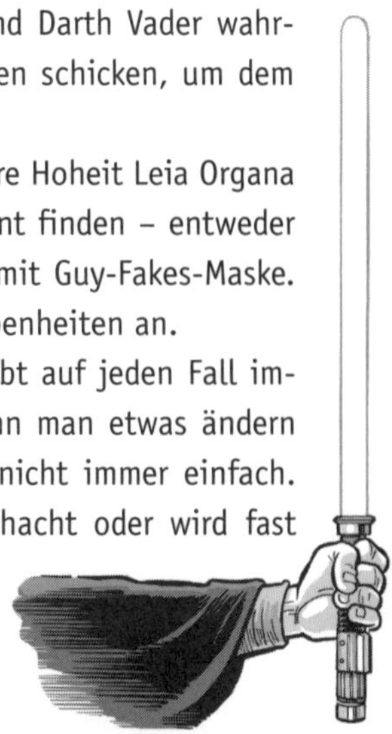

von einem Wampa gefressen. Aber wenn man Glück hat, erreicht man etwas. Und wenn nicht, hat man es wenigstens versucht und sich das Recht verdient, ordentlich zu meckern – zumindest bis man erwischt wird.

2. DIE LIEBEN NACHBARN

Politik gibt es wie gesagt auch im Kleinen, und Diplomatie braucht jeder Mensch irgendwann im Umgang mit seinen Mitmenschen. Besonders schwierig wird es oft, wenn Nachbarn ins Spiel kommen. Man kann sich nur sehr bedingt aussuchen, neben wem man wohnt, und dann findet man sich plötzlich Zaun an Zaun mit Menschen wieder, mit denen man überhaupt nichts anfangen kann. Haben Sie einen Nachbarn, der sich ständig über Höhe, Zustand und Form Ihrer Hecke beschwert? Oder darüber, dass Sie hin und wieder mit Freunden auf der Terrasse sitzen? Lässt er gar seinen Hund auf Ihren Rasen machen? Oder landen ständig Bälle und Frisbees in Ihrem Garten?

Schnell können aus Kleinigkeiten Kleinkriege werden. Aber sowohl Star Wars als auch Star Trek enthalten viele Beispiele, wie Sie mit solchen Problemen umgehen.

Tatooine: ein buntes Durcheinander

Auf Tatooine treffen viele unterschiedliche Kulturen zusammen. Zwar wird der Planet von den Hutten beherrscht, aber seine Ureinwohner sind eigentlich die eher fremdenfeindlichen Tusken und die Schrott sammelnden Jawas. Dazu kommen haufenweise eingewanderte Schmuggler, Kopfgeldjäger und ähnliche zwielichtige Gestalten. Zudem versuchen ein paar wenige ehrliche Leute etwas außerhalb der Städte, als Feuchtfarmer ihren Lebensunterhalt zu verdienen. Wie kommen alle diese unterschiedlichen Wesen miteinander zurecht? Oder besser vielleicht: Tun sie das überhaupt?

Tusken

Die Tusken sind ein räuberisches, kriegerisches Volk, das unter sich bleibt. Sie sind dafür bekannt, arglose Wanderer anzufallen. Anakins Mutter Shmi Skywalker wurde beispielsweise von ihnen entführt. Als man einen Rettungstrupp nach ihr ausschickte, kam weniger als die Hälfte lebendig zurück.

Falls Sie gerne auf vorbeifahrende Autos schießen oder zumindest Ihren Hund auf alles hetzen, was sich Ihrem Gartentor nähert, sind Sie das nachbarschaftliche Äquivalent eines Tusken. Ihr Garten ist wahrscheinlich ein Grab für über den Zaun gefallene Bälle und Frisbees, weil Sie die aus Prinzip nie wieder hergeben. Eltern warnen ihre kleinen Kinder vor Ihnen. Niemand lädt Sie auf Grillpartys ein. Niemand mag Sie.

In dem Fall sollten Sie über ein freundlicheres Verhalten nachdenken. Denn irgendwann haben Ihre Nachbarn womöglich die Faxen dicke. Einige der Tusken dürfen am Ende Bekanntschaft mit Anakins

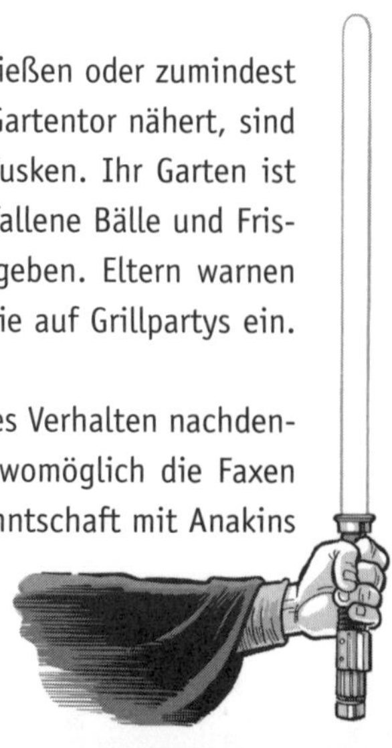

Lichtschwert machen. Das wird Ihnen wahrscheinlich nicht passieren. Aber auch mutige Nachbarskinder könnten sich irgendwann für all die verlorenen Frisbees und Bälle rächen und sie zurückerobern wollen.

Falls Sie wiederum einen solchen Nachbarn *haben*, bleiben Ihnen leider nicht sehr viele Möglichkeiten. Am besten gehen Sie ihm aus dem Weg, wie es auf Tatooine alle mit den Tusken tun. Wenn Sie sich besonders viel Mühe geben wollen und besonders mutig sind, könnten Sie außerdem ab und zu Einladungen zu Grillpartys unter dem Gartentor durchschieben. Vielleicht weichen Sie den hartnäckigen Isolationismus mit stetiger Beharrlichkeit ja irgendwann auf. Passen Sie dann aber auf Ihre Wertsachen auf, denn die Tusken werden nicht umsonst auch Tusken-Räuber genannt.

Jawas

Jawas lassen sich in drei Worten beschreiben: lästig, aber nützlich. Der Nachbar, der ein bisschen streng riecht, einfach nicht aufhören kann zu reden und immer wieder versucht, Ihnen gebrauchte Elektronikteile anzudrehen, der ist ein Jawa. Nehmen Sie sich im Umgang mit ihm ein Beispiel an Luke Skywalker und seinem Onkel Owen. Als die beiden bei den Jawas Droiden einkaufen, sind sie höflich, wenn auch kurz angebunden.

Das Praktische daran, einen Jawa-Nachbarn zu haben, ist, dass Sie sofort jemanden zur Hand wissen, wenn Ihr Auto nicht mehr anspringt oder Ihr Computer seltsame Fehlermeldungen anzeigt. Ein Jawa mag ein wenig unorthodox an solche Probleme herangehen, aber letztendlich bringt er fast jedes technische Gerät wieder zum Laufen. Schon allein das ist ein Grund, ihn sich warmzuhalten. Außerdem sind Jawas ansonsten recht unkompliziert. Sie werden sich nie beschweren, wenn Ihre Hecke zu weit über den Zaun wächst.

Und wenn sie wirklich nerven, wird man sie mit ein paar bestimmten Worten auch leicht wieder los.

Hutten, Kopfgeldjäger und der ganze Rest

Wenn man ehrlich sein will, ist Tatooine keine sonderlich angenehme Wohngegend. Neben Tusken, Jawas und dem einen oder anderen harmlosen Feuchtfarmer besteht der Großteil der Nachbarschaft aus Verbrechern unterschiedlichen Grades, wobei die Schlimmsten von allen wahrscheinlich die Hutten sind, die als Herrscher eigentlich für Recht und Ordnung sorgen sollten. Wenn Sie in einer Tatooine-Wohngegend leben, sollten Sie nachts nicht allein auf die Straße gehen. Und ansonsten ist Ihre beste Vorgehensweise, so wenig wie möglich mit den Nachbarn zu tun zu haben. Dank dieser Methode führen die meisten der Feuchtfarmer auf Tatooine ein recht ruhiges Leben. Leute wie Onkel Owen und Tante Beru lassen sich nur höchst selten in Mos Eisley blicken, wo sich das Gesindel häuft.

Solange Sie nicht auffallen, sollten Sie keine Probleme bekommen – außer Sie haben Pech. Denken Sie ansonsten über einen Umzug nach.

Naboo: Naturidyll mit Hindernissen

Deutlich freundlicher als Tatooine ist Naboo – zumindest wenn es nicht gerade von der Handelsföderation belagert wird. Ruhige Lage, saubere Straßen, hübsche Architektur. Das ist eine Wohngegend, in der man seine Kinder aufziehen will. Viel Platz zum Spielen gibt es auch.

Das einzige störende Element in alldem sind die Gungans – zumin-

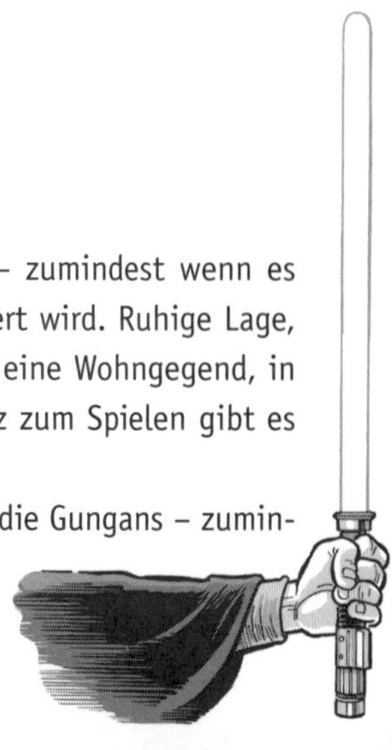

dest der Ansicht der restlichen Bewohner von Naboo zufolge. Stellen Sie sich die Bevölkerung von Naboo als Angehörige der gehobenen Mittelschicht vor. Zwei Autos, 1,3 Kinder, vielleicht ein Hund. Am Wochenende sitzt man mit den Nachbarn zusammen, trinkt ein Bierchen und unterhält sich sehr gesittet darüber, welche Fortschritte der Nachwuchs in der Schule macht. Und plötzlich schallt es aus dem Nachbargarten herüber: »Schakkeline, hau dat Schantalle nich immer mit die Schüppe auf den Kopp!«

Auftritt: die Gungans. Man erinnere sich dabei nur an denkwürdige Sätze von Boss Nass wie zum Beispiel: »Werse diese da sein?« Die Ähnlichkeit ist definitiv vorhanden.

Das auf solche Äußerungen folgende Augenverdrehen bei den Angehörigen der besseren Mittelschicht entspricht auch in etwa der üblichen Reaktion der menschlichen Bewohner Naboos auf ihre im Wasser lebenden Nachbarn.

Eine sonderlich gute nachbarschaftliche Beziehung kann man das nicht nennen. Aber dann kommt die Handelsföderation ...

Wenn man plötzlich Hilfe braucht

Als Amidala und ihre Leute Naboo aus den Fängen der Handelsföderation befreien wollen, erinnern sie sich mit einem Mal ihrer breitmäuligen Nachbarn. Nun brauchen sie die Hilfe der Gungans.

Das Dumme ist nur: Sie haben ihre Nachbarn bisher immer schlecht behandelt. Das rächt sich nun. Sie müssen die Gungans erst davon überzeugen, dass es sich lohnt, ihnen zu helfen. Amidala sieht sich zu einer langen Entschuldigungsrede gezwungen und macht schließlich sogar einen Kniefall vor Boss Nass, bevor die Gungans ihre Unterstützung zusagen. Und das alles, während eigentlich Dringenderes zu tun wäre.

Das hätte sich vermeiden lassen, wenn die Bewohner von Naboo einfach von vorneherein nett zu ihren Nachbarn gewesen wären. Dann hätte Amidala schlicht das Problem schildern müssen, und Boss Nass hätte gesagt: »Wirse gerne helfen unseren Freunden.«

So sieht es auch mit den Eltern von Schantalle und Schakkeline aus. Sie bekommen Ihr neues Gartenhäuschen nicht aufgebaut, weil Sie handwerklich eine Niete sind? Schantalles Vater macht so was mit links, und dann auch noch nur für einen Kasten Bier. Allerdings natürlich nur für Freunde. Auch Schakkelines Mutter mag sich bei näherem Kennenlernen als gar nicht so übel rausstellen.

Letztendlich lohnt es sich immer, nett zu Leuten zu sein, anstatt hochnäsig auf sie herabzuschauen, nur weil sie eine etwas andere Auffassung Ihrer Muttersprache und keine so gute Allgemeinbildung haben wie Sie. Außerdem ist es doch viel angenehmer, wenn man mit allen Nachbarn ab und zu ein Schwätzchen am Gartenzaun halten kann, auch wenn Ihr Trommelfell dabei möglicherweise versucht, sich selbst zu erwürgen.

Der Barbar von nebenan: Star Trek und der Krieg am Gartenzaun

Die neuen Nachbarn sind da – und die Ruhe ist passé. Statt friedlich ihre Kreuzworträtsel zu lösen, wie es die Vormieter jahrzehntelang taten, machen die Neuen jedes Wochenende Party, mähen morgens schon vor acht Uhr den Rasen, verunstalten ihre Fensterbänke mit unsäglich kitschigen Gartenzwergen und und und. Kurz gesagt versauen sie Ihnen die ganze Wohnbehaglichkeit. Und dabei sehen sie Ihnen auch noch ziemlich ähnlich.

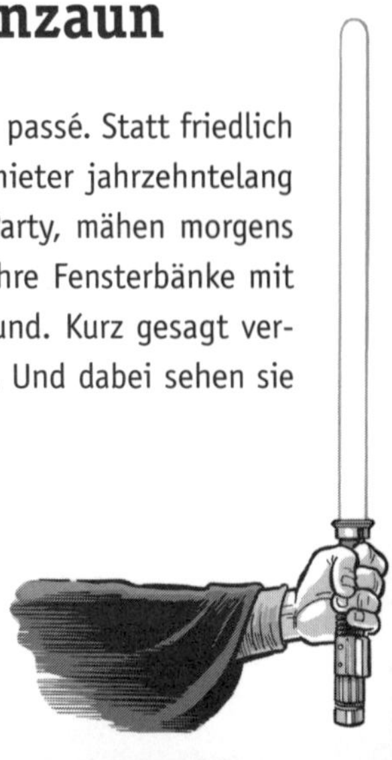

Bele und Lokai

In Star Trek regt man sich mitunter schon wegen weitaus weniger als Grenzstreitigkeiten oder nachbarlicher Lärmbelästigung auf. In Star Trek reicht es mitunter schon, wenn man das Spiegelbild des Nebenmannes ist.

In der Episode »Bele jagt Lokai« trifft Captain Kirks Crew auf die letzten zwei Überlebenden einstmals großer Völker. Innerlich scheinen sich Bele und Lokai kaum zu unterscheiden, eint sie doch der Hass auf den jeweils anderen. Äußerlich unterscheiden sie sich nur in der Hautfarbe – der eine ist halb schwarz und halb weiß, der andere halb weiß und halb schwarz. Grund genug für Bele, Lokai und ihre inzwischen verstorbenen Mit-Cheronen, sich gegenseitig bis aufs Blut zu jagen.

»Alles, was sie noch interessiert, ist ihr Hass«, kommentiert Kirk ebenso betrübt wie folgerichtig, als er dem absurden Treiben der beiden ansichtig wird.

»Mag das alles sein, was sie je kannten, Sir?«, postuliert Spock vorsichtig.

Und Kirk trifft genau ins Schwarze, als er erwidert: »Nein, aber es ist alles, was ihnen geblieben ist.«

Von Cardies und Propheten

»Ich hasse nicht *Sie*, Cardassianer«, sagt Chief O'Brien und sieht sein graugesichtiges Gegenüber traurig an. »Ich hasse, was aus mir wurde. *Wegen* Ihnen.« Was war geschehen?

Die Sternenflotte hatte kurz zuvor einige kriegerische Auseinandersetzungen mit dem Volk der Cardassianer durchlitten. Dieses zeichnet sich u. a. durch aggressive Außenpolitik und überzogenes Selbstbewusstsein aus und scheut auch nicht davor zurück, ganze Welten zu besetzen und ihre Bewohner in Arbeitslagern zu internieren – berühmtestes Beispiel: der in relativer Nachbarschaft gelegene Planet Bajor. Gegen die martialischen Guls und anderen Militärs Cardassias haben die eher spirituell orientierten Bajoraner nicht viele Chancen – und doch entwickelt sich in den langen Jahren der Besatzung eine ebenso lebendige wie letztlich triumphierende Widerstandsbewegung in den Reihen der Unterdrückten. Fromme Beter und Denker werden durch die ihnen vom Nachbarn Cardassia angetane Gewalt gezwungen, die Waffen zu ergreifen und für ihr Geburtsrecht Freiheit in die Schlacht zu ziehen. Bajor gewinnt seine Unabhängigkeit zurück und verliert doch seine Unschuld. Und O'Brien verliert sie gleich mit.

Ärgern Sie sich ruhig über Ihre Nachbarn. Aber denken Sie an den Chief. Lassen Sie nicht zu, dass Sie sich *wegen* ihnen über sich selbst ärgern!

Cousin Dracula

Eine eher kreative, wenngleich nicht minder verdammungswürdige Methode zum Umgang mit den verhassten Nachbarn zeigen uns die Romulaner und Remaner in Star Trek – Nemesis und den auf diesem Film aufbauenden Folgegeschichten: Sklaverei.

Die telepathisch begabten »Männer fürs Grobe« der Romulaner führen alles andere als ein Leben in Freiheit. Von ihren Nachbarn übelst klein gehalten, vegetieren sie in niederen Jobs vor sich hin, schuften sich in Bergbau- und anderen Rohstoffbetrieben die ohnehin schon ziemlich unansehnlichen Buckel krumm oder dienen den Verwandten vom Planeten nebenan als Kanonenfutter in kriegerischen Auseinandersetzungen: Als das Dominion die Völker des Alphaquadranten attackiert, schickt der romulanische Senat die ebenso sinistren wie ersetzbaren Remaner an die Front.

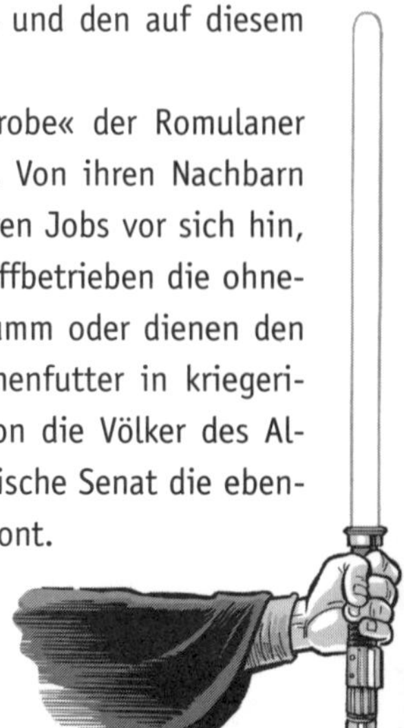

Gleichberechtigung geht anders. Es scheint, als halte Romulus seinen Zwillingsplaneten Remus ganz bewusst an der kurzen Leine. Die Romulaner – ohnehin ein Volk der Geheimniskrämer und Intriganten – betrachten ihre kahlköpfigen, *nosferatu*gleichen Brüder als Wesen niederer Ordnung. Remaner haben kaum Rechte im Imperium, keine politische Mitsprachemöglichkeit (es sei denn, sie wagen einen Putsch, wie in NEMESIS geschehen – und wir wissen alle, wie *das* endet ...), sind nicht einmal sonderlich beliebt.

Aber sie sind praktisch. Sie tun, wofür sich die Damen und Herren Prätoren zu schade sind. Sie gehorchen, wenn ihr Meister ruft. Und wenn sie dazu nicht willig sind, wendet er eben Gewalt an.

Die romulanische Methode ist *auch* ein Weg, mit unliebsamen Nachbarn umzugehen. Das wollen wir gar nicht bestreiten. Aber sie ist einer, der wohl nur in geschlossenen Systemen funktioniert; dort, wo Ihnen niemand über die Schulter guckt. Dort, wo man tatsächlich noch eine Insel ist, ohne Kontext und übergeordnete Moral. Bitte nicht nachmachen!

Zwischenspiel

QUAL DER WAHL

Der große Sorge dich nicht, beame! -Erstwählercheck

Kennen Sie das? Sie wollen Ihr Kreuzchen machen, wissen aber noch nicht, für wen? Wann immer der Staat, das Land oder die Gemeinde Sie zur Urne ruft, fühlen Sie sich überfordert? Parteien – was wollen die überhaupt?

Dann haben wir hier einen kleinen Thementest für Sie vorbereitet, mit dem Sie vielleicht (und wir gestehen: Das ist ein *großes* Vielleicht!) die Partei finden, die zu Ihnen passt.

1. Lebensraum

Wo würden Sie gern wohnen?

a. Naboo, wo ich die gezähmte Natur aus sicherer Entfernung genieße.
b. In den oberen Etagen von Coruscant. Und auf meinem Landsitz auf Naboo, aber das versteht sich ja wohl von selbst …
c. Endor. Gibt es etwas Schöneres, als mit Ewoks auf Bäumen herumzuklettern?
d. Ist mir eigentlich völlig schnurz.
e. Schwere Entscheidung. Lasst mich noch eine Weile darüber nachdenken.
f. Irgendwo im Outer Rim.
g. Egal. Hauptsache, es gibt dort keine Aliens.

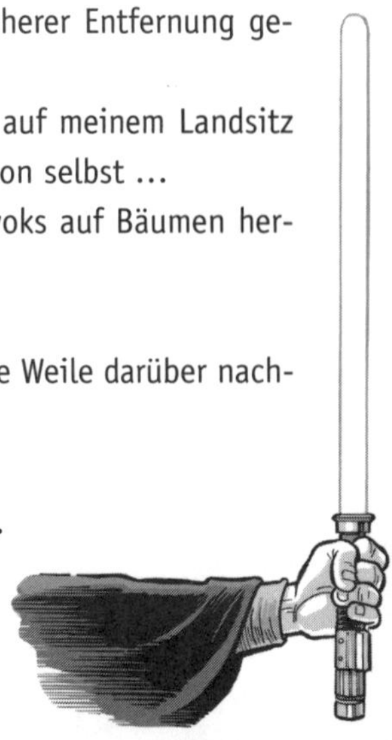

2. Gesellschaft

Seit dem Amtsantritt des Großen Nagus Rom haben die Frauen Ferenginars deutlich mehr Rechte als vorher. Diese Reform macht Sie ...

a. ... glücklich. Seit Ferengi-Frauen Kleidung tragen dürfen, boomt die Textilindustrie – und das heißt: Arbeitsplätze, Baby!

b. ... *zähneknirschend* glücklich. Einerseits verstehe ich den Nutzen für die Wirtschaft und befürworte Gleichberechtigung, andererseits trenne ich mich ungern von lieb gewonnenen Traditionen.

c. ... glücklich, weil mich sonst mein Umfeld tadelt. Ich hoffe aber sehr, die neuen Angestellten in den Textilfirmen dürfen Gewerkschaften gründen und verwenden nur biologisch einwandfreie, fair gehandelte Rohstoffe.

d. ... sprachlos. Ich kann jetzt nicht antworten. Meine Aktien für Ferengi-Textilfirmen sprengen gerade jeden Rekord. Ich bin reich!!

e. ... eigentlich glücklich. Aber da ich mich deutlich von denen abgrenzen möchte, die hier mit »a« antworten, bestehe ich darauf, dass die Textilbranche Ferenginars geregelte Arbeitszeiten, Lohnfortzahlung im Krankheitsfall und allerhand andere Ferengi-untypische Segnungen einführt. Vorher wird nicht verhandelt, klar?

f. ... wütend. Was?! Ferengi-Frauen sind jetzt bekleidet?

g. ... gar nichts. Mir völlig egal. Ferengi-Frauen sind mit Kleidern genauso hässlich wie ohne.

3. Bildung

Was halten Sie davon, dass werdende Jedi ihre Familien verlassen und im Tempel lernen?

a. Prima. So bieten sich mehr Möglichkeiten zur Förderung der Schüler.
b. Wer bezahlt das eigentlich?
c. Ich bin dafür, diesen Weg auch bei sozial schwachen Schichten wie den Schmugglern und den Jawas zu gehen.
d. Eigentlich ... Ach, vergiss es.
e. Viel wichtiger ist doch, dass jeder das Recht haben sollte, ein Jedi zu werden. Ich fordere das Recht auf Jedi-Ausbildung für alle!
f. Man sollte den Jünglingen mehr Raum für individuelle Entfaltung lassen.
g. Gar nichts. Die Jedi sollen erst mal aufhören, Aliens auszubilden.

4. Entwicklung

Obwohl sie – nicht zuletzt während des Dominionkrieges – auf verschiedenen Seiten standen, hilft Bajor dem zerstörten Cardassia immens beim Wiederaufbau. Das finden Sie ...

a. ... bewundernswert und dringend notwendig. Zukunft geht nur, wenn man Vergangenes auch verzeihen kann.
b. ... sehr gut. Völkerverständigung ist immer der beste Weg, doch ich hoffe, man vergisst auch die Opfer nicht.
c. ... die einzig durchführbare Richtung und vollkommen in Ordnung.
d. ... sehr gut. Völkerverständigung ist immer der beste Weg, doch ich hoffe, man vergisst auch die Opfer nicht. (Hat man mir aufgeschrieben.)

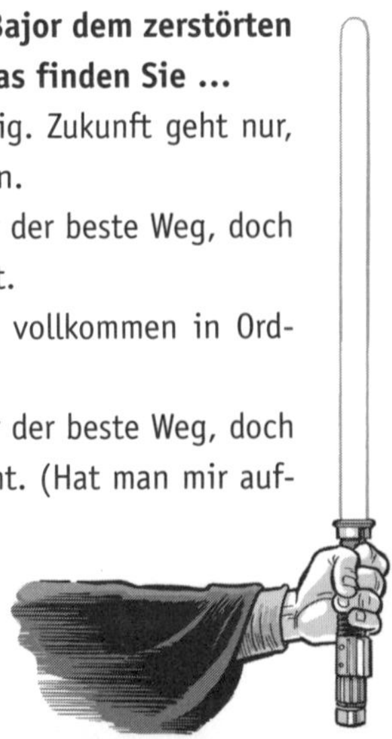

e. … vorbildlich. Bajor hat nach der Besatzung schmerzlich lernen müssen, wie aus Trümmern Neues entstehen kann. Man kann Cardassia keinen besseren Lehrer wünschen.
f. … klasse, solange die Bajoraner sämtliche Akten über die Hilfslieferungen und deren Verwendung offen legen.
g. … zum Kotzen. Sobald Cardassia wieder bei Kräften ist, wird es Bajor erneut angreifen. Solche Leute ändern sich nicht.

5. Integration

Wie finden Sie es, dass es im imperialen Militär kaum Aliens gibt?

a. Da besteht eindeutig noch Integrationsbedarf.
b. Generell bin ich für die Integration nicht-menschlicher Mitbürger, aber man muss aufpassen, dass das Militär nicht von ihnen überlaufen wird.
c. Man sollte eine Alien-Quote einführen.
d. Die Integration nicht-menschlicher Mitbürger ist natürlich wichtig … Aber Antwort »b« darf man nicht außer Acht lassen.
e. Alien-Quote!
f. Kein Wunder, dass das Imperium immer verliert.
g. Eine gute Sache. So nehmen die Aliens aufrechten Menschen keine Arbeitsplätze weg!

6. Wirtschaft

Die bargeldlose Wirtschaft innerhalb der Vereinigten Föderation der Planeten erachten Sie als …

a. … schwierige Sache. Einerseits begrüße ich den sozialistischen Touch, andererseits habe ich Schwierigkeiten, ihn mir in der Umsetzung vorzustellen. Funktioniert das *tatsächlich*?
b. … notwendige und bedürfnisgerecht umgesetzte Methode, Gren-

zen einzureißen und Frieden zu sichern.

c. ... lobenswert, da es in einem System ohne Reiche auch keine Armen gibt.

d. ... Wahnwitz! Ehrlich, das ist doch ... Großer Gott, mir wird schwindelig!

e. ... einzige und richtige Art und Weise, soziale Gerechtigkeit und ein Miteinander zu erreichen, in dem alle Wesen auf Augenhöhe kommunizieren.

f. ... verdächtig. Ist die wirklich bargeldlos? Das glaube ich erst, wenn mir der Föderationspräsident seine Kontoauszüge zeigt, Freunde ...

g. ... natürlich und gut. Aber es reicht jetzt mit den Mitgliedswelten, okay? Habt ihr denn nichts vom Euro gelernt?

7. Steuern

Die Handelsföderation protestiert gegen die Besteuerung ihrer Schiffsrouten. Ihre Meinung?

a. Damit muss man vorsichtig sein. Es könnte den Handel eindämmen.

b. Ganz schlechte Sache! Mein Freund Vizekönig Gunray hat sich schon bei mir darüber beschwert.

c. Die Einnahmen könnte man verwenden, um alternative, umweltfreundlichere Raumschiffantriebe zu entwickeln.

d. Ich bin entschieden dagegen.

e. Eine sehr gute Idee! Wer so viel Geld hat wie diese reichen Händler, sollte sowieso mehr Steuern zahlen. Außerdem stehe ich natürlich auf der Seite der armen Bürger von Naboo.

f. Sorry, was? Hab nicht zugehört.

g. Man sollte die Steuer nur für die Froschgesichter einführen, die menschlichen Händlern die Geschäfte vor der Nase wegschnappen.

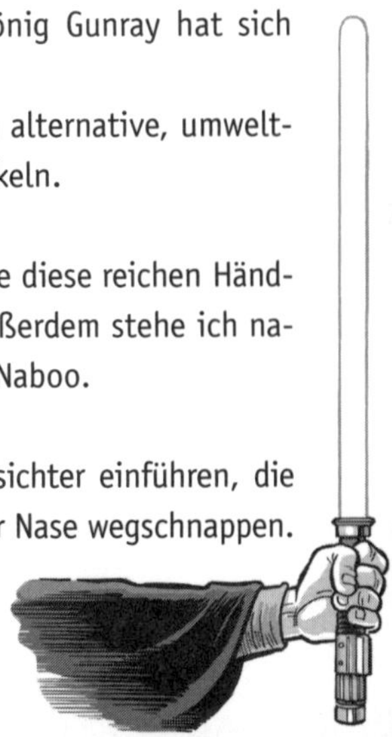

Auswertung

Welche Antwort haben Sie am häufigsten gewählt?

a. **Sie erinnern an die SPD.** Teilweise lassen sich Ihre Ziele schwer von denen der CDU unterscheiden, aber im Großen und Ganzen sind Sie etwas weniger konservativ. Manchmal, wenn Sie Glück haben, steht diese Partei nicht ganz so sehr auf der Seite der Reichen und kümmert sich darum, was Sie als Otto Normalbürger wollen. Wenn Sie Ihr Kreuzchen hier machen, ändert sich außerdem möglichst wenig am Status quo.

b. **Ihnen könnte die CDU gefallen.** Sofern Sie nicht gerade viel Geld haben, wird diese Partei Ihre Bedürfnisse größtenteils ignorieren. Wenn Sie hier Ihr Kreuzchen machen, ändert sich überhaupt nichts am Status quo.

c. **Ganz klar: die Grünen.** Sie knuddeln gerne Bäume und geben sich ansonsten recht liberal? Dann setzen Sie Ihr Kreuzchen schnell bei den Grünen, und dann wieder auf in die Natur. Ewoks, Bajoraner und Gungans werden es Ihnen danken.

d. **Willkommen in der FDP.** Ihre Absichten mögen edel sein, aber unterm Strich haben Sie sich doch dazu entschieden, mit Ihrer Stimme nichts auszurichten. Gratulation!

e. **Man ist geneigt, Ihnen Die Linke anzuempfehlen.** Sie fühlen sich vom Staat ungerecht behandelt und wollen eine Partei wählen, die zumindest behauptet, voll und ganz auf Ihrer Seite zu stehen. Machen Sie Ihr Kreuzchen hier, seien Sie aber nicht enttäuscht, wenn nichts passiert.

f. **Uns deucht, Sie sind Pirat.** Ihnen ist Vieles egal, solange Sie nur eine schnelle Internetverbindung haben und Ihnen möglichst niemand in das hineinredet, was Sie online tun. Vergessen Sie beim Wählen Ihre schwarze Flagge nicht!

g. **Verschwinden Sie bitte schnellstens aus diesem Buch!** Sie fühlen sich pauschal durch jeden bedroht, der nicht Ihre Sprache spricht. Von uns aus können Sie sich Ihr Kreuz auch sparen und sich gleich wieder zum Dienst bei den imperialen Truppen oder dem gerade amtierenden Tyrannen des Spiegeluniversums melden.

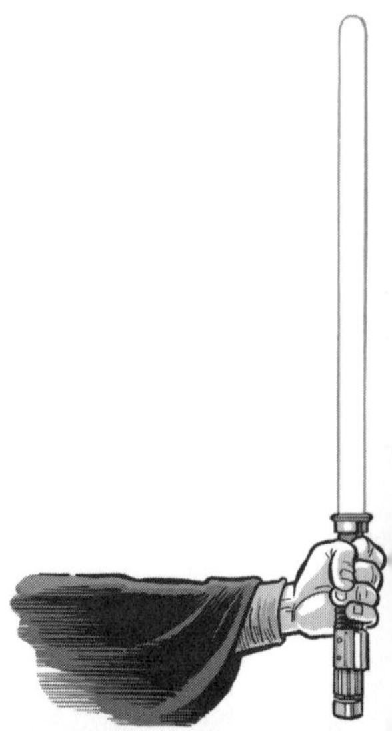

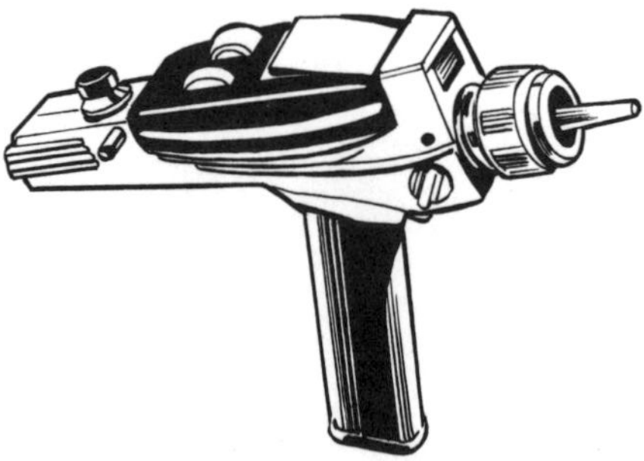

5

»MÖGE DIE MACHT MIT DIR SEIN«

Von der Krux mit dem Mentor

Eat. Pray. Love. Oder: Brauchen wir nicht alle hin und wieder ein bisschen Auszeit? Zugegeben, nicht jeden zieht es gleich für sieben volle Jahre nach Tibet, nicht jeder von uns hat das Zeug (und den Willen), sein gesamtes Lebensmodell umzukrempeln. Doch die Sehnsucht nach dem Sinn eint uns alle. Wie nutzen wir unsere Zeit und Talente am besten? Wo sind wir falsch abgebogen, wie optimieren wir unsere emotionale Lage? Bin ich wirklich im richtigen Job, der richtigen Beziehung, dem richtigen Leben?

Ganze Industrien widmen sich der Aufgabe, Antworten auf diese und ähnlich motivierte Fragen zu liefern. Selbst ernannte Gurus und Motivationstrainer laden zu kostspieligen Seminarwochenenden, auf denen wir über glühende Kohlen laufen und Eisenstangen verbiegen – aber kennen wir *uns* danach wirklich besser, oder doch nur die Kontonummer des jeweiligen Veranstalters? Vermeintlich Erleuchtete berichten uns in Dia- und anderen Vorträgen davon, dass sie angeblich mit Energiewesen, Einhörnern und anderem Fantasiegewächs über das Wesen der Welt diskutierten und dabei unfassbare Erkennt-

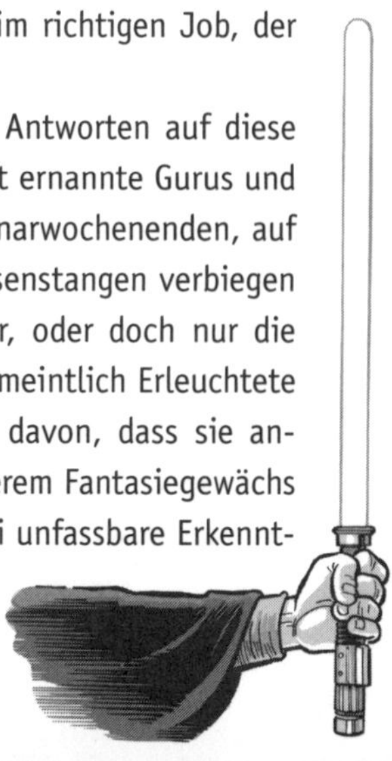

nis erlangten. Aber müssen wir tatsächlich in Die Hütte gehen, um The Secret zu erfahren, oder ist *learning by doing* doch der bessere Weg? Gibt es dieses »Secret« überhaupt, oder hatte Balu, der Bär, den Bogen damals schon raus, als er uns zu ein wenig mehr Gemütlichkeit animieren wollte (»denn mit Gemütlichkeit kommt auch das Glück zu dir«)?

Buchhandlungsabteilungen quillen über mit mal mehr, mal weniger gelungenen Ratgebern wie dem, den Sie gerade in Händen halten, aber finden wir die Tricks und Kniffe zu Weisheit und Erfüllung wirklich, indem wir im stillen Kämmerlein sitzen und bedrucktes Papier betrachten?

Die Welt ist voll, laut und legt ein Wahnsinnstempo vor. Es überrascht nicht, sich in diesem Chaos namens Alltag nach ein wenig Orientierung zu sehnen, und gegen Vorbilder ist per se auch nichts einzuwenden. Wir sollten nur darauf achten, uns die richtigen auszuwählen. Idole, deren Beispiel tatsächlich zu uns passt.

Wir haben Ihnen da mal ein paar Typen herausgesucht ...

Yoda: Für Weisheit muss man weit reisen!

Sind Sie der Ansicht, dass man sich guten Rat verdienen muss? Dass man weite Wege und Mühen auf sich nehmen muss, um jemanden zu finden, der einem die Geheimnisse des Daseins erklärt? An der nächsten Straßenecke jemandem zu begegnen, der einem alle Fragen zum Leben, dem Universum und dem ganzen Rest beantworten kann, wäre ja auch viel zu einfach, oder? Genau wie gute Medizin immer bitter schmecken muss, hat ein echter Mentor gefälligst am Arsch der Welt zu wohnen. Mindestens.

Richtig? In dem Fall sollten Sie sich auf der Suche nach Rat an Yoda wenden. Yoda ist der tibetanische Mönch des Star Wars-Universums. Er lebt zwar nicht in einem einsamen Kloster auf verschneiten

Gipfeln, aber Dagobah liegt auch nicht gerade mitten in der Galaxis. Und sonderlich einfach zu erreichen ist Yodas Wohnsitz ebenfalls nicht. Vor allem die Infrastruktur seiner Heimat lässt zu wünschen übrig. Luke Skywalker muss eine Bruchlandung in einem Sumpf hinlegen, um ihn zu finden.

Zusätzlich zur schweren Auffindbarkeit ist Yoda einer der Mentoren, der sich gerne mal in sehr gut zitierfähigen, dafür aber auf den ersten Blick weniger hilfreichen Aussagen ergeht. Er hüllt sich nach Möglichkeit in die Aura des Geheimnisvollen. Das wird schon bei der ersten Begegnung mit Luke deutlich. »Du suchst jemanden, gefunden hast du jemanden«, sagt er da, anstatt einfach zu bestätigen, dass er derjenige ist, zu dem Obi Wan Luke geschickt hat. Auch das funktioniert nach dem »Das wäre ja auch zu einfach«-Prinzip. Wer braucht schon klare Aussagen, wenn er genauso gut kryptische Andeutungen haben kann?

Nicht nur in Bezug auf seine eigene Identität drückt sich Yoda eher schwammig aus, auch die praktischen Anwendungsmöglichkeiten von Ratschlägen wie beispielsweise »Tu es oder tu es nicht. Es gibt kein Versuchen.« erschließen sich nicht sofort. Was Yoda sagt, soll oft zum Grübeln anregen – in der Hoffnung, dass genug Grübelei irgendwann automatisch zu geistigem Wachstum führt. Manchmal führt es allerdings eher dazu, dass der Schüler ungeduldig wird und halb ausgebildet davonstürmt.

Auch in dieser Hinsicht kann sich Yoda ohne Zweifel mit buddhistischen Lehren messen. Sollten Sie jemanden wie ihn als Mentor wünschen, kaufen Sie also schon mal ein Flugticket nach Tibet. Oder warten Sie bis zum nächsten Besuch des Dalai-Lama.

Aber beschweren Sie sich am Ende nicht, dass Sie genau das bekommen, was Sie sich wünschen: Rätsel, an deren Lösung Sie langsam wachsen müssen – oder verzweifeln.

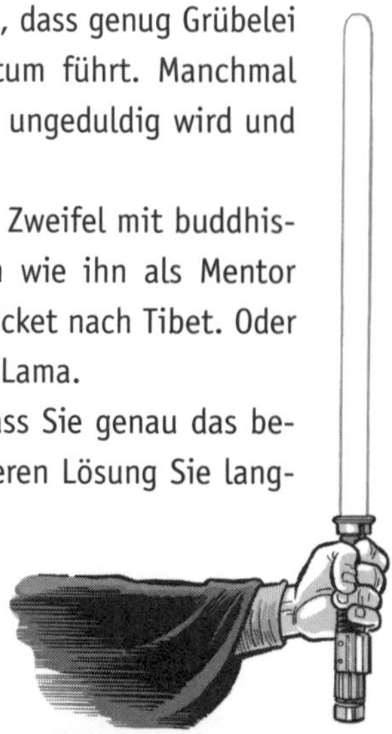

DAS MODELL YODA AM BEISPIEL JOACHIM LÖWS

Wenn Sie dieses Buch bis hierhin durchgehalten haben, dann halten Sie uns entweder für bescheuert, aber unterhaltsam – oder Sie teilen zumindest einige unserer Ansichten. So oder so: Sie sind reif für ein praktisches Beispiel, das gewagt anmuten mag, unserer Meinung nach aber passt wie Klingonenpopo auf Eimer. Welches, fragen Sie? Na, lesen Sie die Überschrift dieses Einschubs noch mal. Kein Problem, wir warten so lange.

These: Der Bundestrainer der deutschen Fußballnationalmannschaft ist ein Mentor von Yodas Schlag.

Okay, sowie Sie mit Lachen fertig sind, kommen wir zur **Beweisführung:** Löw schult junge Helden, formt Männer. Er bereitet talentierten Nachwuchs auf bedeutsame Schlachten vor und führt ihn in selbigen vom Rand des Schauplatzes aus. Er kennt die Situationen, in die er seine Protegés bringt, aus eigener Erfahrung und weiß (meistens) mit Kritikern ebenso patent umzugehen wie mit als unangebracht empfundenen Lobeshymnen. Löw ist eine, man kann's kaum anders sagen, coole Sau und weiß es auch. Aber er lässt das nie raushängen. Er kann ausrasten, keine Frage, aber er steht selbst nach der peinlichsten Niederlage noch locker am Mikro der Stadionpresse und analysiert sich einen Wolf. Er kritisiert niemandes Weizenbierkonsum. Er geht seinen Schülern mit gutem Beispiel voran. Er bleibt cool.

Kommt Ihnen das etwa *nicht* aus dem Kino bekannt vor? Echt nicht?

Hey, von »Jogi« zu »Yoda« ist der akustische Weg nicht weit! Das kann doch kein Zufall sein …

Spock: der Papst mit spitzen Ohren

Mäßigung. Selbstbeherrschung. Rücksichtnahme statt Vorteilsnutzung. Enthaltsamkeit.

Sind das Ideale, die Sie in Ihrem weiteren Lebensweg sehen? Dann ist der Typ Spock ein perfekter Mentor für Sie. Mr. Spock, der stoische Vulkanier aus Gene Roddenberrys originalem Star Trek, ist alles andere als ein Partylöwe – es sei denn, in seiner Nähe gießt zufällig jemand gerade eigenartige Sporenpflanzen – und wird Sie auch nie zu vorschnellen kriegerischen Handlungen animieren. »Nur Nixon konnte nach China«, wissen Sie noch?

Unter Spocks Fittichen lernen Sie, Ihren inneren Schweinehund zu kontrollieren. Sie winken ab, wenn Ihnen jemand Alkohol oder andere Rauschmittel anbietet, denn Kontrolle ist für Sie ein Dauerzustand. Sie lernen bei einem Spock, jeden Tag fünf Minuten *vor* Ihrem Wecker wach zu werden. Sie arbeiten nicht länger für die Kohle, sondern aus Überzeugung und dem Willen, die Gemeinschaft voranzubringen. Mancher dürfte Sie eine Spaßbremse, einen Streber oder Schlimmeres schimpfen, wenn Sie den Spock-Weg wählen. Aber falls Sie wirklich hinter dem stehen, was Ihr Mentor Ihnen mit auf denselben gegeben hat, dann werden solche Beleidigungen spurlos an Ihnen abprallen.

Und keine Sorge: Hinter verschlossenen Türen dürfen Sie auch in der *School of Spock* hin und wieder die Sau rauslassen. Schließlich kann selbst Ihr ach so vergeistigter Ausbilder alle sieben Jahre nicht an sich halten und »pon farrt« sein Erbgut durchs All. Sie müssen sich nur darüber im Klaren sein, dass dieses Quasi-Zölibat existiert. Am besten, *bevor* Sie sich Spocks Methoden verschreiben.

Wir wären unehrlich, würden wir Ihnen eines verschweigen: Anders als der weiß gekleidete Mann in Rom, ist Spock *nicht* unfehlbar.

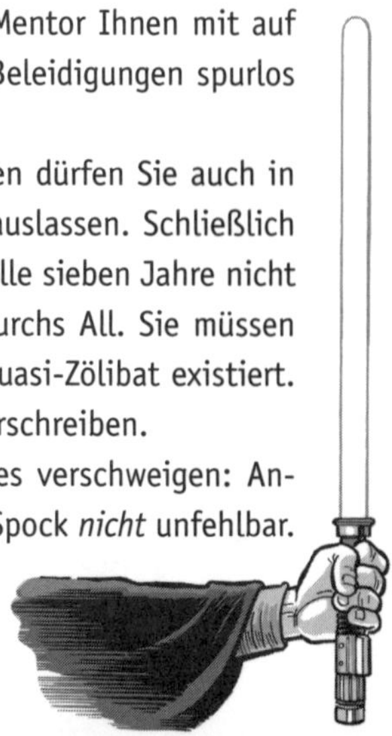

Jeder in der Sternenflotte kennt Spocks ärgsten Missgriff, und obwohl unser Spock es sich – natürlich – nicht anmerken lässt, leidet er unter ihm: Lieutenant Valeris, Protegé des Altmeisters mit den spitzen Ohren, engagierte sich in Star Trek VI – Das unentdeckte Land für die Verschwörer, die einen Keil zwischen die Klingonen und die Föderation treiben wollten. Sie war eine Verräterin – und dank der Fürsprache des unwissenden Spock kam sie in eine Position, in der sie größtmöglichen Schaden anrichten konnte.

Merken Sie sich also eines: Sollten Sie auf der Suche nach einem Vorbild auf jemanden von Spocks Schlag treffen, lassen Sie sich ruhig von ihm beraten! Aber vergessen Sie nie, Ihr eigenes Hirn zu benutzen. Wenn er wirklich ein Spock ist, will er das auch gar nicht anders.

Obi Wan Kenobi: Praktische Erfahrung ist alles!

Vielleicht liegt es daran, dass er Anakin in unruhigen Zeiten ausbildet, aber Obi Wan hält sich jedenfalls nicht lange mit weisen Sprüchen auf. Er ist mehr ein Mann der Taten. Sowohl Anakin Skywalker als auch später dessen Sohn Luke lernen vor allem eines von ihm: kämpfen. Weisheit, so scheint Obi Wan zu denken, lässt sich ohnehin nicht vermitteln. Jeder muss seine Fehler selbst machen.

Mit Anakin muss Obi Wan das ja auch leidvoll erfahren. Irgendwo auf dem Weg vom kleinen, niedlichen Ani zum Teenager-Anakin hört dieser auf, seinen Meister ernst zu nehmen. Von da an ist Obi Wan nur noch ein bärtiger Mann, der »Vorsicht!« ruft, während sein Musterschüler ihren gemeinsamen Gleiter wie ein Wahnsinniger durch den Verkehr von Coruscant steuert.

Wer sich in seine Entscheidungen nicht reinreden lassen will und vor allem jemanden braucht, der ihm erklärt, wie etwas geht, der hat in Obi Wan den richtigen Mentor gefunden.

Und die Obi Wans der realen Welt wiederum gibt es überall. Ihr Vater ist womöglich einer. Oder Ihre Mutter. Es könnte aber auch Ihr Fußballtrainer sein, Ihr Fahrlehrer oder der ältere Kollege, der Ihnen hin und wieder ein paar seiner Tricks verrät. Im Gegensatz zu ihrem Äquivalent in Star Wars verstecken sich diese Leute in der realen Welt höchst selten in der Wüste. Wobei Sie sicher dort auch einen treffen können. Das kommt immer darauf an, was Sie in Ihrem Leben noch vorhaben. Wollen Sie zufällig Wildhüter in der Serengeti werden? Dann sei Ihnen aber angeraten, nicht Anakins Fehler zu machen und stattdessen auf Ihren Obi Wan zu hören. Ansonsten landen Sie womöglich auf der Speisekarte eines Löwen oder werden von einem Nashorn platt getrampelt.

Auch wenn er eher praktisches Wissen vermittelt, kann ein Obi Wan zudem wütend werden, wenn Sie alle seine Ratschläge in den Wind schlagen. Irgendwann könnte ihm der Kragen platzen. Lassen Sie es besser nicht so weit kommen, denn dann kann er ziemlich fies werden. Und nicht jeder hat einen reichen Gönner, der ihn danach wieder zusammenflickt.

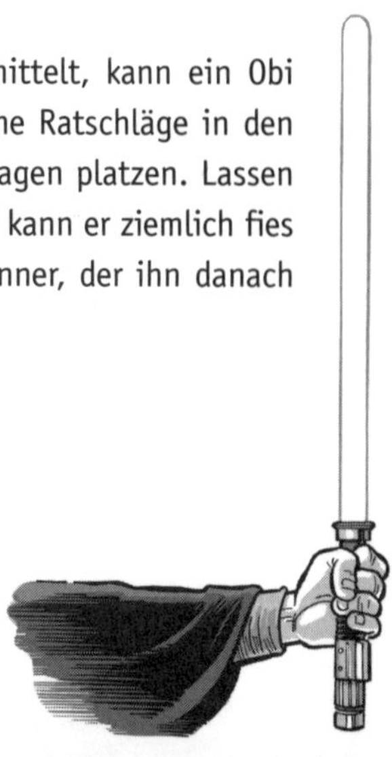

Mr. Mott: gesundes Halbwissen und mördermäßige Menschenkenntnis

Lachen Sie nicht. Wir meinen das wirklich ernst: Mr. Mott hat definitiv das Zeug zum Vorbild und Lehrer. Warum? Na, kommen Sie – müssen Sie das echt noch fragen?

Wie jeder weiß, der sich in Star Trek – The Next Generation halbwegs auskennt, ist Mr. Mott der bolianische Bordfriseur der U.S.S. Enterprise 1701-D – und diese zwei Angaben charakterisieren ihn schon ziemlich gut. Als Bolianer neigt er nämlich zu einer schon fast an Körperverletzung grenzenden Geschwätzigkeit, und als Friseur – noch dazu als vermutlich einziger auf dem Schiff – kennt er alle und jeden. Nein, ein Mr. Mott wird niemals Ihre Geheimnisse bewahren; das könnte er gar nicht. Aber wenn er Sie mag, wird er Ihnen die der anderen verraten.

Geben Sie's zu: Es gibt nutzlosere Mentoren, oder?

Und Mott kann zuhören. In den wenigen, über die späteren Serienjahre verteilten Szenen, die er hat, dient er nicht (nur) als *comic relief*, sondern (auch) als Ratgeber unserer eigentlichen Helden. Fragen Sie sich doch mal, warum wir ausgerechnet Captain Picard, der ja nun wirklich nicht mit sonderlich erwähnenswertem Haupthaar gesegnet ist, so oft beim Friseur sitzen sehen? Weil seine Frise das erfordert? I wo. Weil Mott ein klasse Sparringspartner fürs Brainstorming ist!

Mr. Mott kann kein Raumschiff fliegen. Er kann auch keine diplomatischen Verhandlungen mit Klingonen oder anderen aggressiven Nachbarn führen, nicht vor den Borg fliehen, keine neutrale Zone patrouillieren. Er weiß zu wenig über derlei Situationen und Pflichten. Er besitzt, wie es jeder gute Friseur sollte, solides Halbwissen zu allen möglichen Themen, aber eben nicht genug, um Picard auf der Brücke zu vertreten.

Motts Halbwissen und vor allem sein Verständnis für die Denk- und Verhaltensweisen von Individuen aller Art *helfen* Picard allerdings bei dessen Aufgaben. Das ist der Punkt. Auch Beobachter können Lehrer sein; man muss nur wissen, wie man ihnen zuhört.

Senator Palpatine a. k. a. der Imperator: der, der aufs Glatteis führt

Es gibt Leute, die sich als Mentoren ausgeben, aber Ihnen eigentlich nichts Gutes wollen. Vor solchen Personen sollten Sie sich in Acht nehmen. Das Problem ist nur, sie zu erkennen. Palpatine wickelt Anakin Skywalker sehr geschickt um seinen Finger. Er packt ihn bei seinem Stolz und bei seinen Ängsten. Er ist ein meisterhafter Manipulator. Wie erkennen Sie so jemanden, bevor Sie in seine Falle tappen? Dazu machen Sie sich am besten eine kleine Checkliste:

1. **Ist er ein hohes Tier?**

   Womöglich gibt es irgendwo ehrliche Politiker, aber prinzipiell schadet es nie, Leuten in Machtpositionen zu misstrauen. Solche Posten sind nämlich meist ziemlich beliebt, und Rücksicht, Bescheidenheit und Menschenfreundlichkeit gehören nicht zu den Eigenschaften, die man aufweisen muss, um einen zu bekommen. Palpatine selbst sagt zudem etwas, das in dieser Hinsicht ebenfalls wichtig ist: »Alle, die Macht haben, fürchten, sie wieder zu verlieren.« Er führt das als Beweis für den dro-

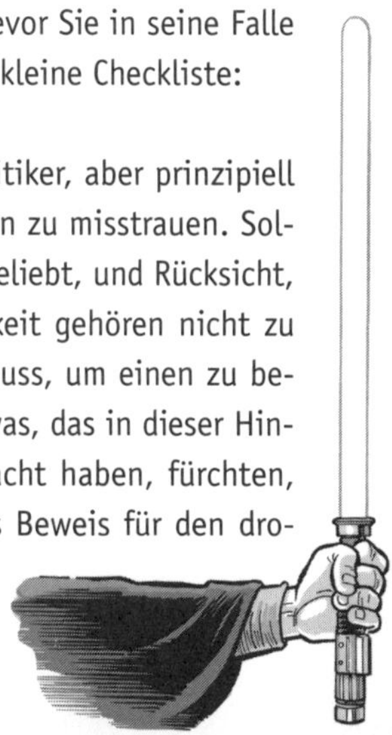

henden Verrat durch die Jedi an, aber genauso gilt es für ihn. Er ist immerhin der Kanzler der Republik. Und er tut alles, was er kann, um diesen Posten auf keinen Fall wieder zu verlieren, ja sogar auf der Karriereleiter noch weiter nach oben zu klettern. Dazu gehört auch, den selbst angesichts heftig winkender Warnhinweise ahnungslosen Anakin zu manipulieren, der sich von ihm einen Rat erhofft.

Sollte jemand Mächtiges Interesse an Ihnen zeigen, hat er womöglich Pläne mit Ihnen. Seien Sie nicht Anakin, lassen Sie sich nicht wie eine Schachfigur hin- und herschieben! Hören Sie zu keinem Zeitpunkt auf, selbstständig zu denken. Fällen Sie keine Entscheidungen allein auf der Basis von Emotionen. (Übrigens: Letzteres ist auch in anderen Zusammenhängen immer eine gute Idee.)

2. **Wirft er nur so mit Lob um sich?**

   Es ist immer schön, gesagt zu bekommen, wie toll man ist, wie sehr andere einen unterschätzen, wie viel Potenzial man hat, was man noch alles erreichen könnte. Aber wenn Sie so etwas zu oft von Ihrem Mentor hören, sollten Sie stutzig werden. Es ist nicht der Job eines Mentors, Ihnen Honig ums Maul zu schmieren. Im Gegenteil, es ist sein Job, Ihnen zu sagen, wie Sie es besser machen können.

3. **Versucht er einen Keil zwischen Sie und Ihre Freunde zu treiben?**

   Gut, es besteht immer die Möglichkeit, dass Ihre Freunde tatsächlich schlecht für Sie sind. Also sollten Sie bei diesem Punkt vorsichtig sein. Achten Sie hier auf die Art der Argumentation. Wenn es heißt, Ihre Freunde würden angeblich eine Verschwörung gegen Ihren Mentor planen, sollten bei Ihnen die Alarmsirenen schrillen, egal wie plausibel das auf den ersten Blick erscheint. Hinterfragen Sie solche Behauptungen gründlich. Ihre Freunde sind immerhin … na ja … Ihre Freunde eben, oder? Würden diese Leute sich tatsächlich gegen ein armes, unschuldiges Opfer zusammentun, als das Ihr Mentor sich hinstellt? Wirklich? Verlangen Sie mindestens einen stichhaltigen Beweis.

Ebenfalls bedenklich sind versteckte Sticheleien vonseiten Ihres Mentors. Palpatine bringt einige Sticheleien gegen die Jedi in dem unter, was er Anakin erzählt. Als er zum Beispiel von der Tragödie Darth Plagueis dem Weisen berichtet, lässt er folgenden Satz fallen: »Die dunkle Seite der Macht ist der Pfad zu mannigfaltigen Fähigkeiten, welche manche von uns für unnatürlich halten.«

Wer mit »manche von uns« gemeint ist, sollte ziemlich klar sein. Und schwingt da nicht eine gewisse Arroganz mit? Etwas in der Richtung von: »Diese armen Idioten, haben Angst vor den großen Wundern, die die dunkle Seite ihnen bietet.«

Falls Sie etwas in der Richtung von demjenigen hören, von dem Sie sich Rat erhoffen, suchen Sie sich einen anderen Mentor! Am besten jemanden, der über solchen lügnerischen Seitenhieben steht.

4. **Verlangt er moralisch fragwürdige Dinge von Ihnen?**

   Wirklich, das ist einfach: Wenn Ihr Mentor Sie auffordert, Kinder zu töten, ist etwas schiefgelaufen. Warum Anakin darauf nicht gekommen ist, wird den Autoren dieses Buches für immer ein Rätsel bleiben.

   Aber es muss ja nicht gleich das Abschlachten von Jünglingen sein. Jede mögliche Aufforderung zu einem Verbrechen sollte für Sie einen Warnhinweis darstellen.

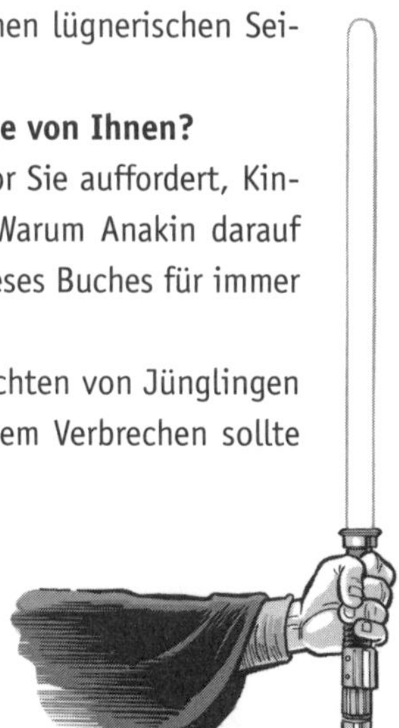

Falls mindestens drei dieser vier Punkte auf Ihr Verhältnis zu Ihrem Mentor zutreffen, gehen Sie am besten so schnell wie möglich auf Abstand. Anakin hat das nicht getan und musste deswegen für die nächsten 20 Jahre gefilterte Luft atmen. Dieser schwarze Anzug mag vielleicht cool aussehen, aber stecken Sie mal da drin, während Sie sich dringend an der Nase kratzen müssen!

Und selbst wenn Sie *nicht* in einem Kampf mit Ihrem *anderen* Mentor Ihre Beine und den Großteil Ihrer Lungenfunktionen verlieren, weil Sie beschließen, auf den falschen Mann zu hören, so wird es auf jeden Fall nicht gut enden.

Guinan: Star Treks Yoda

Sie ist alt. Sie ist weise. Sie kennt die Geheimnisse des Universums. Und sie spricht (mitunter) in Rätseln. Geben Sie's zu: Die Beschreibung stimmt.

Die von Whoopie Goldberg verkörperte Barfrau der Enterprise-D in Star Trek – The Next Generation ist so etwas wie die kluge alte Seele des Schiffes. Nicht nur Picard wendet sich Rat suchend an sie, wenn die Lage kritisch wird (und, so vermuten wir, der bordinterne Friseursalon schon Feierabend hat). Ihre Flotte steht einer Armada lebensfeindlicher Maschinenwesen gegenüber, die Sie schachmatt setzen? Fragen Sie Guinan! Der Kopf Ihres Bordandroiden wird bei Ausgrabungen gefunden, obwohl er noch fest auf dem Hals Ihres goldhäutigen Offiziers ruht? Fragen Sie Guinan! Ein vor Trauer wahnsinniger Wissenschaftler tötet Ihren legendären Amtsvorgänger und droht, als Nächstes das gesamte Universum zu vernichten? Fragen Sie Guinan!

Eine Mentorin wie sie hat alles schon erlebt, alles schon gesehen – oder zumindest *voraus*gesehen. Sie erkennt es sogar, wenn sich die gesamte Wirklichkeit verändert hat und Sie und alle anderen ein falsches Leben führen (»Die alte Enterprise«). Sie ist – vielleicht nicht in körperlicher Hinsicht, wohl aber in mentaler – so etwas wie STAR TREKS Superheldin. Hey, sehen Sie genauer hin: Sie trägt sogar Strumpfhosen!

Der Mentorentyp Guinan versteht Sie besser als Sie sich selbst. Immer. Er hört Ihnen noch zu nachtschlafender Stunde verständnisvoll zu, doch er sagt es Ihnen auch unverblümt, falls Sie Unfug reden. Der Typ Guinan ist stets fair, seine Kritik, wenn sie angebracht ist, aber stets deutlich. Sie können von seiner Weisheit profitieren – und das in allen Lebenslagen, weiß der Guinan-Typ doch mit Liebeskummer ebenso patent umzugehen wie mit politischen Krisen.

Seien Sie sich aber bewusst, dass eine wie Guinan Sie nicht schonen wird. Die bringt Ihnen die Wahrheiten, vor deren Einsicht Sie sich scheuen, nicht sanft bei, sondern direkt und unverblümt. Sie findet, Schmerz sei ein Zeichen geistigen Wachstums, und begrüßt es, wenn Sie unter Ihren Ratschlägen leiden. Dennoch sollten Sie diese befolgen. Der Typ Guinan irrt eigentlich nie. Es kann höchstens passieren, dass Sie ihn falsch verstehen.

Noch ein positiver Nebeneffekt: Guinans finden Sie praktisch überall im wahren Leben. Gehen Sie einfach in die nächste Bar, setzen Sie sich an die Theke und erzählen Sie los.

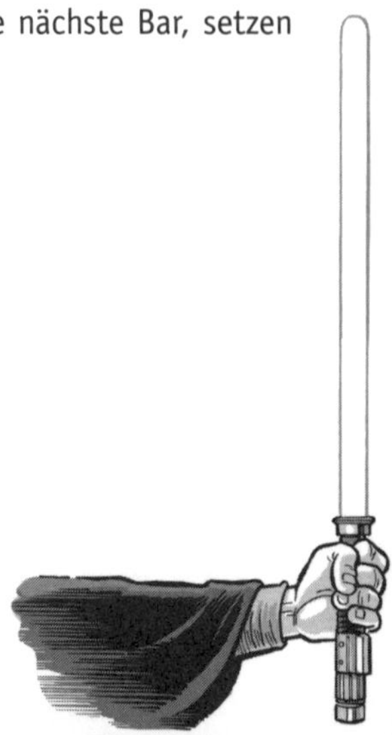

Zwischenspiel

DER GALAKTISCHE KUMMERKASTEN

»Fragen Sie Herrn Dr. Yoda ...«

Haben Tribbles Ihre Getreidespeicher leer gefressen? Steht eine Armee von Klonkriegern vor den Toren der Stadt und will mal »ausführlich« mit Ihnen reden? Hat sich Ihre Nemesis in einem Weltraumnebel versteckt und schießt auf Ihr Schiff?

Dann verzagen Sie nicht. Unser Kummerkasten-Personal weiß Rat.

Yvonne (17) schreibt:
Lieber Dr. Yoda,
in meiner Klasse ist dieser total süße Junge. Das Problem ist nur, dass ich voll schüchtern bin. Ich habe lange gebraucht, um meinen Mut zusammenzunehmen. Ich war fast so weit, ihn anzusprechen – da habe ich den Schock meines Lebens bekommen! Ich habe gesehen, wie er mit einem anderen Mädchen über den Schulhof gegangen ist. Sie haben Händchen gehalten!
Dr. Yoda, ich weiß nicht, was ich tun soll. Ich war zu schüchtern, und nun hat er sich schon eine andere gesucht. Es ist voll schrecklich. Ich bin am Boden zerstört.

Dr. Yoda antwortet:
Liebe Yvonne,
Liebeskummer ein natürlicher Bestandteil des Lebens ist. Frohlocke und jauchze, weil diese Erfahrung du machen darfst. Um den Jungen nicht trauere, nicht ihn vermisse. Enge Bindung zu Eifersucht führt. Schatten der Raffgier das ist. Dich darin üben du musst, loszulassen.
Dein Dr. Yoda

Leonard (40) schreibt:
Na, dann.
Normalerweise halte ich nichts von anonymer Hilfe, aber ich weiß echt keinen anderen Ausweg mehr. Folgendes: Ich habe da diesen Arbeitskollegen. Fachlich ein absoluter Spitzentyp. Gebildet, verlässlich, immer am Start. Aber menschlich ... Junge, Junge! Nicht dass er ein Störenfried wäre, aber mit seiner reserviert-nüchternen Art treibt mich der Kerl immer wieder die Wände hoch. Besitzt der denn überhaupt keine Empathie? Statistiken und Ratio sind nicht alles im Leben, du Spitzohr!
Seufzend,
Leonard

Dr. Chapel antwortet:
Lieber Leonard,
ich weiß ehrlich nicht, was Sie wollen. Besagter Kollege ist eine Zierde seiner Zunft, ein Gottgeschenk für jedes Schiff, auf dem er Dienst tut und außerdem höl-lisch sexy! Von daher halten Sie mal bitte den Ball flach, alter Miesepeter. Sie sind Arzt und kein Diplomat, schon vergessen?
Ihre Dr. Chapel

Luke (19) schreibt:
Lieber Dr. Yoda,
ich habe ein Problem mit meinem Vater. Lange Zeit war er überhaupt nicht für mich da, und jetzt taucht er plötzlich auf und verlangt, dass ich mache, was er sagt. Wie kann ich ihm verdeutlichen, dass ich gar nicht mit ihm gemeinsam die Galaxis regieren will?

Dr. ~~Yoda~~ Vader antwortet:
Luke! Ich habe diesen Brief auf Yodas Schreibtisch gefunden und übernehme es nun selbst, zu antworten. Der grüne Wurzelgnom kann sowieso keine guten Ratschläge geben.
Nimm endlich Vernunft an, Luke! Herrscher über das Universum ist nun wirklich kein schlechter Job. Komm endlich auf die dunkle Seite! Der Imperator hat sogar jemanden Kekse kaufen geschickt.
Dein Vater

Barmann_45 schreibt:
Also, Doc.
Ich glaube, ich bin adoptiert. Nein, wirklich. Ich halte mich ehrlich nicht für des Großen Fiskus Geschenk an die ganze Welt, aber ich kann wohl von mir behaupten, in Geschäftsdingen nicht unbedingt untalentiert zu sein. Und ich mache auch äußerlich was her; das finden sogar Klingoninnen!
Und dennoch ... Mein Bruder ist eine Vollniete. Dumm wie bajoranisches Fladenbrot, hässlich wie Morns Hinterkopf bei Regen, als Kellner so fehlbesetzt wie Kira als Stand-up-Komikerin. Und der soll mein Vermögen erben, falls ich vor ihm sterbe? Pah!
Ich schätze, Doc, meine Frage an Sie lautet: Wo kann man im bajoranischen Sektor günstig einen DNA-Test machen lassen?
Gestresste Grüße,
Barmann_45

Dr. Fontaine antwortet:
Hallo Kumpel,
ja, die liebe Verwandtschaft. Man sucht sie sich echt nicht aus, oder? Ich versteh dich, Mann, ehrlich. Das ganze Gesocks, das höchstens mal zu Feiertagen auftaucht, aber laut »hier« schreit, wenn's irgendwo was zu holen gibt. Wer braucht die schon, richtig?
Du. Ernsthaft. Sie mögen so angenehm sein wie Mundgeruch beim Knutschen, aber wenn ihr eure Beziehungskarre nicht vollends an die Wand fahrt, dann sind eben diese Nervensägen die Allerallerletzten, die dich im Stich lassen, wenn's bei dir mal brennt.
Also: Halt sie dir warm!
Cheers,
Vic

Detlef (30) schreibt:
Lieber Dr. Palpatine,
ich schreibe an Sie, weil ich von Dr. Yodas Grammatik immer Ausschlag bekomme. Ich brauche dringend einen Rat. Gestern habe ich meine Verlobte mit dem Postboten im Bett erwischt. Was soll ich tun?

Dr. Palpatine antwortet:
Fühlst du den Zorn in dir, junger Mann? Gib dich ihm hin! Lass dem Hass freien Lauf, und dann vernichte sie! Vernichte sie mit all deinem Zorn!!!!
Dein Dr. Palpatine

Sybok (120) schreibt:
Liebe Frau Dr. Opaka,
Sie werden mich verstehen, denn Sie sind eine Frau des Glaubens. Ich … Ich will Antworten! Ich will Wissen, nicht warten. Mein Halbbruder und seine Freunde halten mich für verblendet und bekämpfen mich mit allen Mitteln, aber ich weiß tief in meinem Innern, dass ich mich auf einem Kreuzzug zur Wahrheit befinde. Ich schätze, der Prophet zählt nichts im eigenen Land, oder?
Wissenshungrige Grüße,
S.

Dr. Opaka antwortet:
Lieber Suchender,
wir sind uns sehr ähnlich, Sie und ich. Weil wir alle tief drin Suchende sind, jeder Einzelne. Dennoch bin ich überzeugt, dass Sie in die Irre gehen und es gar nicht merken. Kehren Sie um, Sybok! Lassen Sie ab von der Gewalt. Durch Druck entstehen nur Probleme, keine Lösungen. Und bitte – fragen Sie sich doch eines: Warum bräuchte Gott ein Raumschiff?
Ihre Schwester im Frieden,
Dr. Opaka

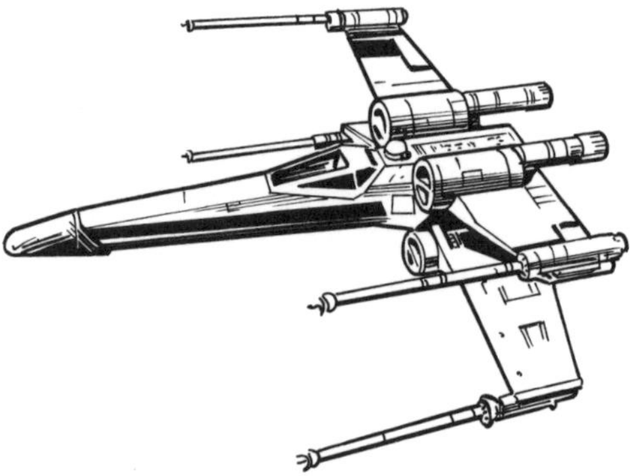

6
GALAKTISCHER LIFESTYLE
Schick oder schrottig?

Kommen wir zu den eigentlich doch eher unwichtigen Dingen des Lebens. Egal ob Sie auf Statussymbole Wert legen oder sich bemühen, sich nur Statussymbole für diejenigen anzuschaffen, die kein Statussymbol brauchen – Sie haben einen gewissen Stil. Ihr Leben besteht nicht nur aus dem Allernötigsten. Ihre Wohnung ist für Sie mehr als ein Dach über dem Kopf, Ihr Fahrzeug womöglich mehr als etwas, das Sie von A nach B bringt, und auch die Kleidung, die Sie tragen, haben Sie aus Gründen ausgewählt.

Auch wenn Sie Geld für Dinge ausgeben, die für Ihr Leben nicht zwangsweise notwendig sind, sagen Sie etwas über Ihre Persönlichkeit aus. Sehen Sie sich also mal um: Welcher Typ sind Sie eigentlich?

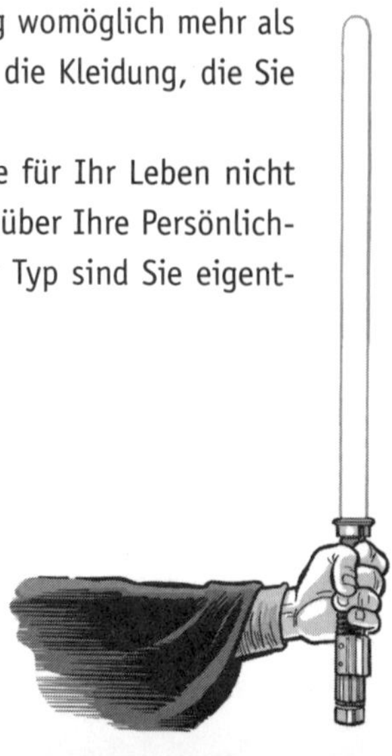

1. HAUTE CUISINE UND SPARBRÖTCHEN

Na, dann prost Mahlzeit ... Speis und Trank, so erweckt die cineastische und televisionelle Beweislage den Eindruck, sind keine Themen, auf die SF-Helden sonderlich viel Zeit und Aufwand verschwenden. Captain Benjamin Lafayette Sisko von der Raumstation Deep Space 9 mag zwar einer höchst kulinarischen Familie entstammen und ein Meister am Herd sein, stellt damit aber definitiv die Ausnahme dar. Neelix vom Raumschiff Voyager kocht zwar auch, aber überwiegend Gerichte, die wir Erdenmenschen der Gegenwart nicht mit der Kneifzange anfassen würden. Besieht man sich die fiktiven Star-Universen, bekommt man Zweifel an den Kochkünsten der dortigen Heldinnen und Helden. Und *die* sollen Ihnen ein Vorbild sein?

STAR TREK: unendliche Mannigfaltigkeit in unendlichem Würg

Johann Lafer würde sich schämen. Da entwirft Gene Roddenberry eine Zukunft, in der die Menschheit ihre internen Probleme hinter sich gelassen hat, und was herrscht in der Küche vor? Konservenparty!

Oder wie nennen *Sie* das, wenn sich die heroischen Damen und Herren der Sternenflotte mal wieder an Automatenkost gütlich tun und das dann ausgewogene Ernährung nennen? Mag ja sein, dass replizierte Speisen geschmacklich wie nährstofflich der frischen Erdenküche in nichts nachstehen – aber macht sie das wirklich zu einem gleichwertigen Ersatz? Wo bleibt denn da die Lebensqualität?

Roddenberrys Menschheit reist zum Rand des erforschten Universums, beamt sich in Molekülgröße über enorme Distanzen – und schafft es nicht, dass auf ihren Raumschiffen frisch gekocht wird?

Ja, wo sind wir denn? In einer Utopie (lies: einem positiv konnotierten Ideal) jedenfalls nicht, das steht fest …

Star Trek-Esser sind zwiespältige Gesellen. Einerseits ist ihnen das überzeugt-tolerante »Wir lieben Vielfalt« auch in kulinarischen Fragen längst zum Mantra geworden. Andererseits mögen sie's uniform und standardisiert, wenn mal niemand zusieht, der sie deswegen als konservativ beschimpfen könnte. Ein Raumschiffcaptain vom Schlag James T. Kirks schaufelt sogar wild zuckendes klingonisches Speisegewürm mit Glibbersoße in sich hinein, ohne mit mehr als einer Wimper zu zucken, wenn es der Situation dient und er den weltoffenen Diplomaten geben muss. Doch hinter verschlossener Tür bestellt sich ein Jean-Luc Picard keinen pangalaktischen Donnergurgler mit extra viel *Slurm* vom Replikator, sondern heißen Earl Grey. Ganz wie zu Hause.

Wollen Sie dinieren wie Kirk und Co? Dann gehen Sie zum Afrikaner und bestellen Jägerschnitzel oder schelten Ihren Italiener dafür, dass er Möhren in seine Bolognese schnippelt. Weiß er denn nicht, wie Sie die daheim kochen? Nur Tomaten, Hackfleisch und Gewürze, Mann!

Star Wars: Essen? Haben wir Zeit für so etwas?

Bei Star Wars wird nicht viel über das Essen geredet, und wenn man es schon einnehmen muss, dann nicht im Sitzen. Sternenkrieger haben Besseres zu tun, scheint es. Die Gelegenheiten, zu denen bei Star Wars gegessen oder getrunken wird, lassen sich an einer Hand abzählen, und viele davon beinhalten nur einen kleinen Snack oder ein nebenbei gereichtes Getränk. Da wäre zum Beispiel der Saft, den Anakin und Amidala bei ihrem Besuch auf Tatooine von Owen und Beru bekommen. Oder die verschiedenen kleinen Tiere, denen der Hutte Jabba im Laufe seiner Karriere den Kopf abbeißt.

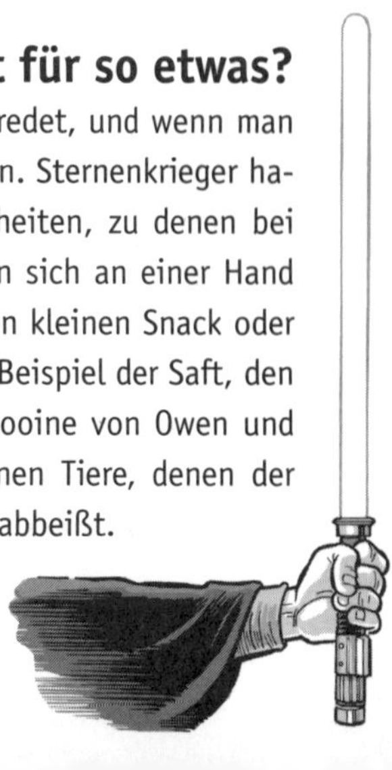

Ansonsten sind die Figuren einfach viel zu sehr damit beschäftigt, zu kämpfen, zu lieben, zu streiten und wichtige Themen zu diskutieren. Essen ist eine gelegentliche Notwendigkeit ohne größere Bedeutung.

Wenn Sie der Nahrungsaufnahme ebenso wenig Wichtigkeit beimessen, sind Sie in Sachen Essen ein Star Wars-Mensch. Sitzen Sie oft mit einem Sandwich vor dem Computer und nennen das Mittagessen? Besteht Ihr Frühstück aus einem Becher Kaffee auf dem Weg zur Arbeit? Kommt Ihr Abendessen womöglich vom Pizzaservice um die Ecke? So ähnlich geht es all den von uns geschätzten Jedi, Schmugglern und Senatsmitgliedern wahrscheinlich auch. Selbst wenn wir nie einen Pizzaboten-Droiden zu sehen bekommen, es gab es ihn bestimmt – George Lucas hat ihn nur rausgeschnitten.

2. HOMEBASE, SWEET HOMEBASE

»Wohnst du noch, oder lebst du schon?«, fragt der Katalog des skandinavischen Möbelgiganten – und so ganz unrecht hat er da nicht. Wohnen ist Leben ist Stil. Ihre Einbauküche sagt vielleicht mehr über Sie aus als Ihre Bewerbungsmappe.

Star Wars: Für jeden etwas dabei!

Wohnungen in Star Wars sind so weit von Reihenhaussiedlungen und Apartmentblöcken entfernt, wie sie es nur sein können. Wer nach Star Wars-Art wohnt, kann davon ausgehen, dass das Heim seines Nachbarn ganz anders aussieht als das eigene. In Star Wars gibt es so viele Wohnstile, wie es Leute gibt. Allein auf Coruscant macht es einen großen Unterschied, ob man ganz oben oder ganz unten lebt. Amidalas Senatoren-Penthouse-Suite ist eine ganz andere Welt im

Vergleich zu den Wohnungen in den Vierteln, die Anakin und Obi Wan in Episode II auf ihrer Suche nach einer Kopfgeldjägerin durchstreifen.

Beides allerdings lässt sich kaum mit der typischen Lehmhütte auf Tatooine vergleichen, mit den Unterwasserbauten der Gungans oder auch nur der Häuser der Menschen auf Naboo. Die Jawas wiederum sind die Camper von Star Wars, die ihr ganzes Leben in ihren Wohnmobilen verbringen. Damit befinden sie sich in der guten Gesellschaft Han Solos und Chewbaccas, die auf ihrem Schiff zu leben scheinen. Und dann gibt es da natürlich noch die Baumhäuser der Ewoks, Jabbas Palast, die Zelte der Tusken oder die fliegende Stadt auf Bespin. Da ist für jeden Geschmack und jeden Geldbeutel etwas dabei. Manch eine Figur hat sogar mehrere Quartiere, je nachdem, was ihr Job so verlangt. Der Imperator ist sich zum Beispiel nicht zu schade, eine Weile auf der Baustelle namens Todesstern zu leben.

Ebenso individuell wie die Wohnungen ist auch die Inneneinrichtung. Als Star Wars-Mensch kaufen Sie nicht bei IKEA, sondern verlesen jedes Ihrer Möbelstücke von Hand, bauen einige davon vielleicht sogar selbst. Ein Blick in eines Ihrer Zimmer genügt, um zu erkennen, dass dies Ihre Wohnung ist.

Womöglich haben Sie auch beim Aufbau Ihres Heims einige Extrawünsche. Wie wäre es mit einer eingebauten Rancor-Grube?

Versuchen Sie, bei aller Extravaganz nicht die praktische Seite zu vergessen. Tiefe Schächte an schlecht überlegten Stellen könnten Ihnen eines Tages zum Verhängnis werden.

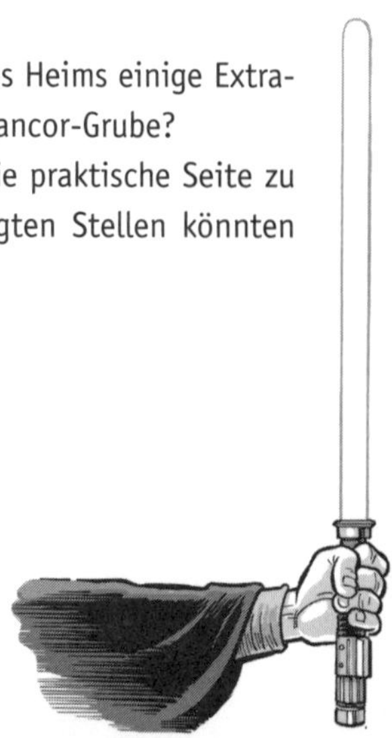

Star Trek: Individualisten in Käfighaltung

In der Föderation ist die Norm die Norm. Ein Volk von einig Brüdern will sie sein und feiert die Vielfalt ihrer Mitgliedswelten bei jeder sich bietenden Gelegenheit. Ihre zentralen Organe, zu denen auch die Sternenflotte gehört, klammern sich aber – übrigens auch in puncto Wohn- und Arbeitsraum – an ihre Muster und Routinen, als wären diese sinnstiftend und nicht nur funktional.

Andererseits …

Die Föderation ist tatsächlich ein faszinierender Ort. Wo sonst können Sie Sumpf-, Eis-, Wasser-, Wüsten- und diverse andere Planeten erleben, ohne sich lange mit Grenzern zu streiten und auf die Segnungen der Zivilisation zu verzichten? Wer hier lebt, kann sämtliche Extreme erfahren, denn dank der bargeldlosen Wirtschaft kostet sie die Reise von A nach B keinen Cent.

3. ZU SEXY FÜR IHR SHIRT?

Kleider machen Leute, sagt man. Das gilt auch heute noch. Wenn Sie im Sommer meist barfuß herumlaufen, Ihre Jeans größtenteils am Saum ausgefranst und Ihre T-Shirts selbst gebatikt sind, wird Ihre Umgebung Sie in eine bestimmte Schublade stecken – welche das ist, hängt von jeweiligen Erfahrungen und Vorurteilen ab. Dasselbe gilt für den Anzug mit Bügelfalte, Ihr Spießer-Polohemd oder Ihr *Metal*-Shirt.

Aber sollte Sie das Schubladendenken anderer Leute überhaupt interessieren? Passen Sie sich lieber dem Stil der Allgemeinheit an, um nicht aufzufallen? Oder ziehen Sie es vor, zu tragen, was Ihnen gefällt?

Star Wars: Individualität ist alles!

Wie in vielen Dingen regiert bei Star Wars auch in Textilfragen die Individualität. Jeder trägt, was ihm gefällt – was auch darauf hinauslaufen kann, dass man gar nichts trägt.

Gut, es scheint einen gewissen Trend zu geben, der viele Personen in Richtung weit fallender Gewänder tendieren lässt – nicht nur Jedi. Man denke nur an die Tracht der meisten Senatoren. Allerdings enden dort die Gemeinsamkeiten schon. Jeder Senator trägt seine eigene *Interpretation* eines weit fallenden Gewands. Es existieren Tausende unterschiedlicher Schnitte, Verzierungen und Stoffe.

Ja, sogar die Jedi unterscheiden sich in ihrem Kleidungsstil voneinander, obwohl sie immerhin alle zum selben Orden gehören. Selbst wenn viele Ritter den Bademantelstil bevorzugen, finden sich große Unterschiede in Schnitt und Farbe. Und dann gibt es Leute wie Anakin, die lieber weniger Stoff um sich herumflattern haben und einfach Hemd und Hose tragen.

Wenn Sie sich in Sachen Kleidung nur an Ihre Umgebung anpassen und möglichst wenig auffallen wollen, sollten Sie sich vielleicht eher bei Star Trek nach Gleichgesinnten umschauen. Star Wars-Menschen tragen das, was ihnen am besten gefällt, und heben sich damit von ihren Nachbarn ab.

Zudem haben alle Sternenkrieger mehr als eine Montur in ihrem Schrank hängen. Sie kleiden sich unterschiedlich, je nach Lust, Laune und Situation. In der realen Welt macht das den Unterschied zwischen jemandem aus, der morgens beim Anziehen einfach nach dem obersten T-Shirt auf dem Stapel greift, und jemandem, der tatsächlich eine Weile nachdenkt, was er anziehen will, weil die Auswahl in seinem Kleiderschrank so groß ist. Letzterer ist mehr ein Star Wars-Mensch als Ersterer.

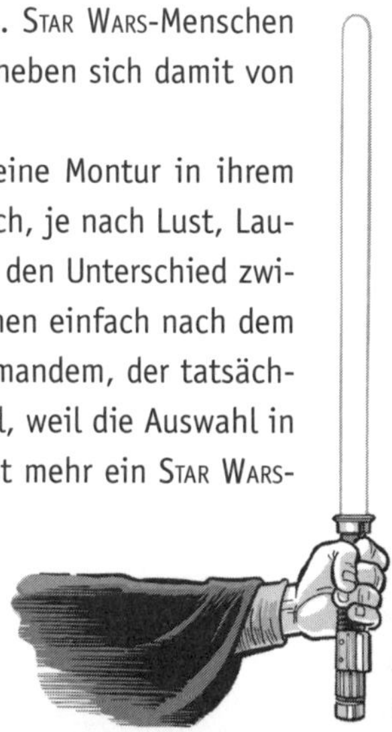

Seien Sie sich bewusst, dass Sie anecken könnten, wenn Sie zu sehr auf Ihrem individuellen Stil bestehen. In manch einem Job wird Uniformität erwartet. Denken Sie dann daran, dass auch Ihre Vorbilder wandlungsfähig sind. Sie schlüpfen in Sturmtruppenuniformen und andere Verkleidungen, wenn sie müssen. Und sie wissen, wann es nötig ist, praktische Kleidung zu tragen, anstelle mehrerer Schichten von Röcken und komplizierter Hochsteckfrisuren.

Star Trek: Wenn Shoppen zum Risiko wird!

Star Trek-Typen halten nichts von modischer Extravaganz. Die Sternenflotte wurde schließlich nicht dank Lagerfeld und Konsorten zu dem, was sie ist, oder? Zwar ändern sich durchaus mal die Uniformstile – ein Kommandogold mutiert binnen eines knappen Jahrhunderts zum Beispiel zum Ingenieurfarbton; ein Schnitt, der Stationspersonal vorbehalten war, wird plötzlich flottenweit zum Standard –, aber nicht der ach so geliebte Einheitslook. Auch die Jugend bleibt von ihm nicht verschont, wie Wesley-Crusher-Darsteller und Geek-Ikone Wil Wheaton Ihnen sicher gern bestätigt.

Nur in einem Punkt scheint die Flotte Ausnahmen zu gewähren: dafür, dürfen Sie sich gern in Minirock und Netzstrümpfen präsentieren. Sieht Ihr Gegenüber Ihnen häufiger aufs Dekolleté als in die Augen, erspart Ihnen das gern ganze Staffeln lang, sich wie alle anderen in hochgeschlossene Standardoberteile zu zwängen. Mit Sexismus hat das aber natürlich gaaar nichts zu tun, denn die Vereinigte Föderation der Planeten ist ein Musterbeispiel der Toleranz. (Nicht.)

Bedauerlicher Nebeneffekt dieser – buchstäblich – modischen Uniformität ist, dass die meisten Star Trek-Typen sich in ihrer Freizeit schlicht nicht ansprechend zu kleiden wissen. Sie versuchen es, das macht Roddenberrys Franchise in vielen Abenteuern deutlich, aber die Ergebnisse dieser Versuche sind meist kein Grund, nach Hause zu schreiben. Oder fanden *Sie* das etwa schick, was Picard während seines Urlaubs auf Risa so anhatte? Gefallen *Ihnen* die (zugegebenermaßen die Wampe kaschierenden) weiten Schlafanzug-Lookalikes, die Will Riker nach Dienstschluss trägt? Oder mochten *Sie* Pille McCoys modischen Rückfall in die 1970er Jahre, in dem Kirk ihn zu Beginn von Star Trek – Der Film zurück auf die Enterprise beamen lässt? Na also!

Star Trek-Typen – die in den Serien und die, die diesen modisch nacheifern – sollten besser nicht allein shoppen gehen. Höchstens für Berufskleidung.

4. DIE SCHÖNSTE ZEIT DES JAHRES?

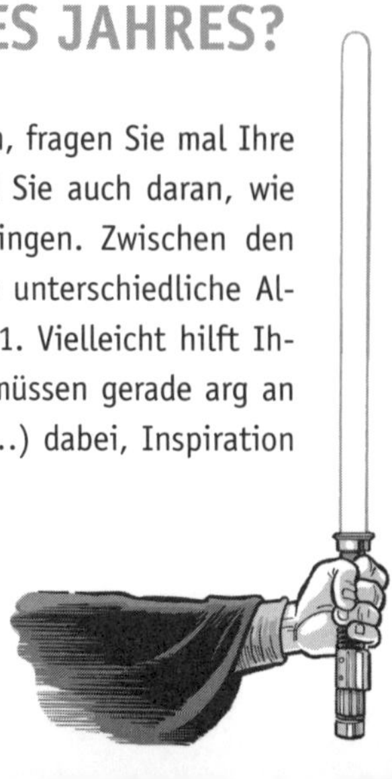

Urlaub ist Stilfrage. Falls Sie das nicht glauben, fragen Sie mal Ihre Nachbarn! *Selbstverständlich* misst Ihr Umfeld Sie auch daran, wie und wo Sie Ihre beruflichen Auszeiten verbringen. Zwischen den Sternen finden sich dafür mindestens so viele unterschiedliche Alternativen wie hier im galaktischen Sektor 001. Vielleicht hilft Ihnen unser interstellarer Reiseführer (und wir müssen gerade arg an uns halten, ihn nicht »Anhalter« zu nennen …) dabei, Inspiration für neue irdische Urlaubsziele zu finden.

Star Wars: Machen Sie sich auf ein Abenteuer gefasst!

Urlaub auf Star Wars-Art ist ungewöhnlicher Urlaub. Folgende Ziele stehen zur Auswahl:

- **Meditation auf Dagobah.** Inmitten der Natur, abseits der Hektik der Zivilisation, finden Sie endlich die Zeit und die Ruhe, um über sich und Ihr Leben nachzudenken. Die Sumpfgebiete von Dagobah sind malerisch, wenn auch etwas neblig: Sie sollten aufpassen, wo Sie hintreten. Dafür bekommen Sie aber auch Ihren persönlichen Coach, der Ihr Fitnessprogramm gestalten und Ihre Meditationsübungen anleiten wird. Die Unterbringung besteht aus einer urigen Hütte mit Selbstversorgung.
- **Abenteuer auf Hoth.** Auf dem kalten Hoth werden Sie etwas erleben: Neben atemberaubenden Schneelandschaften bietet der Planet die Möglichkeit zu ausgedehnten Tauntaun-Ausritten und Wampa-Safaris. Wenn Sie unbedingt wollen, können Sie außerdem Ihre Fähigkeiten im Überleben in der Wildnis testen. Die Veranstalter bemühen sich, Sie zu retten, bevor Sie erfrieren, garantieren aber für nichts. Bringen Sie zur Sicherheit warme Kleidung mit.
- **Camping auf Endor.** Die ausgedehnten Waldflächen Endors sind ein Paradies für jeden Wanderer. Ausgerüstet mit Rucksack und Zelt leben Sie fernab der Zivilisation, und die Urlaubswochen vergehen wie ihm Flug. Seien Sie vorsichtig im Umgang mit den Eingeborenen. Diese könnten Sie entweder für einen Gott halten oder Sie einem solchen opfern wollen. Wenn Sie sie aber davon überzeugen, sich weder für das eine noch das andere zu eignen, haben Sie das Schlimmste schon überstanden und werden

höchstens noch in ihren Stamm aufgenommen. Machen Sie sich auf wilde Partys mit nächtlicher Trommelmusik gefasst.

- **Partys und Pod-Rennen auf Tatooine.** Wem es nach Partys und spannenden Wetten gelüstet, sollte sich vertrauensvoll an den Hutten Jabba wenden. Sein Palast bietet Gelage und exotische Tänzerinnen, und hin und wieder können Sie in der Wüste Raubtierfütterungen beobachten. Das große Highlight des Urlaubs sind die Pod-Rennen. Mit denen können Sie Ihre Urlaubskasse aufbessern, sofern Sie Ihre Zahlungsmittel auf den richtigen Fahrer setzen.
  Vorsicht: Entfernen Sie sich auf Tatooine nicht zu weit von Ihrer Reisegruppe, ansonsten enden Sie noch bei den Tusken. (Es sei denn, Sie sind Droide. In dem Fall versuchen die Jawas womöglich, Sie an den nächstbesten Feuchtfarmer zu verkaufen.)

- **Luxus auf Naboo.** In Naboos ausgedehnten Landhäusern verbringen Sie den schönsten Sommer Ihres Lebens. Genießen Sie das idyllische Landleben und die wunderschöne Umgebung. Die örtliche Fauna ist harmlos und immer zum Spielen aufgelegt.

Urlaub auf die Star Wars-Art bedeutet, sich nicht mit der typischen Pauschalreise zufriedenzugeben. Kreuzfahrten sind Ihnen zu langweilig, und Sie haben noch nie gern am Strand herumgelungert. Wenn schon auf der faulen Haut liegen, warum dann nicht inmitten des allergrößten Luxus? Dort, wo Sie nicht morgens um sieben aufstehen müssen, um sich mithilfe von Handtüchern ein paar Badeliegen zu reservieren. Sie wollen dorthin, wo *nicht* jeder hinreist. Sie wollen Dinge erleben.

Dazu brauchen Sie entweder Geld oder Mut. Abenteuer kann man auch erleben, wenn man mit dem Rucksack durch fremde Länder tourt, aber wer etwas höhere Ansprüche hat, muss sie sich auch etwas kosten lassen.

Star Trek: Nichts ist unmöglich – aber Vieles pauschal!

Ein Urlaub auf Star Trek-Art lässt keine Wünsche offen. Aber er erfüllt mitunter auch welche, die Sie nie hatten. Überlegen Sie daher bitte äußerst genau, welches unserer Angebote am ehesten Ihren Geschmack trifft – und vergessen Sie nicht: Innerhalb der Vereinigten Föderation der Planeten herrscht bargeldloser Verkehr. (*VFP: Wo die Urlaubskasse nie leer wird.)*

- **Härtetest auf Qo'noS (gesprochen Kronos).** Urlaub? Ach was! Sie wollen *gefordert* werden, Ihren Horizont erweitern und an Ihre Grenzen gehen. Qo'noS, geschichtsträchtiger Heimatplanet der mal mehr, mal weniger stirnwülstigen Klingonen, ist genau das Richtige für Sie. Seine Küche stellt Ihren Verdauungstrakt auf eine Zerreißprobe, sein Blutwein trennt Männer von Memmen. Statt in weichen Daunen schlafen Sie auf knüppelharten Pritschen, und falls Ihr Herz für Kultur schlägt, bieten die ebenso zahl- wie dezibelreichen Opern Ihres Urlaubsziels Ihnen ein Erlebnis, das weder Sie noch Ihr Trommelfell je vergessen werden.

- **Schweißtreibendes Vulkan**. Botschafter Spocks Heimatwelt mag in manchen Zeitlinien nicht mehr existieren, Insider schätzen sie aber nach wie vor wegen ihrer heißen Wüsteneien und herrlichen Gebirgsmassive. Streicheln Sie Sehlats in Gol, machen Sie sich im berühmten Glühofen auf die Spuren des großen Denkers Surak und erleben Sie die intellektuellen Anarchisten draußen in der Ödnis aus nächster Nähe. Vulkan, eine der Gründungswelten der VFP, bietet Spaß und Abwechslung für jeden. Aber vergessen Sie die Sonnencreme nicht!
- **Knick-Knack und Zwinker-Zwinker auf Risa**. Geben Sie's zu: Sie wollen es doch auch. Endlich mal Schluss mit den umständlichen Annäherungsversuchen, und sei es auch nur in den, wie man schließlich so sagt, schönsten Wochen des Jahres. Risa, paradiesische Welt in ca. 90 Lichtjahren Entfernung zu Mutter Erde, ist für den Sternenflottler so etwas wie Thailand für den schlimmen Sextouristen unserer Gegenwart. Denn auf Risa geht noch was! Alles, was Sie dafür tun müssen, ist, eine hässliche kleine Statue vor Ihre Poolliege zu stellen. Dann werden die übrigen kontaktfreudigen Urlauber Sie schon ansprechen, keine Sorge. Und eines versteht sich von selbst: Was auf Risa passiert, *bleibt* auf Risa.
- **Bajor – ora et in hortum labora**. Sie mögen's unverfälscht und bodenständig? Sie wollen zurück zur Natur und zu innerer Ein-

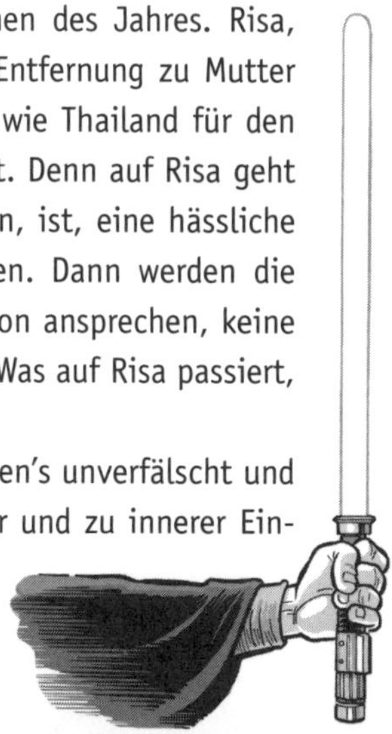

kehr? Sieben Jahre in Tibet sind für Sie ein Ideal, kein Spielfilm? Dann ist Bajor Ihr Urlaubsziel. Entspannen Sie auf grünen Wiesen und an malerischen Flussufern. Genießen Sie hausgemachte Speisen (Diabetiker aufgepasst: Bajoraner mögen es süß!), besuchen Sie traditionelle Volksfeste und informieren Sie sich ganz nebenbei in den zu Freilichtmuseen umfunktionierten Gefangenenlagern über die Gräuel der cardassianischen Besatzung. Sollten Sie schwerwiegende Probleme wälzen, bringt Ihnen der Besuch eines bajoranischen Schreins vielleicht die Lösung. Schließlich hat der Blick in einen der mysteriösen Drehkörper sogar schon den einen oder anderen esoterischen Dingen eher abgeneigten Sternenflottencommander nachhaltig verändert.

5. GARANTIERT GRANDIOSE GADGETS

Da Sie dieses Buch nicht nach dem ersten Kapitel beiseitegelegt haben, gehen wir davon aus, dass Sie ein Science-Fiction-Fan sind. Und das wiederum macht Sie mit einer ziemlich hohen Wahrscheinlichkeit zu jemandem, der neuer Technik offen gegenübersteht. Waren Sie bei der Veröffentlichung des iPads auch ganz aus dem Häuschen, weil die Dinger aussehen, wie die Padds aus Star Trek? Hoffen Sie darauf, dass der Haushaltsdroide noch vor Ihrem Tod erfunden wird? Besitzen Sie womöglich einen von diesen kleinen automatischen Staubsaugern – einfach nur, weil Sie es cool finden, wenn ein Roboter ganz von allein durch Ihre Wohnung wuselt und Ihnen die Arbeit abnimmt?

Eines steht mal fest: Unter Ihren Habseligkeiten befindet sich mindestens ein Computer, den Sie häufig nutzen. Außerdem ein

Smartphone, ein MP3-Player und womöglich sogar ein E-Reader oder ein Tablet-PC.

Bei allen diesen Artikeln ist die Auswahl inzwischen recht groß. Wofür entscheiden Sie sich?

Star Trek: powered by Apfel

Das Leben imitiert die Kunst. Wer das noch nicht glaubte, braucht sich nur aktuelle Produktkataloge der Firma mit dem angebissenen Obst im Logo anzusehen. Sorry, aber wer *dabei* nicht sofort an Star Trek denken muss, ist kein Geek! Überhaupt haben zahlreiche Gadgets, die in Star Trek noch futuristisch anmuteten, inzwischen den Weg in unsere Gegenwart gefunden: Touchscreens, Handys (auch wenn sich Kirks Aufklappmodell nicht lang hat durchsetzen können), nadellose Subkutanspritzen ... Selbst Holodecks sind keine technische Unmöglichkeit mehr, sondern, so scheint es, nur noch eine Frage der Zeit.

Gene Roddenberrys Utopie inspirierte ganze Generationen von technikaffinen Kreativen – und die produzieren seitdem *in realitas*, was ihnen die Fiktion vormachte. Willkommen in der Zukunft!

Doch auch der Gegenblick ist inzwischen höchst aufschlussreich. Wem von uns kam bei Betrachtung des Star Trek-Kinofilms von 2009 denn *nicht* der Gedanke, die neue Brücke der Enterprise sei einem *Apple Store* entsprungen? Colani-Design goes Trek, und die Kunst imitiert plötzlich das Leben, das zuvor doch *sie* imitierte. Und da soll man nicht durcheinanderkommen ...

Star Trek-Gadgets sind elitäre Gadgets. Sie sind nicht für jeden Geldbeutel erschwinglich und durchaus wählerisch in Bezug auf Betriebssystem und Kompatibilität mit gleichen Produkten anderer Anbieter. Star Trek-Gadgets setzen den Stil über die Funktionalität, wissen aber in beiden Bereichen vollends zu überzeugen – zumindest

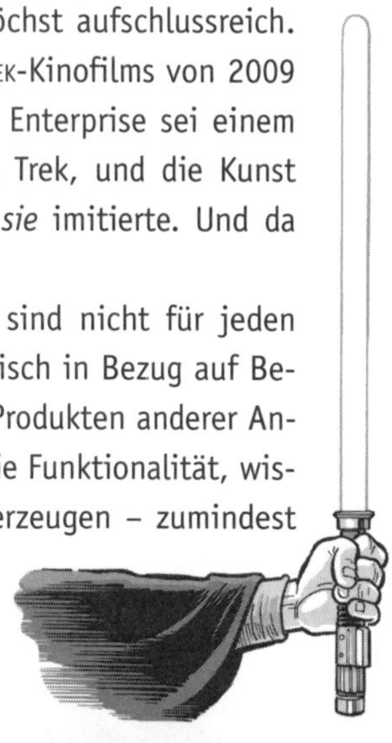

jene, die von ihnen überzeugt *sind*. Star Trek-Gadgets buhlen nicht um User/Kunden, sie sind Offenbarungen für eine ohnehin nach ihnen dürstende Fangemeinde. Sie predigen dem Chor, nicht der Gemeinde. Aber weil Image eine Währung ist, in der wir alle zu zahlen lechzen, treten immer mehr von uns diesem Chor bei.

Ob die Enterprise – würde Designer Matt Jefferies sie heute entwerfen – wohl auch eine YouTube-App besäße? Wir werden es nie erfahren …

Star Wars: Wenn es nicht funktioniert, kräftig treten!

Sieht man einmal von Amidalas superschickem silbernem Gleiter ab, ist die Technik in Star Wars eher Stückwerk. Man denke nur an den Millennium Falken. Han Solos Raumschiff wird nicht umsonst als Schrottkiste bezeichnet. Wahrscheinlich wurde jedes der darin verbauten Teile bereits mindestens zweimal ausgetauscht. Selbst mitten im Flug kann es passieren, dass das Schiff nicht funktioniert und Chewie daran herumschrauben oder mal wieder kräftig dagegenschlagen muss, bevor es wieder macht, was es soll. Als Han beispielsweise von Hoth starten will, fährt der Millennium Falke erst richtig hoch, als er einmal seine Solo-Faust fest gegen die Armaturen knallt.

Kennen Sie das irgendwoher? Vielleicht von Ihrem schon etwas veralteten Windows-Rechner? Hin und wieder muss man bei diesen Geräten das Gehäuse aufschrauben und am Arbeitsspeicher wackeln, bis der Computer wieder merkt, dass er doppelt so viel von dem hat, was er gerade anzeigt. Oder man muss an eine ganz bestimmte Stelle schlagen, damit der Lüfter aufhört, einen infernalischen Lärm zu verursachen.

Sich einen PC selbst aus gebrauchten Einzelteilen zusammenzubauen, wie Anakin es bei C-3PO tat, ist für einige Leute einfacher, als ein IKEA-Regal zusammenzusetzen. Das Ergebnis sieht dann vielleicht nicht hübsch aus, aber es erfüllt seinen Zweck – mit dem einen oder anderen Tritt zur Motivation.

Falls Sie gerne mit dem Schraubendreher unter Ihrem Schreibtisch liegen und nicht das allerneueste Gerät betriebsfertig im Laden kaufen, sind Sie in Sachen Gadgets mehr ein Star Wars-Typ.

Aber nicht nur dann. Lieben Sie Ihr Betriebssystem für seine seltsamen Eigenheiten? Erinnern Sie sich wohlwollend an die animierte Büroklammer, die uns einst in Word gut gemeinte Ratschläge erteilt hat? Das ist Ihr C-3PO – größtenteils nervig, selten hilfreich.

Star Wars-Technik legt zudem – wiederum abgesehen von Amidalas Gleiter – wenig Wert darauf, hübsch auszusehen. Der Schwerpunkt liegt darauf, dass sie zumindest halbwegs funktioniert – und zwar bei jeder Witterung. Außerdem muss möglichst alles mit allem kompatibel sein. (Es gibt sicher keinen Anschluss im Universum, zu dem R2-D2 nicht den passenden Stecker hat.) Design ist dabei nebensächlich. Solange sie ihre Arbeit tun, können Droiden ruhig wie rollende Mülltonnen aussehen und die Flotte des Imperiums wie eine Ansammlung im Raum schwebender Pizzastücke.

6. NOCH EINMAL MIT GEFÜHL

Es gibt eigentlich niemanden, dem Musik vollständig egal ist, auch wenn sie bei einigen einen höheren Stellenwert einnimmt als bei anderen. Wie wichtig ist Ihnen Musik? Welcher Musikstil passt zu Ihnen? Und an welchen Vorbildern wollen Sie sich in dieser Hinsicht orientieren? Schauen wir uns an, wie musikalisch unsere Helden aus Star Wars und Star Trek so sind.

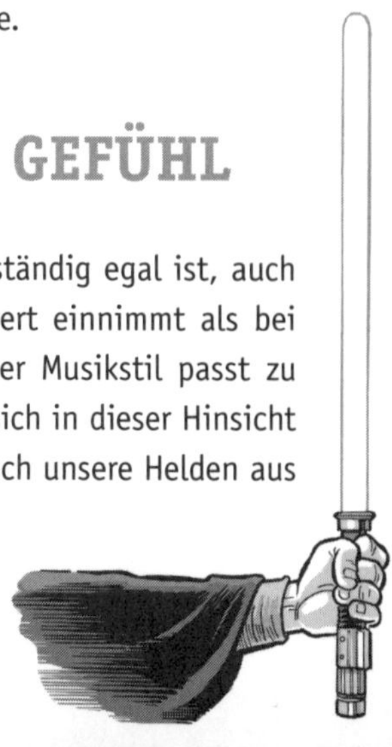

Star Wars: Musik? Ja, höre ich ab und zu.

Für die Helden von Star Wars nimmt Musik keinen allzu großen Stellenwert ein. Keiner von Ihnen macht selbst Musik – es sei denn, Darth Vader singt heimlich unter der Dusche, aber dann konnten wir ihm trotz intensiver Recherchen nicht auf die Spur kommen. Wird doch einmal musiziert und getanzt, dann passiert das meist im Zusammenhang mit Partys. In Mos Eisley gibt es zum Alkoholkonsum musikalische Untermalung, auf Sturmtruppenhelmen getrommelte Ewok-Musik markiert den Sieg der Rebellen, und die Gungans beweisen am Ende von Episode I, dass sie im Umgang mit Blasinstrumenten und ebenfalls Trommeln bewandert sind.

Dabei fällt auf, dass eigentlich immer die Nichtmenschen Musik machen. Menschen scheinen sich kaum dafür zu interessieren und sind nur passive Konsumenten, wenn es sich halt gerade anbietet. Was will uns George Lucas damit sagen? Leute, die Musik machen, sind meist schräge Vögel?

Fest steht, dass Sie als typischer Star Wars-Mensch Musik wahrscheinlich am häufigsten dann erleben, wenn Sie ausgehen. Sie hören eher Radio als CDs oder ausgewählte MP3s und lassen damit andere eine Auswahl für Sie treffen. Sie selbst machen sich nicht viele Gedanken um Musik. Manchmal hören Sie einen Song im Radio, der Ihnen besonders gefällt, aber Sie suchen nicht aktiv nach neuen Bands. Wenn Sie in musikalischer Hinsicht etwas Neues kennenlernen, dann, weil Ihre Freunde Sie so lange nerven, bis Sie sich deren neue Lieblingsband einmal anhören.

So oder so ähnlich halten es wahrscheinlich Luke, Leia, Han, Obi Wan, Anakin und Amidala. Sie mögen ab und zu mit Musik in Berührung kommen, aber es sind immer die Ewoks oder die Gungans oder die Bands in der Kantina in Mos Eisley, die die Songs auswählen.

Ihre eigene Beteiligung beschränkt sich darauf, ein wenig halbherzig zu tanzen, wie Lando es beispielsweise bei den Ewoks tut.

Aber daran ist ja auch nichts verkehrt. Nicht in jedermanns Leben spielt Musik eine große Rolle. Versuchen Sie allerdings in Leuten, die es anders halten, nicht einfach nur schräge Vögel zu sehen. Und schon gar nicht sollten Sie sich einer weiteren Ansicht anschließen, die man in Star Wars hineinlesen könnte. Dort lässt sich nämlich Folgendes beobachten: Die größten Kulturliebhaber findet man unter den Bösewichten.

Bei denjenigen, die ein wenig Musik am ehesten zu schätzen wissen, handelt es sich ausgerechnet um Senator bzw. Kanzler Palpatine und Jabba den Hutten. Sie glauben uns nicht? Dann lassen Sie uns das näher ausführen.

Mit dem Imperator in der Oper

In der neuen Trilogie gibt es eine Szene, in der Anakin seinen Gönner Kanzler Palpatine im Opernhaus von Coruscant trifft. Es ist die Szene, in der Palpatine Anakin von Darth Plagueis dem Weisen erzählt – und von dessen Wissen darüber, wie man Menschen vor dem Tod bewahren kann.

Dass Palpatine sich bei seinem sicher sehr engen Terminplan Zeit nimmt, in die Oper zu gehen, outet ihn mindestens als jemanden, der versucht, sich als Kulturliebhaber darzustellen, selbst wenn er womöglich gar keiner ist. Aber vielleicht hat er tatsächlich einen Sinn für die höheren Künste und täuscht das nicht nur vor. Auch ein Sith kann nicht immer nur an Mord und Todschlag denken und möchte ab und zu bei schönen Klängen entspannen.

Dies ist eine der wenigen Gelegenheiten, bei denen Sie sich vorbehaltlos an Palpatine orientieren können, wenn Sie möchten. Wir versichern Ihnen, dass ein Opernbesuch in Ihnen nicht den Wunsch wecken

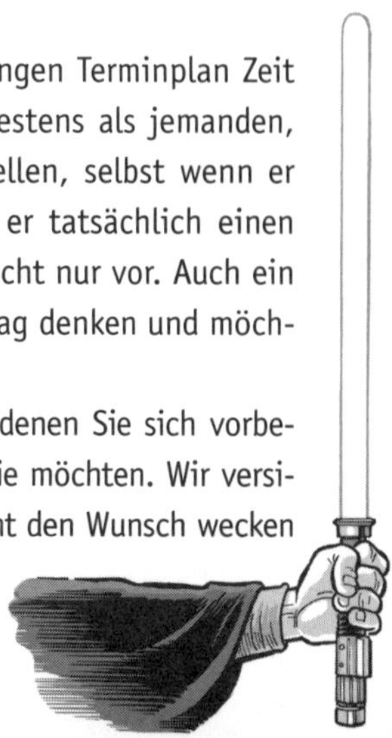

wird, riesige Planeten zerstörende Raumschiffe zu bauen – außer natürlich Sie geraten in eine der wirklich seltsamen modernen Aufführungen, in denen die Sänger auch schon mal mit heruntergelassener Hose über die Bühne hüpfen. In einem solchen Fall können wir für nichts garantieren.

Kunstförderer mit Hindernissen: Jabba der Hutte

Jabba der Hutte lässt sich seine Partys schon etwas kosten. Nicht nur sorgt er für jede Menge Unterhaltung in Form von Sarlacc-Fütterungen, er schafft auch Livebands und hübsche Tänzerinnen herbei. Gut, als Kunstförderer kann man ihn wohl dennoch nicht bezeichnen, denn zumindest die Tänzerinnen treten eindeutig nicht freiwillig auf, aber fest steht, dass er auf Musik durchaus wert legt. Die Art der Musik ändert sich allerdings recht drastisch von der Originalversion zur Special-Edition – ebenso wie die Zusammensetzung der Band.

Damit ist Jabba der größte Musikliebhaber, den man in den Star Wars-Filmen zu sehen bekommt. Doch auch wenn er sich höchstwahrscheinlich intensiver damit beschäftigt als unsere Helden, ist diese Musik auch bei ihm zu einem größeren Teil Nebeneffekt einer Party.

Insgesamt müssen wir also dabei bleiben: Sieht man einmal von Palpatines Opernbesuch ab, wird Musik bei Star Wars um ihrer selbst willen nicht geschätzt. Zudem befindet man sich als Musikliebhaber oft in recht zwielichtiger Gesellschaft.

Star Trek: Row, row, row your Raumschiff ...

Es ist schon eine ganze Weile her, da sang Anya Mahnken, sie sei »verknallt in Jean-Luc Picard« und sorgte damit im deutschen Fandom für amüsiertes Geschmunzel. Das passte unerwartet gut, denn in Gene Roddenberrys Franchise nimmt Musik in den meisten Fällen tatsächlich nur die Rolle einer humoresken Einlage, eines *comic relief*, ein.

Man kann William Shatners Star Trek V – Am Rande des Universums manches vorwerfen, doch eine Szene kennt und mag wohl jeder Fan – die mit unseren Helden am Lagerfeuer. Kirk, Spock und Pille campieren unter dem Sternenhimmel, rösten sich »Marschmelonen« – für eine Definition dieses uns unbekannten Begriffes wenden Sie sich bitte an den zuständigen Drehbuchschreiber – und trällern dabei im Kanon ein »Row, row, row your boat« in den US-amerikanischen Nationalparkwald. Seitdem vergeht wohl weltweit keine Convention, ohne dass mindestens ein Fan in irgendeiner Autogrammschlange den alten Heuler erneut anstimmt und der Rest der Truppe mitsingt. Vom Leinwandschmunzler zum Fandom-Klassiker.

Das hat auch Hollywood gemerkt. Immer wieder schrieben die Autoren hinter Star Trek musikalische Intermezzos in ihre Drehbücher – meist, um die Helden mal kurz ein wenig lächerlich oder albern aussehen zu lassen. Data, Picard und Worf, die in Star Trek – Der Aufstand aus der Operette H.M.S. Pinafore zu singen beginnen? Voyagers Holodoc, der seine Liebe zur Oper entdeckt? Mit Spannung und Handlungsrelevanz haben diese – mitunter arg bemühten – humoristischen Einlagen eigentlich nicht viel am Hut.

Katzenjammer mit Wumms

Und überhaupt: Oper! Was haben die Klingonen der Sternenflotte nicht schon alles angetan: Raumschlachten, grauenvolle Küche … und jetzt auch noch Gesang? Worf mag klingonische Opern wie Aktuh und Maylota ja mögen und – sehr zum Leidwesen der mit musikalischem Geschmack gesegneten Zuschauer – auch aus dem Stegreif

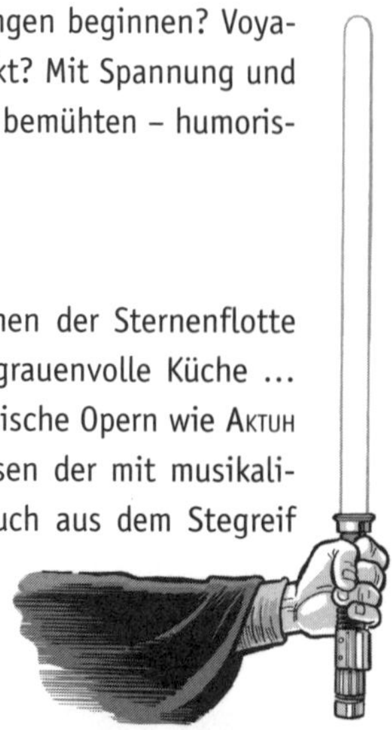

anstimmen können, schön werden die Werke dieser Stilrichtung dadurch allerdings noch lange nicht. Auch hier erleben wir Musik als Mittel zum Gag, wenngleich sich in Fan- und sogar Musikerkreisen durchaus inzwischen Liebhaber der klingonischen Oper finden lassen. Wie sonst ließe sich beispielsweise erklären, dass der Sender Deutschlandradio Kultur im Jahr 2009 die vom realen deutschen Komponisten Frieder Butzmann verfasste »klingonisch-chinesische« Oper *juHrop* (dt.: Heimweh) ausstrahlte – ein immerhin gut 52-minütiges Werk?

Die Auffassung, Star Trek plus Musik ergäbe Gelächter, haben sich in der realen Welt bereits mehrere Künstler von Hollywoods Drehbuchautoren abgeguckt. Die Liste der Bands und Solokünstler, die in manchen oder gar allen ihren Stücken Trek-Referenzen einbauen, ist beachtlich lang und wächst bereits seit der Erstausstrahlung der klassischen Serie in den 1960ern. 1997 freute sich die Erlanger Formation J. B. O. auf ihrem Album Laut!: »Hurra, hurra, ich flieg mit Picard!« Nenas 99 Düsenjägerpiloten hielten sich für Captain Kirk, und die Metal-Band StoVoKor, die nur in klingonischer Sprache singt, schaffte es sogar in den Dokumentarfilm Trekkies 2 – als Grund zum Schmunzeln.

Mund zu, Seriosität an?

Es scheint, als sei Musik in Star Trek nur dann wirklich ernst zu nehmende Kunst, wenn sie nicht mit Gesang einhergeht. Niemand wird einem Will Riker unterstellen, sein Posaunenspiel sei *comic relief* – im Gegenteil definiert es uns Zuschauern seinen Charakter genauer. Wenn Mr. Spock auf der klassischen Enterprise zur vulkanischen Harfe greift (oder sein Landsmann Tuvok in Star Trek – Voyager), dann hat das nichts mit Albernheit zu tun. Star Trek *kann* Kulturverständnis – wenn es denn will. Und es will, so ist man geneigt zu folgern, eher selten. Eine Star Trek-Musicalepisode, wie sie nicht zuletzt dank Joss Whedons »Noch einmal mit Gefühl« aus Buffy – Im Bann der Dämonen viele andere Genreserien nachgemacht haben – undenkbar!

Sollten Sie Musik also nur mögen, wenn sie Sie a) nicht von Wichtigerem ablenkt oder b) als kultureller Hochgenuss verstanden werden muss, für dessen Rezeption eine edle Abendgarderobe unverzichtbar ist, wären Sie vermutlich in Star Trek ganz gut aufgehoben. Aber Vorsicht: In Gene Roddenberrys Sternenfranchise braucht es nur ein paar Lyrics zu den Sounds, und schon wird aus Opernhaushochkultur alberne Spaßmusik, wie sie in den Biersälen am Ballermann gefeiert wird …

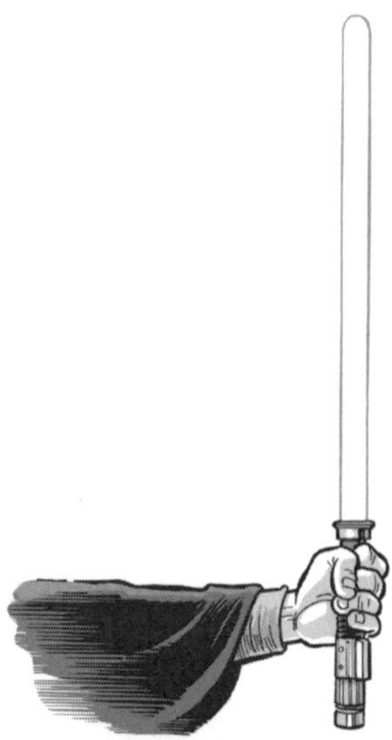

Zwischenspiel

WELTRAUM-QUARTETT

Die Regeln kennen wir doch noch alle vom Schulhof, oder …?

TODESSTERN

»Furcht wird die lokalen Systeme gefügig machen, die Furcht vor dieser Kampfstation.« – *Wilhuff Tarkin*

Halter: Galaktisches Imperium (vertreten durch Vader, Darth alias Skywalker, Anakin)

Typ: DS-1 Mobile Tiefraumkampfstation

Länge: ★★★★★ 160 Kilometer Ø

Bewaffnung: ★★★★★ ein Superlaser, Laser- & Ionenkanonen, Flaktürme, viele Jägerstaffeln – sehr viele

Besatzung: ★★★★★ knapp 2 Millionen (inkl. Droiden)

Komfort: ★★☆☆☆ zweckmäßig

Maximalgeschwindigkeit: ☆☆☆☆☆ unbekannt

Extras: ★☆☆☆☆ automatische Eindruckschindungsfunktion

Sicherheit: ★★★★☆ erstklassig, von diesem einen schlecht gesicherten Abluftschacht abgesehen …

DEEP SPACE 9

»Diese ‚Wildnis' ist mein Zuhause!« – *Kira Nerys*

Halter: Sternenflotte (vertreten durch Sisko, Benjamin Lafayette)

Typ: cardassianische Raumstation (Nor-Klasse)

Länge: ★★★☆☆ 1452 Meter Ø

Bewaffnung: ★★★☆☆ Photonentorpedos, Phaser

Besatzung: ★★★★☆ zw. 300 und 2000 (max. 7000)

Komfort: ★★☆☆☆ cardassianisch-rustikal

Maximalgeschwindigkeit: ☆☆☆☆☆ unbekannt

Extras: ★★☆☆☆ Schwesterstation Empok Nor ist ideales Ersatzteillager

Sicherheit: ★★★☆☆ nicht dominionresistent

7

DIE GALAKTISCHE GRETCHENFRAGE

Oder: Im All hört dich niemand beten!

»Wie hast du's mit der Religion?« Diese so simpel anmutende Frage, die Goethes Gretchen dem um sie werbenden Faust zu stellen wagt, ist dies- wie jenseits der Fiktion schon seit Menschengedenken beliebter Ausgangspunkt von bis ins Kriegerische gehenden Auseinandersetzungen (und brachte, die Belesenen unter uns werden sich erinnern, auch Gretchen nur in Schwierigkeiten).

Warum eigentlich? Sollte der Glaube nicht etwas sein, das jeder mit sich ausmacht? Jeder Deutschkurs kommt um Lessings Ringparabel nicht herum, die genau diesen Gedanken sehr anschaulich ausdrückt. Dennoch gelingt es uns als Menschheit sichtlich nicht, auch in unseren Taten die Erkenntnis zu akzeptieren, dass wir uns gar nicht so groß voneinander unterscheiden – ob wir nun Moscheen, Marienkapellen oder Freikirchen zum Gebet aufsuchen.

Zwischen den Sternen sieht's übrigens nicht minder chaotisch aus.

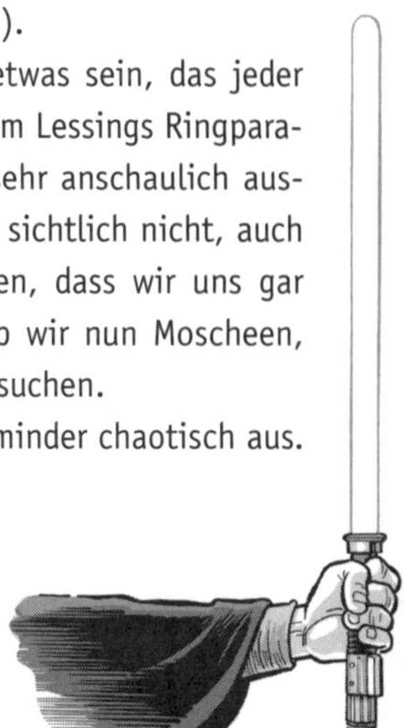

1. WENN DER GLAUBE WUNDER WIRKT!

Bei STAR WARS geht es ziemlich viel um Religion. Immerhin sind die Jedi und die Sith so etwas wie religiöse Orden – nur dass sie im Gegensatz zu vielen anderen nicht allein so tun, als könne ihr Glaube Wunder wirken. In den neueren Filmen nimmt das Wort »Religion« zwar niemand in den Mund, in den alten aber schon. Einer von Vaders Generälen spricht einmal von einer »altertümlichen Religion« in Bezug auf die Beziehung seines Vorgesetzten zur Macht. Und auch Han sagt: »Antiquierte Waffen und Religionen können es nicht mit einem guten Blaster aufnehmen.«

Verschiedene Fans haben sogar versucht, den Jedi-Glauben in die Realität herüberzuholen. Diese Bewegung ist inzwischen unter dem Namen Jediismus bekannt. Sie hat als Witz angefangen, um die Zensusämter in verschiedenen englischsprachigen Ländern zu ärgern, und als Protest dagegen, dass in den Zensusformularen nach der Religionszugehörigkeit gefragt wurde. So war 2001 in Neuseeland – zumindest den Umfrageergebnissen zufolge – Jediismus die zweitgrößte Religion gleich nach dem Christentum.

Doch es gibt auch Leute, die die ganze Sache deutlich ernster meinen. Hier in Deutschland existiert zum Beispiel ein Jedi-Orden, der »Order of Hope«. Besuchen Sie mal die Website!

Und sowohl in Neuseeland als auch in Australien geben Leute noch heute ihre Religion als Jediismus an, obwohl die große Zensusprotestwelle von 2001 ja nun schon eine Weile her ist.

Glaubenskrieg mit Tradition

Genau genommen haben wir es in Star Wars also mit der Geschichte eines Religionskriegs zu tun. Auf der einen Seite stehen die Jedi mit ihren Lehren von Selbstaufopferung und innerer Ruhe, auf der anderen die Sith mit Zorn und Egoismus. Das sind zwei Glaubensgruppen, die einander überhaupt nicht verstehen, obwohl sie im Prinzip viele Vorstellungen teilen. Darüber, dass es die Macht gibt und dass man sie nutzen kann, sind sie sich ziemlich einig. Die Probleme liegen in den Details. Die große Frage lautet, wie man die Macht nutzen sollte, und darüber schlagen sich die verfeindeten Lager seit Jahrtausenden die Köpfe ein – und das ist keine Übertreibung.

Jenseits der Filme – also in den Romanen, Comics, Games usw. des Franchise – reicht die Geschichte der Alten Republik 25 000 Jahre zurück und beinhaltet endlose Kriege gegen das Sith-Imperium, in denen mal die eine, mal die andere Seite die Oberhand hatte. Mehr-

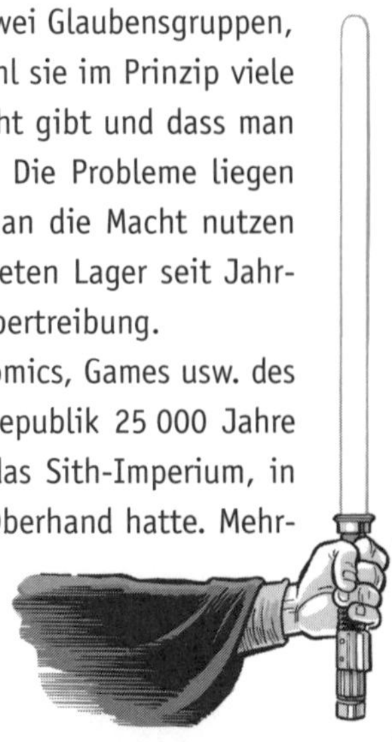

mals glaubte man die Sith besiegt. Aber die dunkle Seite der Macht hat etwas von einer Horde Kakerlaken – sie ist nie ganz totzukriegen.

Dieser Krieg ist ein ständiges Hin und Her zwischen Jedi und Sith. Das erinnert ein wenig an Jerusalem während der Kreuzzüge. Die Stadt hat mal den Christen gehört, dann wieder den Moslems, dann wieder den Christen. Ein Wunder, dass die Bewohner Jerusalems nicht irgendwann den Überblick verloren haben, wer sie gerade regiert. (Wobei, vielleicht haben sie das ja.) Die Galaxis bei Star Wars ist quasi Jerusalem – nur größer.

Das Problem bei diesem Krieg ist, dass sich überhaupt nichts ändert. Selbst wenn eine Seite den Sieg erringt, ist das nie von Dauer. Es geht immer nur rund und rund und rund, wobei beide Seiten stur davon überzeugt sind, im Recht zu sein. Und der Zweck heiligt die Mittel. Darth Vader lässt zu, dass Alderaan in die Luft gejagt wird, weil er besser zu wissen glaubt als andere, was für das Universum am besten ist. Obi Wan freut sich, als er überraschenderweise eine Klon-Armee findet, und hält keinen Augenblick inne, um über ethische Bedenken nachzusinnen (oder auch nur darüber, warum ein Jedi heimlich die Herstellung einer ganzen Armee in Auftrag geben sollte, vor allem bevor es überhaupt einen Krieg gibt). Menschen durch genetische Programmierung ihres freien Willens zu berauben und sie dann in eine Schlacht zu schicken, ist für ihn offensichtlich voll in Ordnung, sofern es einen Krieg zu gewinnen gilt und ein Sith an der Machtergreifung gehindert werden muss. Immerhin ist Obi Wan ja überzeugt, auf der Seite von Recht und Ordnung zu stehen. Er gehört der »richtigen« Religion an.

Und in George Lucas' Universum funktioniert das. Bei Star Wars sind die Jedi tatsächlich die Guten und die Sith die Bösen. Das macht uns schon der Farbcode klar: die blauen und grünen Lichtschwerter auf der einen Seite, die roten auf der anderen. Die schwarzen Klamotten bei den Sith, die freundlichen Naturfarben bei den Jedi (mit wenigen Ausnahmen). Und nicht zu vergessen die bei Bedarf gelb-roten Augen! Leute mit gelb-roten Augen *können* nichts Gutes im Schilde führen, in dieser Hinsicht ist sich ganz Hollywood einig. Das ist alles sehr schön einfach und übersichtlich.

Der Farbcode der Wirklichkeit

Die Realität hat allerdings keinen Farbcode und lässt sich nicht so leicht in Gut und Böse einteilen. Sie besitzt kein Drehbuch, in dem steht, wer die Helden sind und wer die Antagonisten. Im Gegenteil! Das ist nicht immer so genau feststellbar und ändert sich je nach Blickwinkel. Siehe Jerusalem: Christen und Moslems haben sich jahrhundertelang darüber gestritten, wer es regieren sollte. Und hatte eine von beiden Gruppen recht mit ihren Besitzansprüchen? Darüber mag mancher noch immer streiten wollen. Tatsache ist allerdings, dass am Ende die Juden die Stadt bekommen haben und man sich die ganze Sache mit den Kreuzzügen auch hätte sparen können.

In der Realität lässt sich also nicht so einfach feststellen, ob man sich nicht gerade total in was verrannt hat. Der Mangel gelb-roter Augen reicht dafür als Beweis nicht aus, und wer nur freundliche Farben mag, ist nicht automatisch ein guter Mensch.

Deshalb sollte Star Wars Ihnen in Religionsfragen ein eher abschreckendes Beispiel sein. Egal was Sie glauben, versteifen Sie sich nicht zu sehr auf Ihren Standpunkt! Und vor allem: Versuchen Sie nicht in jedem Andersgläubigen einen Sith zu sehen, der im besten Fall schnellstens bekehrt werden muss. Selbst wenn Sie hundertprozentig davon überzeugt sind, in religiösen Fragen absolut und unanfechtbar recht zu haben, sollten Sie es vermeiden, darüber einen Krieg anzuzetteln! Sie könnten sonst irgendwann aufwachen und feststellen, dass auf Ihrem Schreibtisch die Pläne für den Todesstern

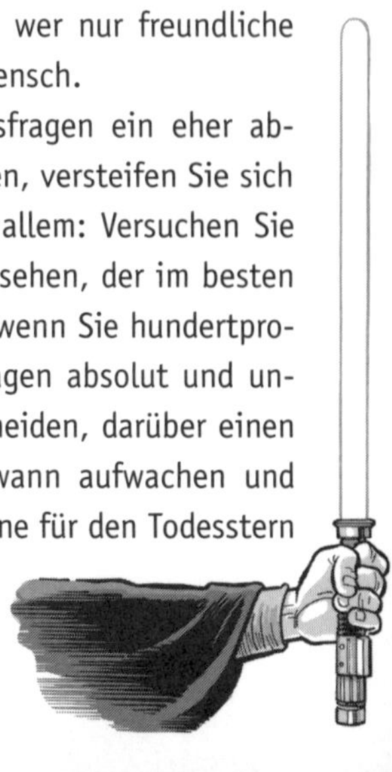

liegen. Oder Sie erwischen sich dabei, wie Sie böse kichern und Dinge von sich zu geben wie: »Lass deinen Aggressionen freien Lauf, mein Junge! Lass dich vom Hass übermannen!« Alles zum Wohl des Universums versteht sich.

2. WARUM BRAUCHT GOTT EIN RAUMSCHIFF?

Es ist eigentlich erschreckend einfach: Gene Roddenberry war überzeugter Atheist und sah eine Zukunft voraus, in der die Menschen das Thema Glauben abgehakt haben. In STAR TREK – zumindest in Roddenberrys im Zentrum stehender Sternenflotte – findet die Religion daher auch kaum noch einen Platz. Sie wird zwar toleriert, aber von einer Kernreligion, der die meisten Flottenangehörigen zugehörig wären, kann in keinster Weise gesprochen werden.

Roddenberrys Serienkonzept war eines, das den Blick aufs Fremde thematisierte. Behandelte die Serie also Glaubensfragen, dann meist im Kontext eines Kontakts zu anderen Sternenvölkern, und die Protagonisten nahmen dabei eher eine beobachtende, vielleicht sogar wertende Position ein. Sie waren Ratgeber, nicht selbst problemgebeutelt. Wenn Captain James T. Kirk beichten wollte, ging er zu Pille, nicht zum Priester – und die Serie bestätigte ihn darin.

Denken Sie nur daran, wie viele falsche Gottheiten der mutige James T. allein während der 79 Episoden der in den 1960ern entstandenen Originalserie von ihren Altären gestürzt hat, wie viele Völker von der ebenso heldenmutigen wie aufgeklärten Crew der Enterprise aus der Knechtschaft eines vermeintlich allmächtigen – und durch seine Allmacht legitimierten – Herrschers befreit wurden!

Das war »Sapere aude«[3] in trivialisierter Form, präsentiert in etwa 45-minütigen Technicolor-Häppchen.

Und doch …

Von Pagh und anderen Schäden

Star Trek war und ist natürlich keine religionsfeindliche Serie. Die Vereinigte Föderation der Planeten sieht und versteht sich gern als Muster für Toleranz und Welt(en)offenheit, und da die Serienautoren – unseres Wissens – stets von der ollen Mutter Erde stammten, wurde auch die Religion des Öfteren in ihren Geschichten thematisiert. Nicht selten sogar auf sehr interessante Weise. So bieten zum Beispiel die Bajoraner, hauptsächlich in Deep Space Nine porträtiert, mit ihrem Glauben an in einem planetennahen Wurmloch lebende »Propheten« einen wirklich faszinierenden Blick auf Glaubensfragen. Und so erhält Star Trek im Laufe der DS9-Serienjahre mehrfach die Chance, die typischen Erzählungen über die Segnungen eines friedlichen Miteinanders in ganz neue Kleider zu packen und ihnen noch nicht da gewesene Aspekte abzugewinnen.

Einzig die Frage, warum Gott ein Raumschiff brauche, wurde von Star Trek *nie* wirklich erschöpfend beantwortet …

Die Sache mit dem Schöpfer

Überhaupt: Schöpfer. Schon in Star Trek – Der Film von 1978 wird der Erde, wie sie uns Roddenberry zeigt, eine religiös anmutende Fragestellung beinahe zum Verhängnis – beinahe, denn zu unserem Glück gibt es ja die aufgeklärte Crew der Enterprise, die mal wieder den Tag retten kann. Was war geschehen? Eine Voyager-Raumsonde der

3 „Sapere aude" ist lateinisch und bedeutet (in der bekannten Interpretation Kants): „Habe Mut, dich deines eigenen Verstandes zu bedienen!" Wörtlich bedeutet das Sprichwort etwa: Wage es, vernünftig zu sein! (s. Wikipedia)

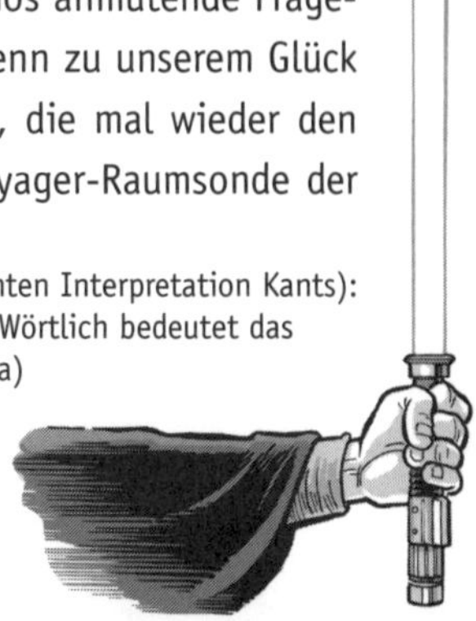

NASA kehrte nach Jahrhunderten ins irdische Sonnensystem zurück. Die Sonde, inzwischen V'Ger benannt, war von Außerirdischen aufgerüstet und mit Art künstlicher Intelligenz versehen worden, die ihre ursprüngliche Programmierung weit überschritt. Und deshalb war sie jetzt auf Sinnsuche. »Wer hat mich geschaffen?«, wollte V'Ger vom Universum erfahren. »Und warum?« Fragen, die wir ebenso aus dem SF-Kino der Moderne (PROMETHEUS) und so mancher Sonntagspredigt kennen.

V'Ger glaubte den Menschen nicht, als sie ihm die Wahrheit sagten. Er hielt sie für schlichte »Kohlenstoffeinheiten« und zu einem Schöpfungsakt, wie er ihn zu seiner Existenz als nötig erachtete, nicht fähig. Er irrte und sah diesen Irrtum mit der Zeit auch ein.

Aber die Frage als solche ist doch interessant, oder?

Und fragte nicht schon Joan Osborne Mitte der 1990er in Ihrem Song »One of us«, ob der Große Liebe Gott nicht auch einer von uns sein könnte?

3. DU SOLLST NICHT …

Nichts gegen Regeln, aber eine Eigenschaft vieler Religionen ist es, Regeln zu befolgen, die irgendwann einmal einen Sinn ergaben, inzwischen aber nur noch aus Traditionsgründen befolgt werden. Dabei ist es egal, ob niemand mehr weiß, wozu diese Regeln eigentlich mal dienten, oder ob sie inzwischen sogar schädlich sein können. Ein heiliges Gebot ist ein heiliges Gebot, da kann man eben nichts machen. Scheint es.

Diese Sicht teilen auch der Jedi- und der Sith-Orden. Und Anakin Skywalker bietet ein sehr gutes Beispiel dafür, wie die Regeln des Jedi-Ordens Schaden anrichten: Als Anakin in den Jedi-Tempel kommt, um seine Ausbildung zu beginnen, attestiert Yoda ihm, er habe Angst. »Angst führt zu Wut«, weiß der weise alte Muppet, »Wut führt zu Hass, und Hass führt zu unermesslichem Leid«.

Das Gefahrpotenzial, das in Ani schlummert, wurde von Yoda also ganz richtig und darüber hinaus noch sehr poetisch erkannt. Es ist ein Grund, aus dem der Jedi-Rat Anakins Ausbildung zum Ritter zuerst nicht erlauben will. Allerdings setzt Qui-Gon Jinn selbst über seinen Tod hinaus letztendlich noch seinen Kopf durch, und Anakin samt seiner Angst und damit seinem Gefahrenpotenzial wird Obi Wans Padawan.

Die von Yoda attestierte Bedrohung wird einfach ignoriert.

Dabei ist die Ursache allen Übels eigentlich recht einfach zurückzuverfolgen: Der kleine Ani wurde aus seiner gewohnten Umgebung gerissen und musste seine Mutter auf Tatooine in der Sklaverei zurücklassen.

Dann geh doch ins Kloster!

Dummerweise wird von jedem angehenden Jedi erwartet, dass er alle Verbindungen zu seiner Familie abbricht. Denn Jedi dienen selbstlos der ganzen Galaxis, wofür sie sich von jeder Leidenschaft und damit auch von sämtlichen persönlichen Bindungen befreien müssen. Das führt dazu, dass der von Heimweh geplagte Anakin seine Mutter weder zwischendurch besuchen noch ihr mal schreiben kann.

Er bekommt das Gefühl, sie im Stich gelassen zu haben, was er schließlich bestätigt sieht, als es ihm – wenn auch knapp – misslingt, sie vor den Tusken zu retten.

Aus diesem Scheitern wächst ein neues Problem: Anakin ist fortan bereit, alles und wirklich alles zu tun, um Amidala vor der von ihm vorausgeahnten Gefahr zu bewahren. Er, der schon seine Mutter nicht zu retten wusste, will sie nicht auch noch verlieren.

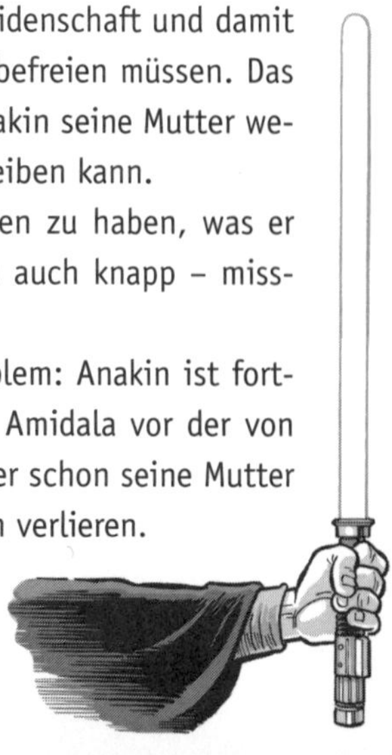

Die Folge sind tote Jünglinge und unermessliches Leid. Ganz wie Yoda es vorausgesehen hatte.

Nun kann man natürlich sagen: Hätte Anakin sich ganz an die Regeln des Jedi-Ordens gehalten, hätte er auch nie etwas mit Amidala angefangen, und damit wäre die ganze Katastrophe vermieden worden. Andererseits wäre er dann noch einsamer im weiten Universum gewesen, was dem von Manipulationsgelüsten getriebenen Kanzler Palpatine sicher auch gut in den Kram gepasst hätte. Und dann wäre womöglich ein Imperium ohne Luke und Leia entstanden, die ja später kommen, um den Tag zu retten. Und zuletzt wäre Shmi Skywalker bei den Tusken gestorben, ohne dass ihr Sohn je davon erfahren hätte – was für sich genommen schon ziemlich bitter gewesen wäre.

Hätten sich die beiden dagegen regelmäßig Briefe geschrieben oder irgendwelche anderen Arten von Nachrichten ausgetauscht, hätte alles ganz anders ablaufen können! Womöglich hätte Anakin dann rechtzeitig von der Entführung seiner Mutter erfahren. Dann wäre er sicher mal eben in das Tuskendorf marschiert und hätte sie wohlbehalten da rausgeholt – woraufhin sich ein ganzer Tuskenstamm nicht dem plötzlichen Eindruck hätte erwehren können, einem schrecklichen Schicksal entkommen zu sein …

»Glauben« heißt nicht »wissen«. Aber denken ist erlaubt.

Der Sinn der ganzen Ausführung? Je nachdem ob und wie religiös Sie sind, bewegen auch Sie sich in einem mehr oder weniger starren System von Regeln. Seien Sie sich der Tatsache bewusst, dass diese nicht automatisch immer Gutes bewirken. Hören Sie nie auf, Ihren gesunden Menschenverstand mit der Frage zu beschäftigen, was wann der Fall ist – und das gilt eigentlich nicht mal nur im Bezug auf Religion.

Vor allem Regeln, die Ihnen grundlegende menschliche Bedürfnisse versagen, gehen ziemlich oft nach hinten los. Das zeigt uns Anakin Skywalker nicht nur in jungen Jahren und im negativen Sinne – es funktioniert auch im Positiven.

Denn auch die Sith haben eine Regel gegen Familienbindungen, nur existiert sie aus einem anderen Grund als bei den Jedi. Für die Sith ist die Familie ein Hort der Schwäche. Aus Sith-Sicht hat sich diese Einstellung wohl auch bewahrheitet. Darth Vader zerstört das Imperium, weil er die Bindung zu seinem Sohn Luke letztendlich nicht mehr verleugnen kann; er rettet ihm das Leben, indem er den Imperator in den Reaktorkern des Todessterns wirft, was sich für Letzteren als nicht sonderlich gesundheitsfördernd erweist.

Aus der Sicht der Rebellen ist das aber eine verdammt gute Sache, und die Familienbindung hat sich als große Stärke herausgestellt. Man könnte Anakins Laufbahn auch so beschreiben: Am Anfang hat er die Regeln noch nicht gründlich genug gebrochen. Hätte er es getan, wäre vielleicht einiges besser gelaufen. Aber am Ende hat er endlich gelernt, wie es richtig geht.

4. DER PAPST IM MACHTRAUSCH

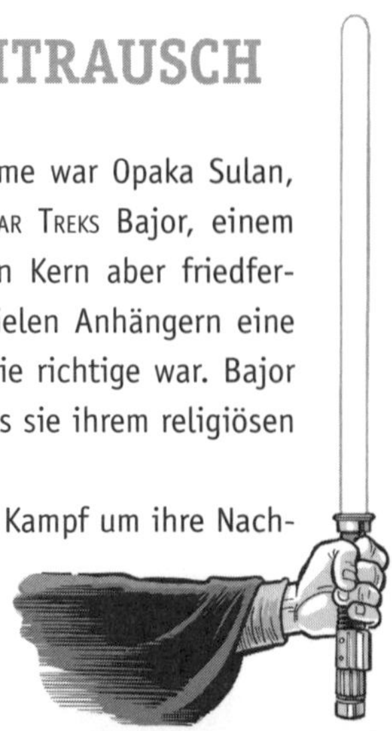

Es war einmal eine religiöse Führerin. Ihr Name war Opaka Sulan, und sie war weise und gut. Sie lebte auf Star Treks Bajor, einem von Kriegen gezeichneten, in seinem sozialen Kern aber friedfertigen Planeten, und wenn sie ihren vielen, vielen Anhängern eine Richtung wies, dann wussten diese, dass es die richtige war. Bajor vertraute Opaka Sulan – oder Kai Opaka, wie es sie ihrem religiösen Amt angemessen betitelte.

Doch Opaka starb (scheinbar). Und aus dem Kampf um ihre Nachfolge ging eine Frau als Siegerin hervor, die ganz anders als sie war. Und die uns zeigt, was Macht – auch in religiösen Dingen – anrichten kann.

Kai Winn, die Neue, legte großen Wert auf Äußerlichkeiten. Sie war sich bewusst, welches Ansehen sie ihres Amtes wegen beim Volk besaß, und zögerte nicht, dieses zu ihrem Vorteil zu nutzen – hielt sie sich doch für ziemlich unfehlbar und ihre Interessen automatisch auch für die der Glaubensgemeinschaft, der sie vorstand. Winn konnte Intrigen schmieden wie keine andere. Und sie gewann ihre Auseinandersetzungen nicht selten, indem sie der – wie auf Bajor üblich: zutiefst gläubigen – Gegenpartei schlicht ein schlechtes Gewissen einredete: »Von mir aus können Sie meine Wünsche gern missachten, aber die Propheten sind dann sicher sehr enttäuscht von Ihnen.« Winn war die ungeduldige Mutter, die ihre aufmüpfigen Kinder nicht mit Argumenten überzeugte, sondern kurzerhand mit einem »Der Nikolaus sieht alles!« für Ruhe und Gehorsam sorgte. Wie vermutlich auch Sie, liebe Leser, noch aus der Kindheit wissen, ist diese Methode ebenso effektiv wie unfair.

Macht korrumpiert!

Doch Macht korrumpiert – auch im Fall von Kai Winn. Zugegeben, dass sie sich in ihrer Gier ausgerechnet einen der Erzfeinde ihres Volkes als Verbündeten aussuchte, dürfen wir ihr nicht vorhalten. Gul Dukat, der Cardassianer, mit dem Winn zuerst die politischen Ziele und dann auch noch Tisch und Bett teilte, hatte sich clevererweise chirurgisch verändern lassen und sah nicht länger cardassianisch, sondern wie ein ganz gewöhnlicher Bajoraner aus. Dukat spielte seine Rolle sehr gut – und er spielte sie nicht ohne Grund. Er wollte die Pah-Geister befreien, sozusagen das Tor zur bajoranischen Hölle aufstoßen. Warum? Um sich an dem Volk zu rächen, das es gewagt hatte, den Segen abzuwehren, den eine Besatzung durch die Cardassianer in Dukats Augen darstellte.

Dukat bediente sich der machtgierigen Winn für seine Zwecke. Und als aus den beiden auch noch ein Liebespaar wurde, war das für uns entsetzte Zuschauer ein wenig so, als müssten wir beim Heiligen Vater mal kurz für kleine Katholiken und sähen auf dem päpstlichen Waschbecken neben der seinen auch des Teufels Zahnbürste stehen.

Unter der Führung von Dukat und angetrieben von ihrer eigenen, durch das Amt der Kai als legitimiert empfundenen Gier nach Macht wandte sich Winn von den Propheten ab und wurde zur Anhängerin der Pah-Geister.

Sie fand prompt den Tod.

Moral?

Es steckt eine Lehre in dieser Geschichte, welche wir Gretchenfrager und Lessingratlosen uns durchaus aufs eigene Leben übertragen dürfen. Vielleicht, so scheint Kai Winns abstoßendes Beispiel zu illustrieren, kommt es nicht nur darauf an, *ob* man glaubt, sondern auch, *was* man glaubt. Sollten Sie je in der Situation sein, sich aus dem Reigen der irdischen Religionen – oder der überirdischen; falls Sie es Ihren australischen Mitmenschen gleichmachen und Jedi sein möchten, wollen wir Ihnen das nicht ausreden (Toleranz, Sie erinnern sich?) – eine auswählen zu wollen, dann ist es ratsam, sich vorab genau mit diesen zu beschäftigen.

Fragen Sie sich, welche Religion zu Ihnen passt. Hinterfragen Sie Dogmen! Blicken Sie in die Tiefe! Auch in heiligen Schriften lässt es sich *zwischen* den Zeilen lesen. Und was immer Sie auch tun: Hüten Sie sich vor umoperierten Cardassianern!

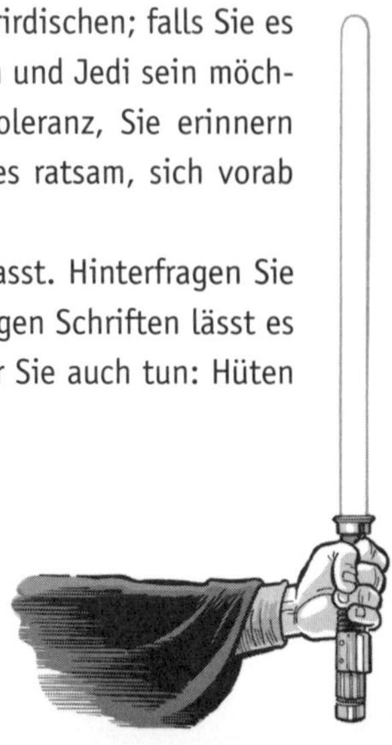

5. DAS GROSSE DANACH

Bleiben wir noch einen Moment bei Kai Winn, wenn Sie gestatten, denn sie bietet uns wirklich eine perfekte Überleitung zum nächsten Aspekt unserer religiösen Betrachtungen: Wie halten es unsere »Universen« denn eigentlich mit dem Leben nach dem Tod. Man sagt ja, in der SF sei nichts unmöglich, was nicht von Autoren erdacht bzw. von Effektekünstlern auf Monitor und Leinwand getrickst werden könnte. Glauben unsere Heldinnen und Helden in Sternenflotte und Jedi-Riegen also an ein Danach? Leben sie es gar?

Tod? Bleib mir bloß weg damit!

Die Jedi in Star Wars haben eine relativ moderne Einstellung zum Tod: Sie schieben ihn so weit von sich fort wie möglich. »Es gibt keinen Tod, nur die Macht«, heißt es im Jedi-Kodex.

Anstatt einfach in die ewigen Jagdgründe einzugehen, kann ein Jedi sich zu einer Art Geist machen. Das verschafft ihm mehr oder weniger einen Logenplatz bei allen noch folgenden wichtigen Ereignissen – und gibt ihm sogar die Möglichkeit, noch posthum bis zu einem gewissen Grad in die Geschehnisse einzugreifen. Wir erinnern uns an Obi Wans »Nutze die Macht, Luke!« Wäre Obi Wan nicht gewesen, wäre womöglich der erste Todesstern nicht zerstört worden.

Kurz gesagt: Die von Qui-Gon Jinn entdeckte Methode des geisterhaften Fortlebens nach dem Jedi-Tod ist eine Möglichkeit, nicht zu sterben. Zumindest nicht ganz.

Die Frage ist nur: Was macht man dann? Am Anfang mag es ja noch ganz praktisch sein, Luke zu sagen, er soll die Macht nutzen, und hin und wieder ein paar weise Worte mit den alten Mit-Jedi auszutauschen. Und wer freut sich nicht, wenn er – lebend oder tot

– am Ende der Abenteuer der Siegesfeier beiwohnen darf? Aber was kommt danach? Spukt man dann bis in alle Ewigkeiten durchs Universum? Irgendwann würde das sicher ziemlich langweilig. Wäre es da nicht einfacher, tatsächlich ganz zu sterben? Wenn man es nicht besser wüsste, könnte man fast meinen, da hätte jemand Angst vor dem Tod …

Versuchen Sie, sich die Einstellung der Jedi zum Tod nicht zu sehr als Vorbild zu nehmen. Sie müssen natürlich nicht gleich zum Klingonen werden und jede sich bietende Gelegenheit nutzen, um ruhmreich draufzugehen. Aber letztendlich hilft es, sich mit der Tatsache abzufinden, dass der Tod Teil des Lebens ist.

Viel Stirb, viel Ehr!

Die ebenso stirnwülstigen wie kriegerischen Klingonen zählen zu den bekanntesten Aliens aus Star Trek. Kaum eine zweite Rasse wurde so erschöpfend in den Serien und Filmen behandelt. Diese Aufmerksamkeit kommt nicht unverdient, bieten die Klingonen doch interessante Ansätze für Betrachtungen wie die unseren.

Etwa in Sterbensfragen. Es dürfte niemanden überraschen, dass ein Volk, das bereits seit Generationen nach dem Tod seiner Feinde strebt – und unter »Feind« jeden subsumiert, der ihm in seinem Drang nach Expansion und Eroberung in den Weg kommt – eine äußerst facettenreiche Vorstellung des Lebens nach demselben hat. Für die Klingonen gelangt ein Krieger nach seinem hoffentlich heroischen Abtritt von der Bühne des körperlichen Daseins in eine ans nordische Walhalla erinnernde *Hall of Fame der Superklingonen*, das sogenannte Sto-vo-kor. Allerdings wird bei den Klingonen, so scheint es, nicht nur die Geschichte, sondern auch die Mythologie von den Gewinnern geschrieben – oder warum sonst geht die Sto-vo-kor-Logik davon aus, jeder Sterbende sei automatisch ein Qualifikant für das himmlische

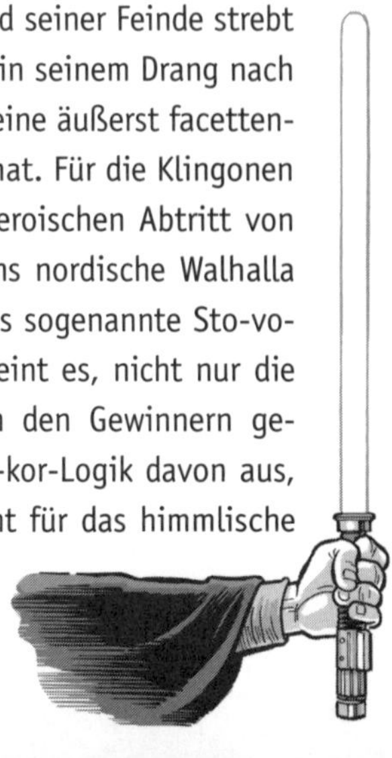

Sto-vo-kor (oder dessen höllischen Gegensatz Gre'thor)?

Sollte Ihnen diese Anforderung zu hoch sein (Wer weiß schon sicher, dass er selbst im Moment des Sterbens noch den großen Helden gibt?), dürfen Sie sich aber dennoch getrost der klingonischen Glaubensweise verschreiben, falls Sie dies möchten. Denn die Ehre, ins Sto-vo-kor einziehen zu dürfen, erwerben in der klingonischen Kultur nicht selten auch die Nachkommen und/oder Freunde des Verblichenen. Schreiben Sie einfach als Bedingung ins Testament, Ihre Erben kämen erst dann an die Kohle, wenn sie fünf romulanische Warbirds aus dem Orbit pusten. Das dürfte für einige Erheiterung bei der Nachlasseröffnung sorgen – zumindest beim Notar.

Zwischenspiel

WIE LASSE ICH MICH ALS GOTT VEREHREN?

To-do-Liste für die erfolgreiche Gründung einer Religion

Möglicherweise sind Sie die ganzen althergebrachten Glaubensgemeinschaften ja leid. Haben Sie keine Lust, sich mit Regeln herumzuschlagen, die Ihnen nicht gefallen? Tun Ihnen vom ganzen Beten die Knie weh? Dann können wir Ihnen eine Alternative anbieten: Lassen Sie andere Leute das Beten übernehmen und seien Sie derjenige, der die Regeln aufstellt. Folgen Sie dem Beispiel zahlloser Antagonisten aus Ihren Star-Universen (und auch einiger Helden, auch wenn diese das eher nicht absichtlich tun) und gründen Sie selbst eine Religion. Präsentieren Sie sich Eingeborenen als Prophet oder gleich als Gottheit.

Kommt, lasset ~~uns~~ mich anbeten

Die Zutaten dazu sind einfach. Es ist nicht erforderlich, dass Sie sich so abgedrehtes Zeug ausdenken wie beispielsweise die Leute von Scientology. Sie brauchen keine komplizierten Worte, mit denen kein Mensch etwas anfangen kann (auch wenn es hilft), und Sie müssen noch nicht einmal eines oder gar mehrere Bücher schreiben. Generell ist die Botschaft gar nicht so wichtig. Viel mehr zählt die Präsentation. Verwandeln Sie Wasser in Wein, dann hören Ihnen die Leute zu, egal was Sie sagen.

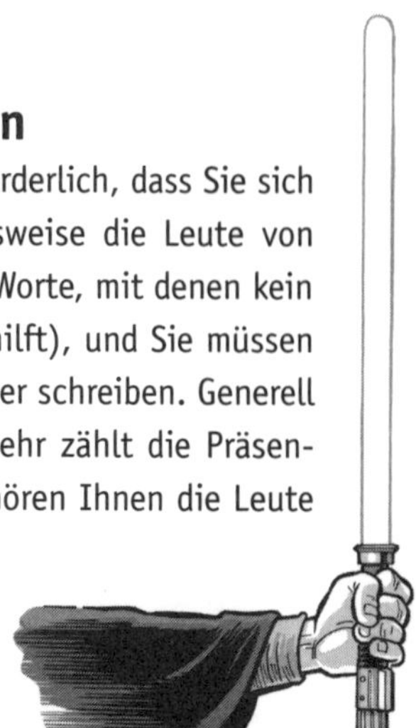

Hier ist eine Liste, der Dinge, die die Figuren aus Star Trek und Star Wars (oft, wie gesagt, nicht absichtlich) tun, um sich von diversen leicht zu beeindruckenden Personengruppen verehren zu lassen.[4]

- **Legen Sie sich ein außergewöhnliches Äußeres zu!** ✓
  C-3PO beeindruckt die Ewoks offensichtlich vor allem dadurch, dass er golden ist. Der Geisteskranke Garth von Izar setzt seinen Willen durch, weil er in der Lage ist, seine Gestalt nach Belieben zu wandeln.

- **Lernen Sie Taschenspielertricks!** ✓
  Was im Familienkreis nur noch ein müdes Lächeln hervorruft, mag primitivere Kulturen als die Ihre durchaus begeistern! Nutzen Sie technische und intellektuelle Vorteile, um sich vor Ureinwohnern als Magier aufzuspielen. In Star Wars lässt Luke es so aussehen, als beherrschte C-3PO Magie, indem er ihn schweben lässt. Apoll, dem Captain Kirk in der Episode »Der Tempel des Apoll« begegnet, stellt sich als Alien heraus, hat vor Jahrtausenden aber die Erdbevölkerung so begeistert, dass sie ihn zum Gott erklärte.

- **Legen Sie sich beeindruckende Moves zu!** ✓
  Der erste Eindruck ist alles. Wenn Sie direkt bei Ihrem ersten Auftreten Eindruck schinden, müssen Sie danach eigentlich nicht mehr viel tun. Erscheinen Sie mit Blitz und Donner, wenn Sie können. Wenn Sie das nicht hinbekommen, machen Sie es zumindest wie C-3PO und tauchen Sie unvermutet inmitten Ihrer zukünftigen Anhänger auf. Das einzige Hilfsmittel, das der

4 Dafür müssen Sie übrigens wirklich nicht zu einem weit entfernten Planeten fliegen. Leicht zu beeindruckende Personen gibt es überall.

goldene Protokolldroide dafür benötigt, ist ein Farndickicht, das ihn anfangs verbirgt. Das bekommen Sie hin, oder?

- **Bauen Sie Naturphänomene in Ihre Geschichte ein!** ✓
  Ihre potenziellen Gläubigen leben an einem Fluss? Machen Sie sie glauben, der fließe nur dank Ihnen. Das Dorf Ihrer Gemeinde steht am Fuß eines Vulkans? Sagen Sie dem naiven Pack, der Berg spucke wieder Feuer, sobald auch nur einer aus ihrer Mitte an Ihrer Göttlichkeit zweifelt.

- **Machen Sie *Ihre* Feinde zu denen Ihrer Religion!** ✓
  Unzählige Fundamentalisten können nicht irren, oder? »Tod den Ungläubigen« ist ein prima Schlachtruf, wenn plötzlich Sternenflottenoffiziere auftauchen und dem Pöbel, dessen Naivität Sie jahrelang erfolgreich ausnutzten, die Segnungen der Aufklärung schenken möchte. Halten Sie sich nicht lange mit Argumenten auf. Sie können nur noch gewinnen, wenn Sie Ihre Schäfchen gegen die Offiziere aufbringen! (Und sollte auch das nichts nützen, haben Sie hoffentlich schon Ihr Fluchtshuttle startbereit …)

Warnung: Es kann unangenehme Nebenwirkungen haben, sich als Prophet oder Gott verehren zu lassen! Manchmal ist es schwer, seine Anhänger davon abzuhalten, im eigenen Namen andere Leute zu opfern. Denken Sie daher immer daran, was Onkel Ben zu Spider-Man sagte: »Mit großer Macht kommt große Verantwortung!« Das gilt nicht nur bei der Verbrechensbekämpfung.

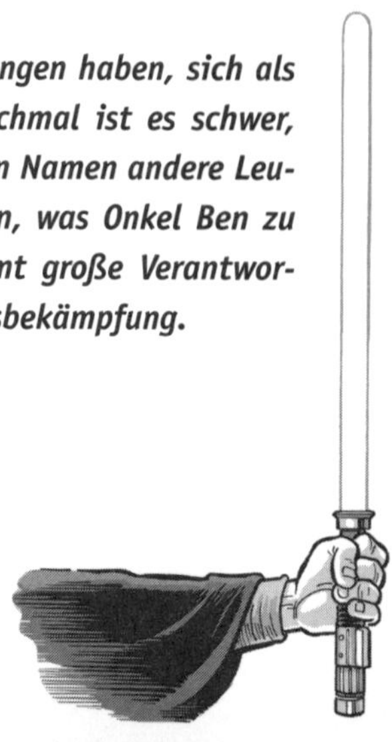

8

JEDEM TIERCHEN SEIN PLÄSIERCHEN

Entspannung zwischen Phaserbeschuss und explodierenden Planeten

Die Welt dreht sich immer schneller. Moderne Technik macht es möglich, dass Vieles in kürzerer Zeit erledigt werden kann, und sorgt für eine höhere Erreichbarkeit, egal wo man gerade ist. Dass dies auch negative Auswirkungen haben kann, ist natürlich nicht die Schuld der Technik. Das Problem sind die Leute, die meinen, uns ständig kontaktieren zu müssen, nur weil wir erreichbar sind. Diese Leute setzen uns manchmal ziemlich unter Druck. Es gilt als schlechtes Benehmen, eine E-Mail nicht innerhalb eines Tages zu beantworten. Wenn man nicht an sein Handy geht, weil man einfach gerade mit niemandem reden will, braucht man später womöglich eine gute Ausrede, je nachdem wie wichtig sich der Anrufer nimmt.

Dazu kommt, dass die Arbeit immer mehr wird – zumindest für die, die noch welche haben. Wie viele Überstunden haben Sie in letzter Zeit geschoben? Gleicht Ihr Büro momentan einem Kriegsgebiet und Sie haben das Gefühl, wie Ihre Vorbilder aus den Star-Universen un-

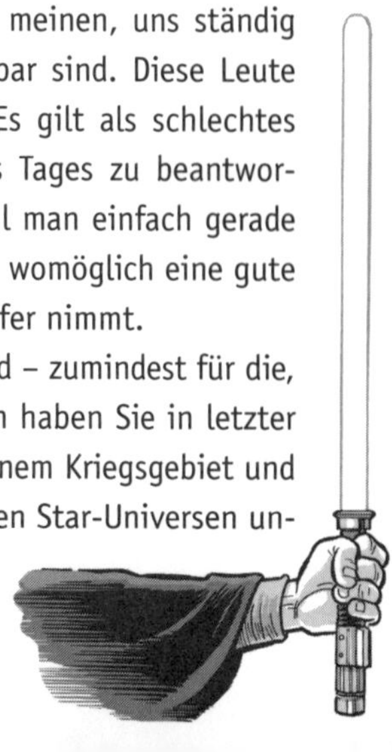

ter Laserbeschuss zu stehen? Brauchen Sie auch dringend mal eine Pause? Ein bisschen Freizeit? Nehmen Sie sie sich! Lassen Sie Punkt Feierabend alle Arbeit fallen. Behaupten Sie, Ihr Handy sei in der Waschmaschine eingegangen und das Internet hätte der Sarlacc gefressen. Dann bekommen Sie ein bisschen Ruhe.

Sobald das geschafft ist, stehen Sie allerdings vor der nächsten großen Frage: Was tun? Womit wollen Sie ihre hart erkämpfte Freizeit füllen? Sie möchten sich doch nicht etwa einfach vor den Fernseher setzen, oder? Es gibt so viele spannendere Dinge, die man tun kann. Und jetzt behaupten Sie nicht, nach einem anstrengenden Tag sei Ihnen das alles zu viel. Ihre Idole aus Star Wars und Star Trek werden im Beruf sogar mit Strahlenwaffen beschossen und gehen danach noch ihren diversen Freizeitbeschäftigungen nach! Sehen Sie sich an, was Captain Picard und Luke Skywalker so machen.

1. *PARTYYYY!*

Gut, seien wir ehrlich. Die Figuren aus Star Wars kommen eher selten dazu, auszuspannen. Das hat man davon, wenn man die ganze Zeit galaktische Kriege führt. Man kann nicht einfach zu den Sturmtruppen oder der Droidenarmee hinübergehen und sagen: »Tschuldigung, aber wir haben jetzt Feierabend. Können wir morgen weitermachen?«

Ganz zu schweigen von den Problemen, die erwachsen, wenn man versucht, eine geregelte Mittagspause durchzusetzen …

Doch auch Luke, Leia und Han wissen, dass sie nach einer stressigen Phase erst mal etwas zurückschalten sollten. Deshalb wird auch jeder Sieg ordentlich gefeiert. Nichts ist besser geeignet, um die ganze angestaute Anspannung loszuwerden, als eine richtig große

Party – zumindest wenn es nach Star Wars geht. Dabei ist es egal, ob die Festlichkeiten im Dschungel bei Trommelmusik oder in deutlich offiziellerem Rahmen samt Parade und Ordensverleihung stattfinden. Jeder und seine Freunde sind geladen, selbst tote Jedi lassen sich solche Anlässe meistens nicht entgehen, und je mehr gejubelt und getanzt wird, umso besser.

Diese Art von Lebensstil sollten Sie allerdings nicht zu lange pflegen. Durchgepowerte Wochen und durchfeierte Enden derselbigen gehen auf Dauer an die Substanz. Wenn Sie eine Methode zur Entspannung suchen, die Ihnen langfristig hilft, sollten Sie sich lieber bei Star Trek nach Beispielen umsehen.

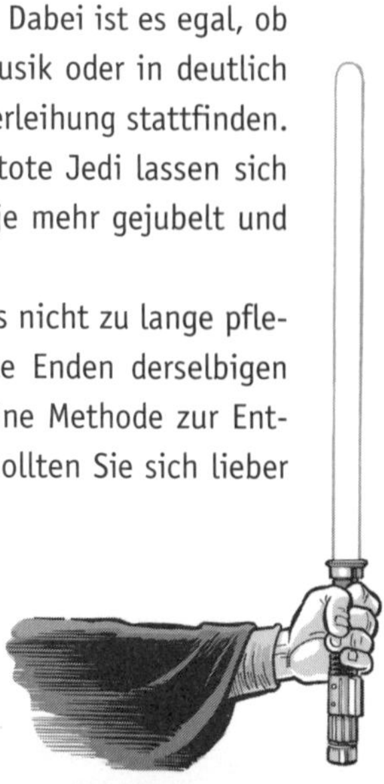

Einfach mal weg

Ein kurzer Urlaub ist natürlich auch immer eine Methode, dem Alltag zu entkommen. Vor allem wenn dieser Alltag daraus besteht, vor einem Kopfgeldjäger zu fliehen, der Sie töten will – fragen Sie nur mal Amidala. Diesen Kopfgeldjäger nehmen sie und Anakin nämlich zum Anlass, sich für eine Weile nach Naboo zurückziehen, um dort den ganzen Tag faul auf der Wiese zu liegen, Sightseeing zu betreiben, sich Liebesgeständnisse zu machen und mit gutmütigen, grasfressenden Herdentieren herumzutollen. Gut, vor allem die Sache mit den Liebesgeständnissen war nicht geplant, aber was wäre ein Urlaub schon ohne die eine oder andere Überraschung?

So ein Urlaub hat den Vorteil, alles hinter sich zu lassen, was der Alltag an Störfaktoren zu bieten hat. Greifen Sie zu dieser Methode, wenn Ihnen alles über den Kopf wächst – es muss ja nicht gleich ein Kopfgeldjäger hinter Ihnen her sein.

Wenn Sie sich wirklich Entspannung wünschen, nehmen Sie allerdings lieber keinen liebeskranken Teenager mit. Das könnte Sie in eine unglückliche Affäre stürzen und Ihr Leben ruinieren – vom Rest der Galaxis ganz zu schweigen.

In Sachen Urlaub haben Sie natürlich eine große Auswahl. Weitere Urlaubsvorschläge finden Sie übrigens im entsprechenden Kapitel dieses Buches.

2. SPASS NACH MASS

Die heroischen Damen und Herren der Sternenflotte, so sollte man meinen, taugen in Sachen Freizeitgestaltung nicht gerade als Vorbild. Oder? An anderer Stelle in diesem Buch zeigen wir auf, wie arbeitsfixiert die Captains, Commanders und Konsorten sind – und diese Einstellung ist ja auch begründet! Niemand tritt dem Club der idealistischen Fleißbienchen bei, um dann dort als Faulenzer und Partylöwe negativ aufzufallen, richtig?

Und trotzdem kennt man auch auf der Enterprise den Wert richtiger Entspannung. Wir sagen bewusst »richtiger«, denn Star Trek zeigt uns wiederholt auch, wie kontraproduktiv eine *falsche* Freizeitbeschäftigung sein kann. [Glauben Sie uns – (gefühlte) 5000 »Das Holodeck hat eine Fehlfunktion, an der vielleicht alle sterben«-Episoden sprechen eine mehr als deutliche Sprache! Irgendetwas scheinen die Drehbuchautoren von Star Trek gegen Computerspiele zu haben.]

Freizeit ist wichtig. Sie hilft Ihnen, sich für den nächsten Einsatz zu regenerieren. Sie gibt Ihnen Kraft zurück, wenn Sie sich im Beruf ausgepowert haben. Und sie macht Sie charakterlich interessanter. *Das* ist vielleicht die wichtigste Aussage, die Star Trek zu diesem Thema trifft!

Schauen Sie sich doch um. In den Filmen und TV-Serien finden wir kaum eine Haupt- oder wiederkehrende Nebenfigur, die neben ihrer beruflichen Relevanz, die sie ja zu einer erzählenswerten Figur macht, nicht auch mindestens eine bedeutsame private Eigenschaft aufweisen würde. Damar war ein konfliktbeladener cardassianischer Anführer, aber richtig erfahrbar wurde er für uns Zuschauer erst, als wir ihn – zunächst nach, dann sogar während der Arbeitszeiten – übermäßig dem Alkohol frönen sahen. Hikaru Sulu mag sich vom ein gelegentliches »Aye, Sir« absondernden Steuermann der Enterprise bis zum Captain der Excelsior hochgearbeitet haben – allerdings jenseits der Leinwand, denn richtig gesehen haben wir diesen seinen Werdegang nie –, die Eigenschaft, mit der wir ihn bis heute aber primär in Verbindung bringen, ist sein Talent als Fechter. Selbst J. J. Abrams machte es wieder zum Thema, als er das klassische Star Trek

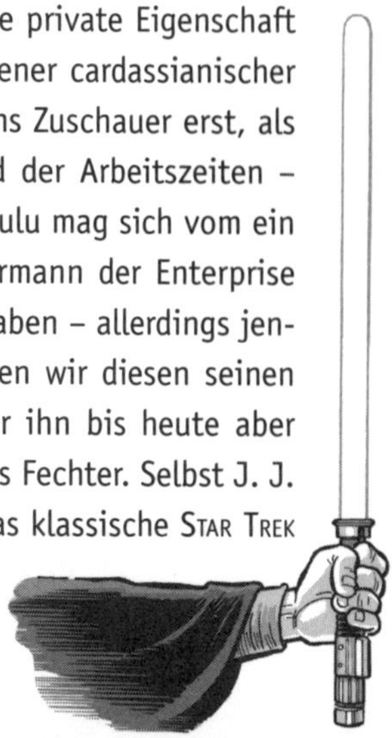

fürs moderne Blockbusterkino neu erfand. Zufall? Von wegen!

Genau wie Abrams, waren auch Gene Roddenberry und dessen zeitgenössische Kollegen in erster Linie Geschichtenerzähler. Und nicht zuletzt jeder Autor wird Ihnen bestätigen, dass Freizeitaktivitäten eine Figur plastischer machen, realistischer. Dabei können es – wie bei Damar – ruhig auch Laster und Schwächen sein, die sie charakterisieren helfen. CASABLANCA wäre wohl ein höchstens noch durchschnittlich zu nennender Kriegsfilm, hätte Humphrey Bogarts Protagonist Rick Blaine nicht diese selbst für ihn unerklärliche Schwäche für Ilsa Lund, aus der ihm diverse Probleme erwachsen. DER PATE wäre niemals auf drei Spielfilme mit Überlänge angewachsen, hätte Vito Andolini (später Corleone) nach seiner Einwanderung in die USA einfach den Ball flach gehalten und friedlich vor sich hin gearbeitet, wie es ihm der amerikanische Traum empfahl. Und ginge es den modernen New Yorkern nur um die Arbeit, HBO hätte seine Erfolgsserie schlicht AND THE CITY nennen müssen, weil für die schönste Nebensache der Welt kein Platz in ihr gewesen wäre. Schade.

Freizeitbeschäftigungen verleihen Tiefe. Das weiß auch Ihr Umfeld! Man misst Sie an dem, was Sie tun – und an dem, was Sie tun, wenn Sie mal *nichts* tun.

Hobbys erweitern Ihren Horizont. Ein neu entdecktes Hobby bringt vielleicht sogar viele neue Dinge mit sich, die Sie lernen können und manchmal auch lernen müssen, wenn Sie sich eingehender damit beschäftigen wollen. Tun Sie also nicht nur Ihrem Umfeld, sondern auch sich selbst einen Gefallen, indem Sie Ihr Leben interessanter gestalten.

3. VON INTERGALAKTISCHEN STECKENPFERDEN

Auch unsere Idole haben also Freizeit und wissen diese auf verschiedene Arten zu Entspannungszwecken zu nutzen. Viele von ihnen folgen zudem nicht nur wahllos irgendwelchen Freizeitaktivitäten, sondern sie haben feste Hobbys, denen sie sich mit großer Hingabe widmen, soweit es ihre Pflichten erlauben.

Ein Hobby stellt einen sehr guten Ausgleich zur Arbeit dar. Es dient nicht nur der Entspannung, sondern gibt Ihnen auch etwas, wofür Sie sich wirklich begeistern können. Etwas, zu dem Ihre Gedanken während langweiliger Arbeitsstunden schweifen.

Außerdem lernen Sie darüber oft Gleichgesinnte kennen – und eine Lieblingsbeschäftigung wird doch gleich noch schöner, wenn man Leute hat, mit denen man sich darüber unterhalten kann.

Aber welches Hobby passt zu Ihnen? Sehen Sie sich an, was Ihre Vorbilder aus den Star-Universen so machen. Vielleicht ist dort ja etwas dabei, das Ihnen gefällt.

Die Skywalkers: Basteln und Bauen

Sowohl Anakin Skywalker als auch sein Sohn Luke besitzen eine gewisse Technikaffinität. Sie basteln an Droiden, Pod-Rennern und ihren eigenen Lichtschwertern herum – wobei Letzteres von jedem Jedi erwartet wird; allerdings kann man darin ja auch mehr oder weniger talentiert sein.

Und Talent beweist vor allem Anakin in großem Maße. Während andere kleine Jungs sich mit Seifenkisten zufriedengeben, baut sich Anakin mit acht Jahren seinen eigenen Pod-Renner und bringt das Teil nicht nur ohne größere explosive Zwischenfälle (zumindest bei seinem Fahrzeug), sondern auch als Erster über die Ziellinie. Stellen Sie sich vor, Sie wären im Grundschulalter Straßenrennen gefahren …

Damit allerdings noch nicht genug. Anakin setzt außerdem aus Schrott den nervigsten Protokolldroiden der Galaxis zusammen. Dieser wird, begleitet von seinem Droidenkollegen R2-D2, einer der wenigen Charaktere, die uns über alle sechs Star Wars-Filme begleiten – trotz seiner ständigen Sorge und seiner Unfähigkeit, sonderlich viel Nützliches zur Handlung beizutragen. Star Wars wäre einfach nicht Star Wars ohne C-3PO!

Anakin selbst sagt, dass ihn das Basteln beruhigt. »Das Leben erscheint viel einfacher, wenn man Dinge repariert«, erklärt er Amidala kurz nach dem Tod seiner Mutter. In seinem Hobby findet er also selbst in Zeiten der Trauer Zuflucht.

Und genau das sollte ein Hobby für Sie tun. Wenn Sie in der Beschäftigung mit ihm Frieden finden, dann haben Sie genau das richtige Hobby für sich entdeckt.

Sonderlich viele soziale Kontakte dürften Sie sich aber von einem

Bastlerhobby nicht erhoffen. Meistens sitzt der typische Bastler einsam in seiner Werkstatt. Die Wahrscheinlichkeit, dass Sie auf einer alten Festplatte den Hilferuf einer Prinzessin finden und daraufhin zu einem großen Abenteuer aufbrechen, ist recht gering.

Wer an einem Fahrzeug bastelt, das an Rennen teilnehmen soll, gewinnt außerdem eher Konkurrenten als Freunde. Passen Sie auf, dass Ihnen aus Ihrem Hobby keine handfeste Feindschaft erwächst. Ansonsten könnte es passieren, dass jemand – wie Sebulba bei Anakins Pod-Renner – seinen Schraubenschlüssel in Ihrem Motor »vergisst« und Ihnen das ganze Ding letztlich um die Ohren fliegt. Nicht jeder hat in einer solchen Situation so viel Glück wie Anakin.

Han Solo und Anhang: Gesellschaftsspiele der einen ... und der anderen Art

Im Hause Solo – also auf dem Millenium Falken – hat man eine Vorliebe für Gesellschaftsspiele. Da passt es sehr gut, dass Han auch auf diesem Wege an sein heiß geliebtes Raumschiff gekommen ist: Er hat es beim Glücksspiel von seinem alten Kameraden Lando Calrissian gewonnen, dessen gesamter Reichtum wiederum zu einem großen Teil auf einigen glücklichen Gewinnen beim Sabbacc basiert.

Doch nicht nur Han, sondern auch sein Kollege, Freund und Mitbewohner Chewbacca ist ein Spieler, wenn auch auf einem etwas anderen Feld. Der Wookiee spielt gerne Dejarik, das eine Art Schach mit holografischen Figuren ist. Auf dem Millenium Falken gibt es ein entsprechendes Spielbrett. In Episode IV sieht man Chewbacca dort recht unsportlich gegen R2-D2 verlieren, während C-3PO das Ganze kommentiert. (»Er hat einen fairen Zug gemacht. Da hilft auch dein Geschrei nichts.«) Denken Sie an unsere Worte: Wer Gesellschaftsspiele zu seinem Hobby erwählt, sollte etwas besser verlieren können als Chewbacca.

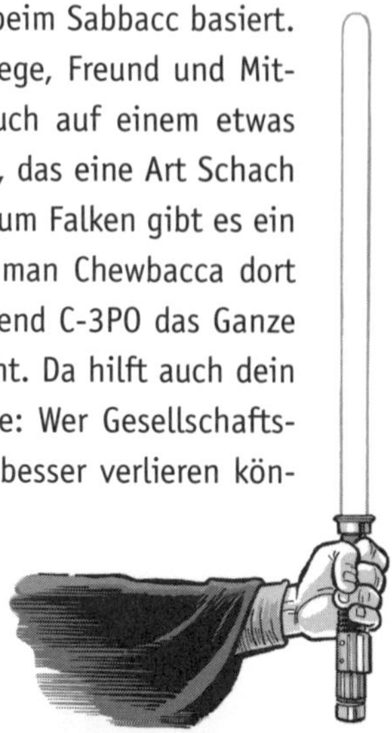

Ansonsten hat der wandelnde Bettvorleger Chewie im Vergleich zu seinem Kumpel Han aber die bessere Wahl getroffen, was seine Art des Spiels angeht. Die Zockerei hat Han seine Freundschaft zu Lando gekostet oder diese zumindest merklich abgekühlt. Nachdem Solo den Millennium Falken gewinnt, reden die beiden nämlich vorerst mal lange nicht miteinander. Erst als Han gezwungen ist, mit dem beschädigten Schiff in der Wolkenstadt auf Bespin zu landen, sehen die beiden sich wieder – woraufhin Lando seinen alten Freund prompt (wenn auch eher gezwungenerweise) verrät und mit dafür verantwortlich ist, dass dieser in Karbonit eingefroren wird. Und da dachten wir schon, das größte Problem, dass uns aus Glücksspiel erwächst, seien Schulden …

Han Solo hat noch ein zweites Hobby, das sich gut mit seinem Beruf verbinden lässt: in Bars rumhängen. Während er gemütlich etwas trinkt und der abendlichen Liveband lauscht, kann er gleichzeitig nach potenziellen Kunden Ausschau halten und Geschäfte abwickeln. Wirklich unbequem wird dieser Zeitvertreib nur, falls irgendwer reinschneit, der meint, Drohungen ausstoßen zu müssen. Wenn das geschieht, ist es immer wichtig, zuerst zu schießen – egal was George Lucas Ihnen in späteren Bearbeitungen des Films weismachen will.[5]

Wenn Sie sich bei der Suche nach einem passenden Hobby am Hause Solo orientieren wollen, halten Sie sich dennoch besser an Chewbacca. Beim Schach riskieren Sie weder Spielschulden noch ruinieren Sie sich über einen Gewinn womöglich eine Freundschaft – selbst wenn sich diese nach Jahren wieder einrenken sollte, wie es bei Han Solo und Lando Calrissian der Fall ist.

5 In der Version von Episode IV von 1997 wurde die Szene mit Han Solo und dem Kopfgeldjäger Greedo in der Kantina in Mos Eisley so umgeändert, dass Greedo erst aus nächster Nähe schießt und Han verfehlt, bevor dieser selbst zu Waffe greift. Die »Han shot first«-Diskussion geht seither in Fankreisen um und hat sogar einen eigenen Wikipedia-Eintrag.

Jabba der Hutte: Noch mehr Party

Wenn man so darüber nachdenkt, gibt es in Star Wars wirklich *viele* Partys! Das Leben von Jabba dem Hutten zum Beispiel scheint eine einzige Feier zu sein. Er hat daraus ein richtig aufwändiges Hobby gemacht, das fast schon eher eine Lebensphilosophie darstellt.

Bei Jabba laufen die Geschäfte offensichtlich so gut, dass er genug Freizeit hat, um sein Hobby ins Extrem zu treiben. Nicht jeder hat die Zeit oder die Ressourcen, sich einen Rancor im Keller zu halten (Denken Sie an das viele Futter! Der muss schließlich auch dann etwas essen, wenn man nicht gerade seine Feinde an ihn verfüttert.) oder mit einer Partybarke durch die Wüste zu kreuzen. Ganz zu schweigen von dem Verschleiß an Twi'lek-Tänzerinnen, den es in Jabbas Haus geben muss, – und der wahrscheinlich antiproportional zu der Menge des gekauften Racorfutters steigt und sinkt.

Jabba beweist allerdings auch großes Geschick darin, Hobby und Beruf zu vereinen. Wenn man schon Feinde hat, die man beseitigen muss, kann man daraus auch eine Abendunterhaltung für die Gäste gestalten, nicht wahr? Oder aber man hängt sich besonders lästige Widersacher und/oder Schuldner in Karbonit eingefroren als Sammlerstücke an die Wand. Ein garantierter Hingucker! Und immer als Aufhänger für eine Anekdote gut.

Zusätzlich ist es Jabba gelungen, öffentliche Pflichten zu ergattern, die sicher ziemlich spaßig sind. Zumindest sieht es nicht nach Arbeit aus, diese Pod-Rennen zu eröffnen. Und man bekommt gratis so viele Snacks, wie man will, und einen richtig guten Platz auf einer Ehrentribüne. Was wollen Sie mehr?

In Sachen Freizeitgestaltung lässt sich unser allseits beliebter Hutte also nicht lumpen. Er steckt viel Zeit und Energie in seine Steckenpferde. Das kann sich jedoch längst nicht jeder leisten. Über-

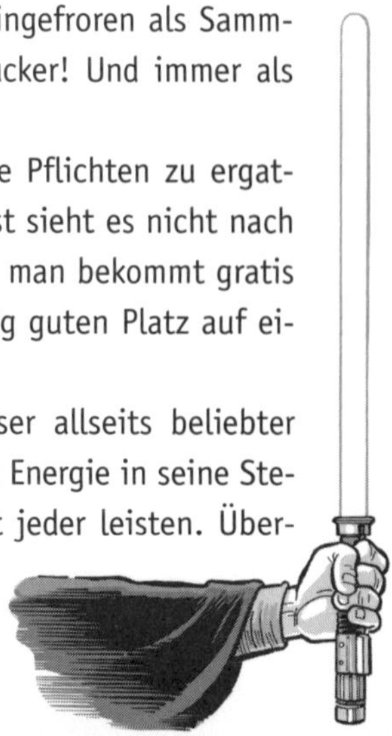

legen Sie sich, ob und wofür Sie einen solchen Aufwand wirklich betreiben wollen. Vielleicht tut es auch ein etwas weniger teures und zeitintensives Hobby. Briefmarken sammeln, zum Beispiel. Die machen im Keller zumindest keinen Lärm, was die Nachbarn Ihnen sicher danken werden.

Wie oben bereits angemerkt ist eine Karriere als Partylöwe allerdings selten auf Dauer gesund – selbst wenn es Ihnen nicht wie Jabba ergeht und Sie kein »Amüsiermädchen« mit seiner Kette erwürgt.

Mit Trenchcoat und Posaune: Sternenflotte goes Hobbythek

Eins kann man den Autoren der Star Trek-Serien nicht vorwerfen: dass sie in den Details geschludert hätten. Die Hobbys der Serienprotagonisten sind ebenso unterschiedlich wie interessant. Ob sie nun klingonischen Opern oder romulanischem Ale verfallen sind – was immer sie nach Feierabend auch tun, verrät uns Publikum mehr über ihren Charakter. Auch wenn so manche Enthüllung eher eigenartig anmutet.

Dienst ist Dienst ...

Es mag zum Beispiel erstaunen, dass selbst ein Captain eines Föderationsflaggschiffes noch Zeit für Müßiggang hat. Jean-Luc Picard, privat eher ein Verschlossener, geht in seiner offenbar vorhandenen Freizeit gern in Holodecksimulationen seinem Faible für Hard-boiled-Detektivgeschichten nach. Was man halt so mag, wenn man von einem urfranzösischen Weingut stammt, nicht wahr ...? Als Dixon Hill beschäftigt sich Picard auf dem Holodeck mit in Not geratenen

Damen, schießwütigen Ganoven und knitterfreien Trenchcoats. Er kombiniert scharf, kommentiert bissig und, so vermuten wir, küsst freigiebig. Kurz gesagt: Er verhält sich eigentlich komplett untypisch. Und ist das nicht – zumindest ein Stück weit – genau der Zweck von Freizeit? Ein Gegengewicht zu dem zu bilden, was man normalerweise tut?

Auch andere Helden des Franchise nutzen ihre Hobbys als Gelegenheiten, mal andere Wirklich- und Tätigkeiten auszuprobieren. Tom Paris' Captain-Proton-Eskapaden auf dem Holodeck der U.S.S. Voyager mögen höchst unterhaltsam sein, mit der Wirklichkeit eines Lebens als im Deltaquadranten Gestrandeter haben sie aber nichts zu tun. Auch das simulierte französische Bistro, in dem wir Paris mitunter erleben, erinnert wohl nicht von ungefähr *nicht* an die Brücke der Voyager.

… und Schnaps ist Schnaps!

Will Riker von der Enterprise mag's da lieber handfester. Er pokert mit dem Rest seiner Brückenfamilie, wann immer sich die Gelegenheit bietet – und diesem Spiel lässt sich ein gewisser Berufsbezug nicht einmal abstreiten, bewies doch nicht zuletzt James T. Kirk ebenso mehrfach wie definitiv, dass ein guter Sternenflottencaptain auch gut bluffen können sollte. Doch Riker ist nicht nur Stratege, sondern auch Kreativer, was sich in seinem Posaunenspiel zeigt. Vermutlich ist es dieser Zug an ihm, der ihn für die Frauen so attraktiv und für seine Ex und spätere Frau Deanna so unverzichtbar macht.

Auf Raumstation Deep Space 9 setzt man eher auf reinsten Eskapismus. Julian Bashirs virtueller Ausflug in eine Welt, in der Star Trek auf James Bond trifft (zu sehen in der Episode »Unser Mann Bashir«), ist in Fankreisen seit jeher äußerst beliebt. Zwar zählt auch sie zu den bereits erwähnten Holodeck-Fehlfunktion-Episoden, die wir ei-

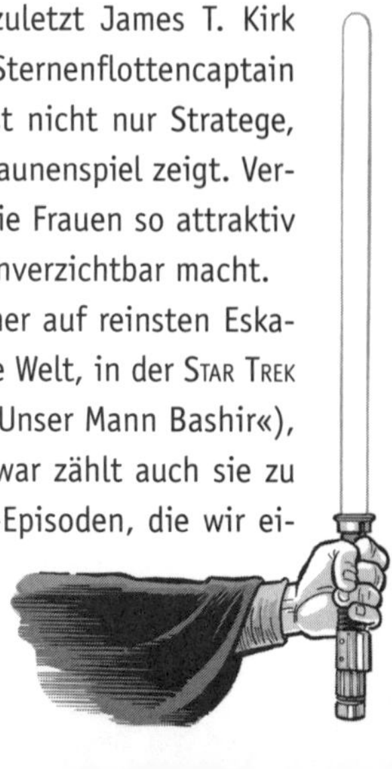

gentlich meiden sollten wie der Teufel das Weihwasser – aber die hier macht tatsächlich großen Spaß. Und sie beleuchtet Aspekte des guten Doktors, die ihn mindestens so genau charakterisieren wie sein eigentlicher Beruf, ist Bashir doch neben dem Sternenflottenfleißbienchen auch ein *man of mystery*, ein Geheimnisträger. Jahrzehntelang hat er seine genetische Aufwertung, die aus dem eher unterbelichteten Jules den genialen Julian machte, vor dem Rest des Universums verborgen. Die Autoren der Serie und der diese fortführenden Romane verstanden und verstehen es hervorragend, beide Seiten Bashirs aufzuzeigen – nicht nur in »Unser Mann Bashir.«

Was tun, wenn der Hammer fällt?

Wie wir an Star Trek sehen, können Steckenpferde also gleichermaßen krasse Gegenentwürfe und clevere Ergänzungen zum beziehungsweise Neuinterpretationen des Alltags sein. Das sollten wir bedenken, wenn wir uns nach interessanten Freizeitbeschäftigungen umsehen. Und vielleicht schadet es auch nicht, unsere Modelleisenbahnen, Briefmarkensammlungen, Flaschenschiffe, Fußballvereine usw. einmal zu hinterfragen. Was sagen unsere Hobbys eigentlich über uns aus? Passen sie zu uns?

Zwischenspiel

OMMMMM!

Bleiben Sie entspannt und kreativ!

Ist Ihnen langweilig? Sind Sie dringend auf der Suche nach einem neuen Hobby? All die Möglichkeiten, die wir im vorigen Kapitel aufgezählt haben, sagen Ihnen nicht zu? Dann bietet sich Ihnen hier eine einzigartige Gelegenheit. Entfalten Sie Ihre Kreativität! Entdecken Sie neue Seiten an sich! Diese Erfahrung wird möglicherweise Ihr Leben verändern. Etwas Vergleichbares haben Sie vielleicht noch nie getan. Machen Sie sich bereit für eine Aufgabe, die Sie an Ihre Grenzen bringen wird (zumindest falls Sie farbenblind sein sollten ...) – und die dafür sorgt, dass Sie Ihr inneres Kind wiederentdecken.

Sind Sie bereit?

Dann kommt hier Ihre Aufgabe: In der guten alten Tradition des Journaling, das ja bekanntlich in allen Lebenslagen helfen soll ... malen Sie das Bild auf der nächsten Seite aus.

BIG BANG

9

DAS LIEBE GELD

Du musst ein Schwein sein in dieser Welt. Und in dieser. Und in …

Obwohl man ja eigentlich nicht über Geld sprechen soll, wollen wir uns auch dieses Themas annehmen. Immerhin bestimmt es in sehr großem Maße unser Leben. Und vor allem im Moment muss man ziemlich darum fürchten.

Da sitzen wir nun also mitten in der Eurokrise, die nur aus Rettungsschirmen zu bestehen scheint, die nichts mehr retten können. Unsere Rente wird offenbar zudem weniger, je länger wir arbeiten, obwohl sie doch eigentlich größer werden sollte. Dazu kommt die Frage, ob das Geld, das man heute anspart, in ein paar Jahren vielleicht schon nicht mehr ist als besseres Klopapier. Wo können wir es sicher parken, bevor der große Zusammenbruch kommt?

Das heißt, sofern man momentan überhaupt Geld *hat*, das man ansparen und in Sicherheit bringen kann. Ansonsten ist die größte Frage natürlich, wo man welches herbekommt. Erscheint Ihnen ein Banküberfall auch manchmal recht verlockend? Sparen Sie nur

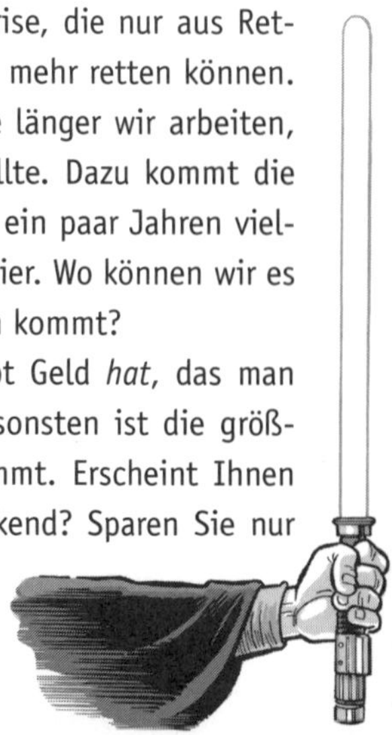

noch auf eine Skimütze und eine Spielzeugpistole, bevor es losgehen kann? Vielleicht finden Sie hier eine bessere Lösung.

1. ZWISCHEN KOMMUNEN UND KOPFGELDJÄGERN

Auch wenn unsere Helden aus Star Wars und Star Trek auf wichtigen Missionen unterwegs sind, um das Universum oder zumindest den einen oder andere Planeten zu retten, sind sie nicht vollständig vor Geldsorgen gefeit. Besonders die Ferengi denken eigentlich ständig über Finanzielles nach, und Han Solo wurde in Karbonit eingefroren, weil er seine Schulden nicht bezahlen konnte.

Schauen wir uns also an, wie unsere Vorbilder mit finanziellen Problemen umgehen.

Von Gangstern, Schmugglern und fiesen Händlern

Wie überall lässt sich auch die Gesellschaft von Star Wars in zwei Gruppen teilen: Leute, die sich keine Sorgen um Geld machen müssen und daher so gut wie nie darüber sprechen (Jedi, Senatoren, Königinnen, Prinzessinnen und Militärs), und Leute, für die Geld ständig ein Thema ist (Hutten, Schmuggler, Kopfgeldjäger, Feuchtfarmer ... und die Handelsföderation, logischerweise). Dabei fällt eine Sache auf. Die Leute, für die Geld eine Rolle spielt, gehen meist weniger legalen Berufen nach – oder gehören einer Spezies an, die dafür bekannt ist, gerne krumme Dinger zu drehen. Nur die Handelsföderation und die Feuchtfarmer agieren im Rahmen des Legalen.

Allerdings ist die Handelsföderation der Feind in Episode I – III (beziehungsweise geht sie in Episode II in der Separatisten-Allianz auf, die dann den Feind darstellt). Bleiben also die Feuchtfarmer, die allerdings auch ein spezieller Fall sind. Dazu später mehr.

Abgesehen von den Feuchtfarmern, wird die einzige Gelegenheit, zu der Leute aus der Gruppe der Helden mit legalem Betätigungsfeld über Geld reden müssen, in Episode I präsentiert. Als Amidala, Qui-Gon und Obi Wan auf Tatooine stranden und Ersatzteile brauchen, die sie nicht bezahlen können, sind sie natürlich gezwungen, sich mit Finanziellem abzugeben. Interessanterweise geraten auch sie dabei relativ schnell in zwielichtige Geschäfte. Zusammenfassend könnte man aber sagen, Geld hat bei Star Wars keinen sonderlich guten Ruf. Damit liefert es Beispiele, an denen man sich besser nicht orientieren sollte, wenn man welches haben will.

Ehrliche Arbeit? Was ist das?

Kurz gesagt vermittelt Star Wars folgende Botschaft: Wer Geld braucht und/oder etwas haben will, das man normalerweise mit Geld kaufen könnte, muss sich mit illegalen Geschäften abgeben. Das erfährt sogar Qui-Gon Jinn auf Tatooine. Um die gewünschten Ersatzteile für Amidalas Schiff zu bekommen, und später auch, um Anakins Freiheit zu erwirken, nutzt er:

1. Wetten. Gut, die sind nicht illegal, aber er setzt dafür einen gerade mal achtjährigen Jungen einer nicht unbeträchtlichen Gefahr aus, was auf Tatooine nicht verboten sein mag, aber moralisch durchaus recht fragwürdig ist. Meister Yoda ist nicht begeistert.
2. Betrug beim Glücksspiel. Als Watto seinen Würfel wirft, um zu bestimmen, ob Qui-Gon Anakin oder dessen Mutter mitnehmen darf, wenn er die zuvor abgeschlossenen Wetten gewinnt, be-

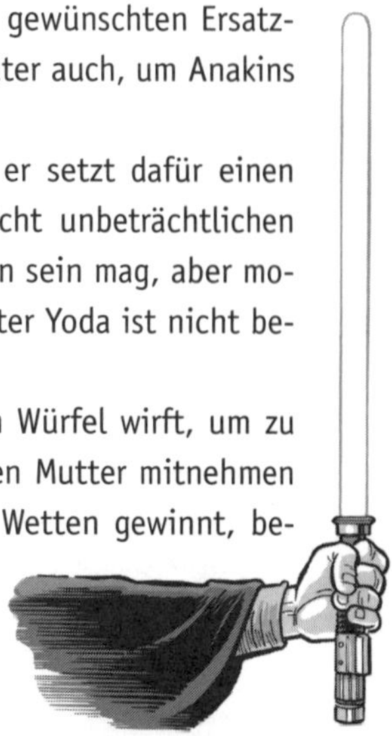

einflusst Qui-Gon den Würfel mit der Macht so, dass er das von ihm gewünschte Ergebnis zeigt. *Das* ist sicher selbst auf Tatooine nicht erlaubt. Wenn irgendwer davon erfahren hätte, hätte man Qui-Gon womöglich geteert und gefedert und in die Wüste geschickt.

Die einzigen Leute, die durch harte und ehrliche Arbeit ihr Geld verdienen, sind die bereits erwähnten Feuchtfarmer. Aber schauen wir uns deren Schicksal mal genauer an: Der Feuchtfarmer, der Shmi Skywalker kauft und ihr die Freiheit schenkt, um sie zu heiraten, erleidet eine schwere Beinverletzung, als er versucht seine Frau vor den Tusken zu retten, die sie entführt haben und am Ende auch töten. Owen und Beru, die die Feuchtfarm später weiterführen, werden von Sturmtruppen erschossen, einfach nur, weil sie die falschen Droiden gekauft haben. Das ist kein Beispiel, dem man folgen will.

In einer solchen Umgebung erscheint der Plan, eine Bank zu überfallen, gar nicht mehr so weit hergeholt. Star Wars *empfiehlt* uns krumme Dinger regelrecht als Weg zum Reichtum, oder nicht? Für Lando Calrissian hat das unzweifelhaft funktioniert. Man schaue sich nur diese superschicke fliegende Stadt an, in der er lebt.

Aber es funktioniert nicht für jeden. Star Wars zeigt uns auch, dass illegale Geschäfte schnell nach hinten losgehen können. Han

Solo beispielsweise lässt sich während seiner Karriere als Schmuggler eindeutig mit den falschen Leuten ein (namentlich mit Jabba dem Hutten). Dann geht einmal etwas schief, er muss seine Fracht abwerfen, um imperialen Verfolgern zu entkommen, und natürlich kann er Jabba diesen Verlust nicht ersetzen. Bald darauf hat er Boba Fett am Hals und wird schließlich zu einem seltenen Sammlerstück an Jabbas Wand. Das wiederum ist auch nichts, was man nachmachen möchte, nicht wahr?

Lassen Sie sich Han Solo eine Warnung sein! Geraten Sie lieber nicht in die falsche Gesellschaft, egal wie dringend Sie Geld brauchen. Schauen Sie sich da lieber auf der Star Trek-Seite nach Alternativen um. Das erspart es Ihnen auch, sich vor den Leuten zu verstecken, die für Recht und Ordnung sorgen wollen.

Geld korrumpiert

Aufgrund des schlechten Rufs von Geld in Star Wars ist es kein Wunder, dass Händler dort nicht gut wegkommen. Wie bereits erwähnt, stellt die Handelsföderation in der neuen Trilogie sogar einen der Gegner dar. Palpatines langsamer Aufstieg zur Macht und der Untergang der Republik beginnen damit, dass die Handelsföderation eine Blockade um Naboo errichtet.

Und der Grund? Geld natürlich. Der Senat hatte die Steuern auf den Handelsrouten erhöht. Die Blockade sollte ein Protest dagegen sein, der sich schließlich zum Krieg auswuchs.

Was sagt uns das? Viel mit Geld zu tun zu haben, macht offenbar nicht nur *nicht* glücklich, sondern auch immer gieriger. Immerhin hat die Handelsföderation verdammt viel Geld. Die Händler könnten es sich leisten, diese Steuern zu bezahlen. Denn um eine ziemlich große Flotte *und* eine Droidenarmee aufzustellen, die schier unendlich groß zu sein scheint, dafür sind ausreichend finanzielle Mittel vorhanden. Wie hoch können diese Steuern gewesen sein?

Studien belegen tatsächlich, dass Reichtum dazu führt, dass man *noch* mehr Geld haben will. Wenn Sie arm sind, wird es Ihnen also vermutlich eher nicht passieren können, dass Sie vor lauter Gier einen Krieg starten. So hat selbst die Armut, scheint es, eine gute Seite. Eine Möglichkeit für Sie wäre, aus dem Mangel an finanziellen Mitteln einen Lebensstil zu machen. Seien Sie stolz darauf. Wenn Sie wollen, schwören Sie allem weltlichen Besitz ab und gehen Sie ins Kloster – auch wenn wir gehört haben, dass man in keinem einzigen irdischen Kloster lernt, mit einem Lichtschwert umzugehen. Eine Schande ist das.

Wir verstehen es aber, wenn Ihnen diese Möglichkeiten nicht zusagen. Vergessen Sie aber nie: Geld, so zeigt uns Star Wars jedenfalls, kann ab einer bestimmten Menge auch schädlich sein. Häufen Sie es also nur in Maßen an. Verfallen Sie nicht dem hemmungslosen Kapitalismus.

Karl Marx in Outer Space? Star Trek und Ökonomie

Es klingt schwer vorstellbar – zumindest als funktionierendes Modell betrachtet: In Gene Roddenberrys Zukunftsvision spielt Geld für die Menschheit keinerlei Rolle mehr. Es ist ein Altertümchen, für den Sternenflottenoffizier ähnlich interessant wie die gutenbergische Druckerpresse für den Copyshopbesitzer unserer Gegenwart. Denn Roddenberrys Menschheit ist geeint, hat interkulturelle Probleme (Rassenhass, Grenzstreitigkeiten, Wirtschaftskrisen) hinter sich gelassen. Und auch das Geld.

Die Erde Star Treks ist im Grunde eine einzige, riesige Kommune. Alles in ihr gehört allen, und (erstaunlicherweise?) scheint dies im Roddenberry-Universum kein Nachteil zu sein. Roddenberrys »advanced human«, der weiterentwickelte Mensch, hat nämlich erkannt, dass allein der Zusammenhalt Stärke schenkt und die Spezies vorwärts bringt. Ein Star Trek-Mensch nimmt sich nie mehr vom Kuchen, als er benötigt. Ein Star Trek-Mensch neidet dem Nachbarn nicht die schönere Gartenhecke. Ein Star Trek-Mensch verzichtet nicht, er teilt – und er erkennt den Unterschied zwischen beidem. Auf Roddenberrys Erde regiert

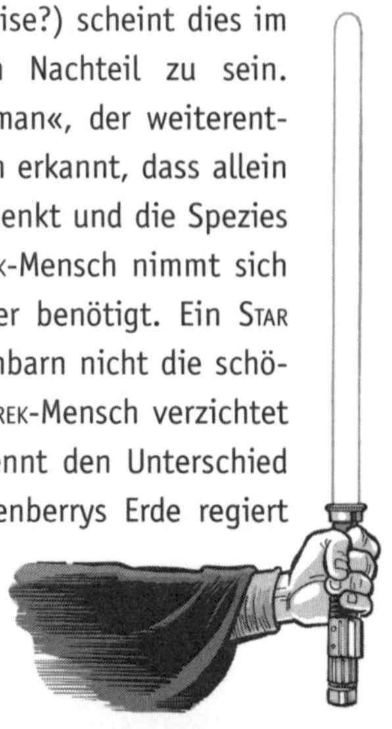

die Vernunft, nicht mehr die Gier. Gordon Gekko aus Oliver Stones Wall Street wäre dort kein Master of the Universe, sondern eine vorsintflutlich anmutende Lachnummer und ein Fall fürs Gruselmuseum.

Besieht man sich die Welt unserer Gegenwart, fällt es schwer, Roddenberrys Ideal Realismus zuzusprechen. Ist der Mensch wirklich zu so großer Vernunft fähig? Einzelne, ganz fraglos. Aber die gesamte Spezies? Kann ein Planet – auf dem, wie es heißt, die Gelegenheit seit jeher Diebe macht, der Ehrliche immer der Dumme ist und man ein Schwein sein muss, um zu bestehen – überhaupt kollektiv einen so grundlegende Veränderung bedeutenden Schritt machen?

In der Fiktion zumindest kann er es – und er exportiert dieses Modell auch höchst erfolgreich auf andere Welten. Die gesamte Föderation lebt lang und friedlich mit ihrem geldlosen Wirtschaftssystem.

Genug ist nie genug!

Doch Star Trek liefert uns zugleich das Gegenmodell: die Ferengi. Die Kultur dieser ebenso haarlosen wie großohrigen kleinen Kerlchen ist voll und ganz auf den Erwerb von Reichtum ausgerichtet. Ein Ferengi, der kein Geschäftsmann ist – ob aufrichtig oder zwielichtig –, macht etwas falsch und seiner Familie Schande. Die Bibel der Ferengi sind die sogenannten Erwerbsregeln, von denen es knapp 300 gibt und die solch fragwürdige Weisheiten enthalten wie: »Nicht einmal Unredlichkeit kann den Glanz des Profits trüben.«

Star Trek bemüht sich erfolgreich, uns die Ferengi als amüsante Unsympathen zu präsentieren. Sie scheuen nicht vor Illegalität zurück (Erwerbsregel 261: »Ein reicher Mann kann sich alles leisten, nur kein Gewissen«), sie halten Chauvinismus für eine notwendige Selbstverständlichkeit (Ferengi-Frauen dürfen weder Kleidung tragen noch Geschäfte machen und kauen ihren Göttergatten im Zuge der Haushaltsführung sogar das Essen vor), und sie ernähren sich von

Dingen, bei denen sich selbst der härteste Klingonenmagen umdrehen würde. Nahezu immer, wenn wir Außenaufnahmen ihrer Welt sehen, regnet es dort. Als Statussymbol schaffen sich anständige Ferengi kein großes Haus oder ein protziges Auto an – denn die sind für sie obligatorisch –, sondern gleich einen kompletten Mond. (In Star Trek – Deep Space Nine leidet Protagonist Quark wiederholt darunter, »nur« der Besitzer einer florierenden Bar auf einer Raumstation zu sein, während sein verhasster Cousin Gaila sich ein ganzes Gestirn leisten könne. Dennoch ist es für Quark eine Art Weltuntergang, als sein deutlich liberaler eingestellter Bruder Rom in die Ferengi-Politik einsteigt und den traditionsreichen Megakapitalismus wie auch den Chauvinismus grundlegenden Reformen unterzieht.)

Dax ist kein Aktienindex, sondern ein Symbiont!

Nein, Gordon Gekko hätte in dieser Vereinigten Föderation nichts zu melden. Es mag Zufall sein, dass ausgerechnet die Schöpfer der an Ferengi besonders reichen Serie Star Trek – Deep Space Nine eine ihrer Figuren mit dem Namen des Deutschen Aktienindex bedachten, aber es entbehrt nicht einer gewissen Ironie: Die Turbokapitalisten von Ferenginar sind schmierige Glatzköpfe mit Riesenohren und krummen Zähnen, und in der geldlos agierenden Sternenflotte ziert der Name Dax eine atemberaubend schöne Frau. Roddenberry hat an DS9 zwar nicht mehr mitgewirkt, insbesondere letzteres Detail hätte dem berüchtigten *ladies man* aber sicher gefallen ...

Wenn Sie ein Leben à la Star Trek einmal in seiner Gänze ausprobieren wollen, werden Sie wohl in eine Kommune ziehen müssen. Falls Ihnen das etwas zu radikal erscheint, nehmen Sie vielleicht diese Botschaft mit: Zu viel Geldgier macht hässlich und unsympathisch, und es gibt wichtigere Dinge im Leben als den schnöden Mammon.

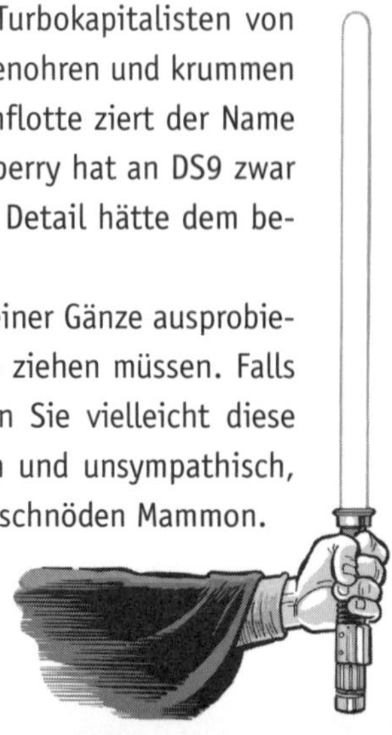

2. SPARBRÖTCHENALARM:
Wie wirtschaftet man mit wenig Geld?

Nicht alle von uns haben ein finanzstarkes Imperium oder eine geldlose Kultur im Rücken. Die meisten von uns müssen ihre Cents zusammenhalten und ihre Euros – oder Latinum-Barren – zweimal umdrehen. Zum Glück für den nach Orientierung suchenden Geek von Welt bieten die Star-Universen auch in Fragen des finanziellen Notstands aufschlussreiche Beispiele, wie folgende Betrachtungen umreißen.

Die Feuchtfarmermethodik: Gebrauchtware

Bevor sie von Sturmtruppen erschossen werden, führen Luke Skywalkers Onkel Owen und Tante Beru ein recht annehmbares Leben. Sie haben nicht viel Geld, aber es reicht, wenn man weiß, wie man damit haushaltet.

Aber wie haushaltet man? Ganz einfach:

Beispielsweise ist Onkel Owen kein Fan davon, Dinge neu zu kaufen, die man auch zu einem besseren Preis gebraucht bekommen kann. Benötigt er einen neuen Droiden, so holt er sich den bei den Jawas, die ihn als Schrott irgendwo in der Wüste eingesammelt und wieder auf Vordermann gebracht haben. Die kleinen Kerle verhandeln zwar zäh, aber Neuware wäre unzweifelhaft teurer.

Das ist kein sonderlich überraschender Ratschlag, aber ein ziemlich praktischer. Für Onkel Owen und Tante Beru birgt er allerdings ein tödliches Risiko. Die Droiden, die sie kaufen, werden ausgerechnet von imperialen Truppen gesucht. Das allerdings dürfte Ihnen bei einem gebrauchten Computer oder einem Jahreswagen kaum passieren. Das Schlimmste, was Sie dort auf der Festplatte finden könnten, sind wahrscheinlich alte Pornofilme, die der vorherige Besitzer vergessen hat zu löschen.

Übrigens: Auch die Methode der Jawas ist ein recht guter Geschäftsentwurf für Leute, die kein Geld haben, aber welches brauchen. Schrott sammeln, ihn aufpolieren und ihn weiterverkaufen – davon lässt sich durchaus leben. Alles, was man braucht, sind natürlich ein paar technische Fähigkeiten. Und wenn Sie keine haben und wirklich sehr verzweifelt sein sollten, bleibt Ihnen immer noch das Sammeln von Altglas. Darum müssen Sie sich höchstens mit dem örtlichen Obdachlosen streiten.

Han Solo: Wie man es nicht macht

Han Solo ist ein Beispiel, wie man nicht mit seinem Geld oder dem Mangel daran umgehen sollte. Genau genommen hätte er seine Karriere als überdimensionierter Eiswürfel nämlich verhindern können. Am Ende von Episode IV hat er immerhin die Prinzessin gerettet und seine Belohnung bekommen. Nachdem Jabba schon Kopfgeldjäger hinter ihm herschickt, sollte man meinen, dass er dann sofort zu dem Hutten eilt und mit dem neu erworbenen Reichtum seine Schulden bezahlt, nicht wahr?

Weit gefehlt. Stattdessen hängt er erst noch ein wenig mit seinen neu gewonnen Freunden auf Hoth ab. Der fette Hutte kann ruhig noch eine Weile warten, scheint Han zu denken. Dann, als er gerade endlich aufbrechen will, greifen die imperialen Truppen an, die Ereignisse überschlagen sich, Han und Co. müssen flüchten … und plötzlich ist die Frist abgelaufen, und bevor Han auch nur sagen kann »Ich habe das Geld!«, hat man ihn quadratisch praktisch verpackt und zum Wandschmuck umfunktioniert.

Damit hält Han noch eine Lehre für uns bereit: Wenn man Schulden hat und plötzlich zu Geld kommt, sollte man dieses dazu ver-

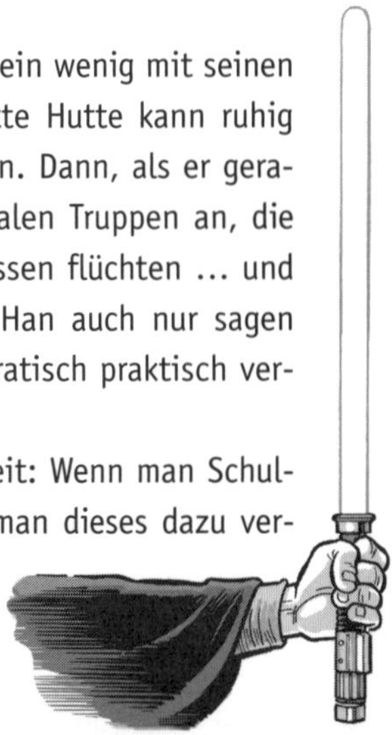

wenden, zumindest einen Teil der Schulden zu tilgen – und zwar *bevor* alles Mögliche dazwischenkommt. Sofern Sie nicht gerade mit der Mafia zu tun haben, ist das Schlimmste, was Ihnen ansonsten passieren kann, wohl zwar »nur« eine Pfändung, aber auf die legen Sie ja vielleicht auch keinen großen Wert. Außerdem verführt viel Geld auf dem Konto nur dazu, es für Dinge auszugeben, die momentan vielleicht nicht unbedingt notwendig sind. Und dann ist das ganze Geld plötzlich wieder weg und der Schuldenberg immer noch so groß wie vorher – wenn nicht größer.

Lassen Sie sich, wenn es um das Bezahlen von Schulden geht, auch nicht von Ihren Freunden ablenken. Luke und Leia versuchen Han am Anfang von Episode V zum Bleiben zu bewegen und ihm ein schlechtes Gewissen einzureden – immerhin brauchen die Rebellen gute Piloten. Den Autoren dieses Buches ist nicht ganz klar, wieso Han nicht einfach schnell seine Schulden bezahlen fliegen und dann wieder zu den Rebellen zurückkehren kann. Über diese Möglichkeit wird nie geredet, stattdessen scheinen alle davon auszugehen, dass Han für immer wegbleibt, sollte er mit seiner Belohnung abfliegen. Ähnliche Logikfallen sollten Sie vermeiden. Machen Sie einfach schnell eine Überweisung, *bevor* Sie mit Ihren Freunden wieder durch die Galaxis ziehen.

Tauschgeschäfte à la Qui-Gon Jinn

Wenn Sie wirklich hoffnungslos pleite sind, können Sie womöglich ein bisschen was von Qui-Gon Jinn lernen. Nach der bereits erwähnten Notlandung auf Tatooine besinnt er sich auf das, was er hat: Amidalas flugunfähiges Schiff, die Unterstützung eines kleinen Sklavenjungen und dessen nicht ganz fahrtüchtigen Pod-Renner.

Mithilfe geschickten Verhandelns, einiger Bluffs, ein wenig subtilen Einsatzes der Macht und ziemlich viel Glück zaubert er daraus ein flugfähiges Schiff und einen kleinen Sklavenjungen, der seine Freiheit erhält. Den Pod-Renner behält Watto.

Nun verfügen Sie natürlich weder über die Macht noch über die Unterstützung eines unglaublich talentierten kleinen Sklavenjungen. Auch haben Sie Fortunas Drehbuch nicht zwangsläufig auf Ihrer Seite. Dennoch können Sie sich an Qui-Gon Jinn ein Beispiel nehmen und erfinderisch sein mit dem, was Ihnen zur Verfügung steht. Kennen Sie die Geschichte von dem Mann, der durch Tauschgeschäfte aus einer Büroklammer ein Haus gemacht hat? Der war ein sehr aufmerksamer Qui-Gon-Schüler. Man braucht nicht unbedingt Geld, um zu handeln. Solange man nur *irgendwas* hat, ist man noch im Geschäft.

Jango Fett: Samenspende

Eine weitere Möglichkeit, an Geld zu kommen, wenn es gerade mal knapp ist, präsentiert uns Jango Fett. Dieser Kopfgeldjäger ist der »Vater« von Boba Fett beziehungsweise dessen Primärklon – womit wir auch schon beim Thema wären.

Als es darum geht, auf Kamino eine Klonarmee zu schaffen, braucht man natürlich jemanden, der seine Gene für dieses Vorhaben spendet. Hier kommt Jango Fett ins Spiel. Jeder der Klone ist eine leicht modifizierte Kopie von ihm. Das hat sich Jango natürlich be-

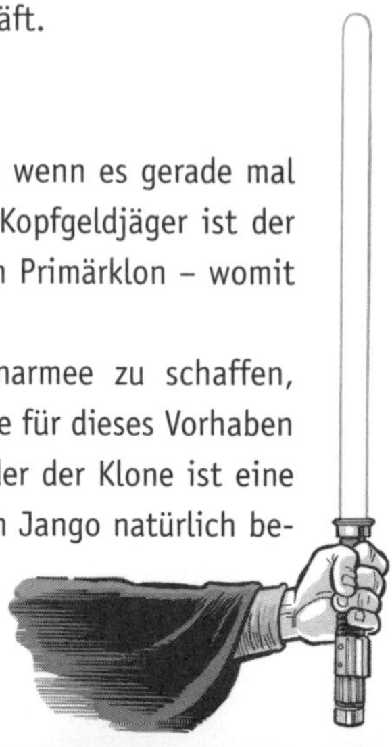

zahlen lassen. Zum einen mit Geld, und zum anderen mit einem einzigen unmodifizierten Klon, der später zu dem Kopfgeldjäger Boba Fett heranwachsen sollte.

Falls Sie also sonst keine andere Möglichkeit mehr sehen – und bevor Sie sich als Schmuggler oder Ähnliches versuchen –, steht auch Ihnen die Möglichkeit offen, Genmaterial zu spenden. In der Realität wird niemand eine Armee daraus machen, was sicher nur von Vorteil sein kann. Es gibt wahrscheinlich schlimmere Möglichkeiten, das leere Portemonnaie aufzufüllen.

Not macht erfinderisch: Spar Trek

Auch in Star Trek finden wir Personen, die sich ohne Reichtum und unerschöpfliche Ressourcen zu behaupten verstehen – und nicht selten sind sie sogar deutlich interessanter als ihre finanzstarken beziehungsweise aller Geldsorgen ledigen Gegenüber.

MacGyver rettet die Welt

Beispiel gefällig? Bleiben wir noch kurz bei Star Trek – Deep Space Nine. Die primär dort ausführlich behandelten Bajoraner hatten wirklich kein leichtes Los. Jahrzehntelang litt die spirituell-friedliche Bevölkerung des grünen Planeten nahe dem Wurmloch unter der Knute der ebenso grausamen wie ausbeuterischen cardassianischen Besatzer. In Arbeitslagern vegetierend, mussten die Kinder Bajors zusehen, wie die grauhäutigen Brutalos aus dem All ihre Eltern folterten, ihre Rohstoffe plünderten und auch noch glaubten, Bajor damit einen Gefallen zu tun. Bajor, so die einhellige Überzeugung Cardassias, sei viel zu unselbstständig und naiv, um sich auf dem interstellaren Parkett zu behaupten. Statt von Freiheit und Selbstbestimmung zu träumen, sollte es lieber dankbar für die Besatzer sein, immerhin profitiere es ja von deren Weisheit.

Klar, dass die Unterdrückten das deutlich anders sahen. Und kurz vor Beginn der Serienhandlung drehten sie den Spieß um. Der bajoranische Widerstand eroberte sich den Planeten zurück und vertrieb die Grauhäuter. Dabei stand ihnen kaum mehr zur Verfügung als ihre Kreativität, ihre Überzeugung und ihr Leben. All dies warfen die Freiheitskämpfer, zu denen auch die spätere DS9-Kommandantin Kira Nerys und Bajors zukünftiger Präsident Shakaar Edon zählten, in den Ring. Sie riskierten ihr Leben für die Freiheit ihrer Welt, denn es war so ziemlich das Einzige, was Cardassia ihnen noch gelassen hatte. Sie kauften keine Bomben im Terrorsupermarkt, sondern stellten sie sich aus allem her, was sie finden konnten. Sie hatten keine Flotte im Rücken, sondern flogen Schiffe, die sie sich aus Wracks zusammengebaut hatten. Sie siegten durch Sturheit, Todesmut und Einfallsreichtum.

Kulturschock

Es verwundert nicht, dass der Übergang dieses autarken und rebellischen Bajors in die Vereinigte Föderation der Planeten – geschildert in den die TV-Serie fortsetzenden Romanen – alles andere als reibungslos abläuft. Die Generation Bajors, die dort die Beitrittsurkunde zur VFP unterzeichnet, hat keine 15 Jahre zuvor noch aus Papiertüchern und Schnapsflaschen explodierende Wurfgeschosse gebastelt und Freunde im Kampf um Selbstbestimmung und Freiheit sterben sehen. Kann ein Volk, das sich aus dem Nichts eine neue Identität erkämpfte, sich überhaupt mit einer Gesellschaftsform identifizieren, in der Armut ein längst überholter Begriff im Wörterbuch ist? In der Föderation leidet niemand Hunger, denn der Replikator kann jedes

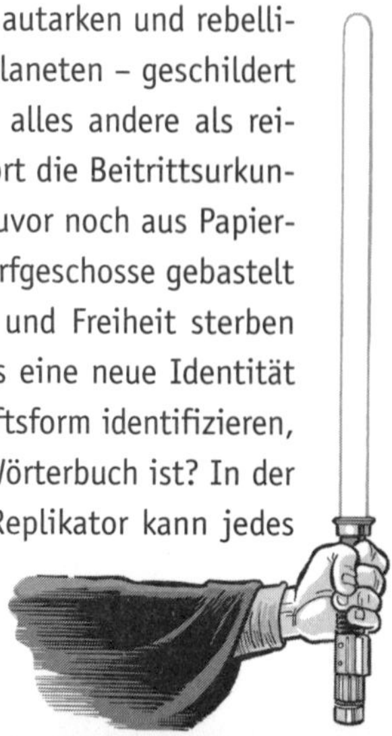

gewünschte Nahrungsmittel binnen Sekunden herbeizaubern. Für die Generation Widerstand, die Bajor befreite, stellt das Lebensmodell der VFP einen krassen Gegensatz dar – und es ist einer der vielen Vorzüge Star Treks, dass die Serie (hier: in den erwähnten Romanen) auch diese Übergangsproblematik genauer beleuchtet. Wo andere Geschichten mit dem Föderationsbeitritt Bajors – quasi dem Happy End – geendet hätten, sagt uns Deep Space Nine, dass es in der Wirklichkeit nie ein »Alles wird gut« gibt, das ewig hält.

Zwischenspiel

DIE STERNE LÜGEN NICHT

Sie ~~flunkern~~ funkeln nur

Der Blick zu den Sternen (wahlweise auch in den Kaffeesatz, in Fischinnereien u. ä.) hilft, so heißt es, bei der eigenen Lebensführung. Horoskope versprechen uns Orientierung und Hinweise auf kommende Ereignisse. Ob sie diese Versprechen jedoch halten, sei an dieser Stelle zumindest stark infrage gestellt.

Der moderne Geek wendet sich aber vermutlich ohnehin nicht an all die Madame Elviras aus den Magazinen im Arztwartezimmer oder ruft in Astrologie thematisierenden TV-Sendungen an, um sich von selbst ernannten Wahrsagern und Kartenlegern eine frei erfundene Zukunft vorhersagen zu lassen. Da könnte man ja genauso gut in die Tagespresse der Star-Universen schauen und nach Horoskopen suchen.

Moment mal. Das ist vielleicht gar keine so schlechte Idee …

NAL HUTTA GAZETTE

Große Nacktschnecke

Diese Woche steht der Mond Nar Shaddaa in der Großen Nacktschnecke und verspricht gute Geschäftsmöglichkeiten. Vor allem im weniger legalen Bereich (also wahrscheinlich dort, wo Sie die meisten Ihrer Geschäfte machen) warten große Gewinne auf Sie. Vorausgesetzt, Sie wissen Ihre Chancen zu nutzen. Falls bei Ihnen diese Woche alles Finanzielle schiefgehen sollte, ist das Ihre Schuld, nicht unsere.
Geeignete Geschäftspartner: Tanzende Giftechse, Sümpfe, Juwelenring

Tanzende Giftechse

Das Sternbild der Tanzenden Giftechse steht im Moment in keiner guten Konstellation. Ungemach in Ihrem eigenen Haus könnte Sie erwarten. Schauen Sie sich neue Sklaven ganz genau an und nehmen Sie sich in Acht vor dunklen, fremden Besuchern. Die Sterne raten aus irgendeinem Grund außerdem von Sarlacc-Fütterungen ab.
Machen Sie auf keinen Fall Geschäfte mit Leuten mit dem Sternzeichen Große Nacktschnecke.

Sümpfe

Zwei der fünf Monde stehen in den Sümpfen und bringen Ihnen Glück im Spiel. Eine gute Gelegenheit, nach Tatooine zu kommen und auf das nächste Pod-Rennen Wetten abzuschließen. Die Buchmacher bieten dort momentan besonders gute Konditionen.
Geeignete Geschäftspartner: Jabba der Hutte
– Dieses Horoskop wurde Ihnen präsentiert von Jabba dem Hutten.

Kopfloser Gorg

Wenn es für Sie diese Woche gut läuft, haben Sie alles richtig gemacht. Wenn nicht, dann nicht. Die Sterne raten Ihnen, Geschäfte zu machen, wenn Sie Geld verdienen wollen.
Geeignete Geschäftspartner: die Leute, mit denen Sie Geschäfte machen.

FERENGINARS REGENBOTE

Spendabler Unternehmer

In diesem Sternzeichen Geborene haben es immer schwer. Diese Woche stellt da keine Ausnahme dar. Wir raten dringend davon ab, geschäftliche Entscheidungen zu treffen – Sie würden sie bedauern. Am besten nehmen Sie sich ein paar Tage frei und arbeiten hinter verschlossenen Türen an den Memoiren, die Sie schon so lange publizieren wollen.

Muntere Moogie

Frauen und Finanzen passen nicht zusammen. Kaum jemand weiß das besser als die Armen, die im Sternzeichen der Munteren Moogie das regenfeuchte Licht Ferenginars erblickten. Während der kommenden Tage sollten Sie nicht zu viele geschäftliche Verpflichtungen eingehen, denn Ihre Moogie wird Sie einiges Ihrer Zeit kosten. Rufen Sie sie doch mal wieder an – selbstverständlich per R-Gespräch!

Heiliger Fiskus

Sie sind vom Glück gesegnet und ziehen das Latinum an wie Liquidator Brunt die bescheuerten Ideen. Sollten Sie in jüngster Vergangenheit Geschäftsabschlüsse aufgeschoben haben, weil Sie unsicher angesichts ihrer Praktikabilität waren, ist jetzt die Zeit für Nägel mit Köpfen. Wagen Sie den Sprung ins kalte Wasser, denn der Heilige Fiskus segnet nur diejenigen, die genug Latinum besitzen, um ihn entsprechend zu schmieren.

Der himmlische Enterber

Sie sind – buchstäblich – der geborene Einzelgänger. Von Ihrer Autarkie könnten sich selbst Emeriten noch ein paar kostenpflichtige Scheiben abschneiden. Nicht einmal der Große Nagus schert sich weniger als Sie darum, was andere von seinen Entscheidungen halten. Bleiben Sie so!

Rechtlicher Hinweis: Der Ferenginars Regenbote haftet nicht für etwaige aus der Befolgung dieser Horoskope entstandene Schäden. Sollten Sie jedoch aus unseren Ratschlägen Profit schlagen, überweisen Sie bitte einen zehnprozentigen Anteil auf das Konto …

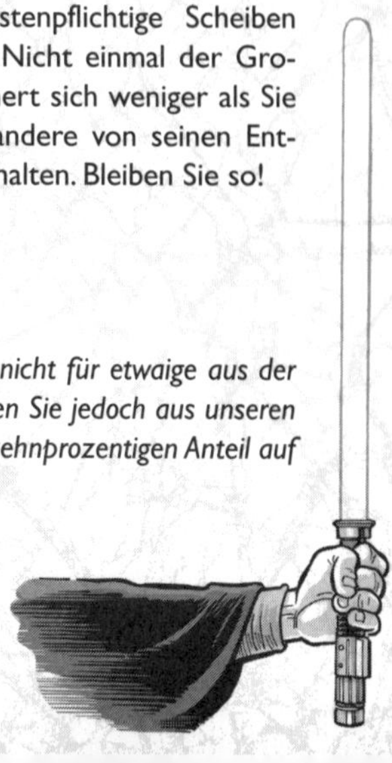

10

»WER WIRD DENN GLEICH IN DIE LUFT GEHEN?«

Burn-out und die Kunst zu atmen

Die Krankenkassen sind sich einig: Nie zuvor litten in Deutschland mehr Personen – hauptsächlich im Alter zwischen 19 und 45 Jahren – an Überlastungssymptomen (dem sogenannten Burn-out) und deren Folgen. Die Krankheit ist Thema in Sachbüchern, in Magazinen, in TV- und Radiobeiträgen; kurz gesagt: Man spricht über sie.

Burn-out ist definiert als Zustand emotionaler Erschöpfung, der die eigene Leistungsfähigkeit negativ beeinträchtigt, und als seine Hauptursache nennt der Experte Stress. Das verwundert niemanden, der in der heutigen Gesellschaft lebt, oder?

Waren wir je zuvor so hektisch? Internet, Handy, globale Berichterstattung in den Medien – man ist schon so auf die Dauerbeschallung mit Informationen aller Art geeicht, dass man befürchtet, Wichtiges zu verpassen, wenn man mal ein Wochenende nicht erreichbar ist. »Nur mal kurz die Mails checken« ist unser Credo geworden – aber gleichzeitig auch unser Untergang?

Als der amerikanische Wissenschaftler Neil Postman Mitte der

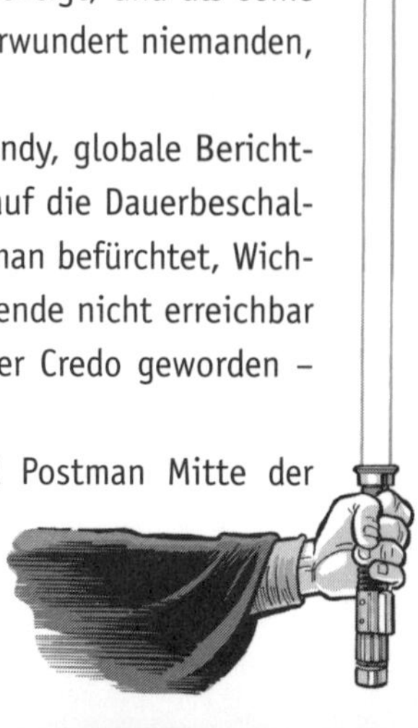

1980er Jahre in seinem Buch Wir amüsieren uns zu Tode das Medium Fernsehen dafür kritisierte, der Zugänglichkeit und der Einschaltquote wegen jede Information als Unterhaltung aufzubereiten, konnte er noch nicht wirklich voraussehen, dass sich das »Amüsieren« nur wenige Jahrzehnte später mühelos durch ein »Informieren« ersetzen lassen und die Kritik nach wie vor greifen würde. Vermittelt uns der Nachrichtensender, der live von der Mitternachts-Erstverkaufsaktion des neuen J.-K.-Rowling-Romans berichtet, wirklich interessantes Wissen oder belegt er nur (und kaschiert dies gut), dass er nichts zu berichten hat? Entscheiden Sie!

1. STRESS IM ALL

Fest steht, dass wir alle Stress kennen. Manche von uns mögen ihn sogar fürchten. Zwischen den Sternen ist das nicht anders, und hier wie dort suchen Leidende nach Methoden zur Entspannung und Stressbewältigung.

Stress Wars?

George Lucas' Weltraumsaga liefert uns viele durchaus unterhaltsame Beispiele für gestresste Persönlichkeiten. Erstaunlicherweise leidet aber niemand trotz ständiger Verwicklungen in Kriegshandlungen unter posttraumatischen Belastungsstörungen, wie man eigentlich erwarten sollte. Hier unsere Top-drei-Vorbilder und Anti-Vorbilder für den Umgang mit Stress.

Wie man es nicht machen sollte: C-3PO

C-3PO ist einer von den ... na ja ... Personen, die überhaupt nicht mit Stress umgehen können. Kaum passiert etwas Unvorhergesehenes und/oder Bedrohliches, gerät er in Panik. Als Chewbacca ihn in der Wolkenstadt wieder zusammenbaut, nachdem er zerschossen worden war, löst er beispielsweise aus Versehen einen Kontakt, sodass C-3POs Augen kurzzeitig nicht funktionieren. Anstatt einfach ruhig zu bleiben und abzuwarten, bis der Wookiee mit seinen Reparaturen fertig ist, wird C-3PO sofort hektisch: »Irgendwas stimmt nicht, ich kann nichts mehr sehen!«

Unser goldener Protokolldroide ist ein Nervenbündel, ohne überhaupt Nerven zu haben. Woran liegt das?

Vor allem hat es damit zu tun, dass er immer vom Schlimmsten ausgeht.

Das Schiff, auf dem er sich befindet, wird von imperialen Truppen geentert? »Die werden uns in die Minen schicken oder zu sonst was verschrotten.«

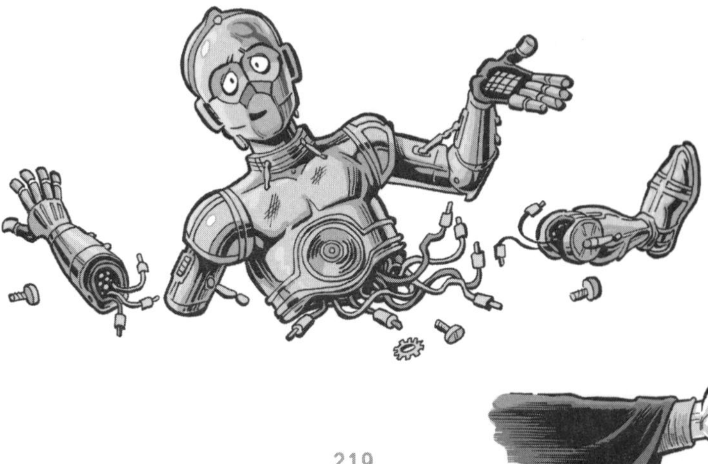

Aus der Müllpresse erklingt das erleichterte Gelächter seiner Freunde, die feststellen, dass sie doch nicht zerquetscht werden? C-3PO denkt, alles sei verloren: »Hör dir das an R2-D2, sie sterben. Verwünscht sei meine Blechhülle, ich war nicht schnell genug.«

Han versucht, seine Verfolger in einem Asteroidenfeld abzuschütteln? C-3PO muss natürlich darauf hinweisen, wie gering die Chancen sind, dort unbeschadet hindurchzukommen.

Es vergeht kaum eine Sekunde, in der dieser Protokolldroide sich *keine* Sorgen macht. Geht Ihnen das auch so?

Nun, manchmal ist das sicher berechtigt. Wenn man sieht, wie der eigene Vorgänger in Jabbas Palast auseinandergerissen wird, dann kann es schon passieren, dass man ein wenig schlucken muss. Aber auch in einer solchen Situation könnte ein wenig positives Denken helfen. Man muss sich ja nicht gleich das Allerschlimmste ausmalen. Versuchen Sie es mal mit dem Zweitschlimmsten. Oder dem Drittschlimmsten. Das wäre immerhin schon ein Fortschritt. Die Sache ist einfach: Es kann immer etwas Schlimmes passieren. Sie können Ihren Kopf plötzlich auf dem Körper eines Kampfdroiden wiederfinden, nur weil Sie sich ein wenig in einer entsprechenden Fabrik umgesehen haben. Aber ständig damit oder mit etwas Ähnlichem zu rechnen, sorgt dafür, dass man nichts Produktives auf die Reihe bekommt und allen auf die Nerven geht.

Versuchen Sie einfach, die Dinge ein wenig gelassener anzugehen. Und wenn Sie wirklich entspannt in eine Situation hineintreten wollen, dann sollten Sie sich ein Vorbild an C-3POs ständigem Begleiter nehmen: R2-D2!

R2-D2: die Gelassenheit in Mülleimerform!

R2-D2 ist einfach durch nichts aus der Ruhe zu bringen. Routiniert transportiert er geheime Botschaften von einem unter Beschuss stehenden Rebellenschiff zu einem Jedi, der sich seit Jahren unter falschem Namen am Gesäß der Welt versteckt. Dabei macht er sich keine Gedanken darüber, wie er das hinbekommen soll. Er lässt sich einfach treiben und nutzt seine Chancen, wenn sich welche bieten.

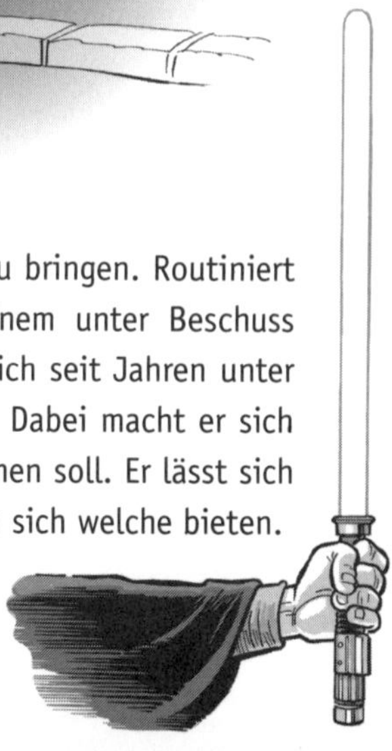

Jawas? Immer eine gute Mitfahrgelegenheit. Neugierige Bauernjungen? Können einem vielleicht den Weg weisen ...

Sie wollen wissen, wie das geht? Man muss kein Droide sein, um das hinzubekommen. Das Wichtigste ist, genau das Gegenteil von dem zu tun, was C-3PO tut. Zerbrechen Sie sich nicht den Kopf über all das, was schiefgehen könnte. Zerbrechen Sie sich nicht einmal den Kopf über das, was Sie in fernerer Zukunft tun müssen. Konzentrieren Sie sich einfach auf die nächste vor Ihnen liegende Aufgabe.

So macht R2-D2 es auch, als Amidalas Schiff unter Beschuss steht. Er wird nach draußen geschickt, um einige zerschossene Systeme zu reparieren. Laserschüsse fliegen ihm um die nicht vorhandenen Ohren, ringsum werden seine Droidenkameraden abgeschossen. Aber R2-D2 weiß: Er muss diesen verfluchten Hyperantrieb wieder zum Funktionieren bekommen. Also tut er das. Alles andere ist zweitrangig.

Wenn die vor Ihnen liegende Aufgabe ein wenig komplizierter ist, als ein paar Schaltkreise wieder zusammenzulöten, teilen Sie sie in kleinere Aufgaben ein. Nehmen wir als Beispiel Episode IV. So könnte R2-D2s Checkliste ausgesehen haben:

1. Aus dem unter Beschuss stehenden Schiff entkommen.
2. Mitfahrgelegenheit finden. (Mentale Notiz: Keinen Sand ins Getriebe bekommen.)
3. Den Bauernjungen dazu bringen, mir den Weg zu Obi Wan alias Obi Ben zu zeigen.

Hangeln Sie sich auf Ihrer individuellen Liste von Punkt zu Punkt, auch wenn Sie vielleicht noch nicht wissen, wie der nächste überhaupt aussieht. Vertrauen Sie darauf, dass sich das schon weisen wird. »We'll cross that bridge, when we get there«, sagt der Engländer; *die* Brücke überqueren wir, wenn wir dort sind. Nicht vorher. Wozu sich Gedanken über ein Problem machen, von dem man noch nicht einmal genau weiß, wie es sich präsentieren wird? Immerhin können sich bis dahin noch alle möglichen Dinge ändern. Man könnte zum Beispiel von einem ahnungslosen Feuchtfarmer gekauft werden. So etwas *kann* man überhaupt nicht planen. Daher ist es wichtig, sich einen offenen Geist zu bewahren, um schnell auf sich ändernde Umstände zu reagieren. So wird auch eine unmöglich scheinende Aufgabe machbar.

Sie müssen beispielsweise eine Hausarbeit für die Uni schreiben? Das sieht nach einer riesigen Menge Text aus, die Sie niemals zu Papier bringen können? Dann machen Sie aus jedem Kapitel eine eigene Aufgabe. Ein Kapitel schaffen Sie, oder nicht? Dann schreiben Sie es. Erst wenn Sie es fertig haben, denken Sie über das nächste nach. Und bis dahin wissen Sie vielleicht auch besser, was darin überhaupt stehen könnte.

Genauso funktioniert es mit dem Stapel Papiere in Ihrem Büro, der noch abgearbeitet werden muss. Machen Sie *kleine* Stapel daraus. Möchten Sie eine neue Sprache erlernen, scheuen aber vor der immensen Arbeitslast, die damit einhergeht? Denken Sie nicht daran, dass Sie eine ganze Sprache lernen wollen. Denken Sie daran, dass Sie heute lernen wollen, wie man sagt: »Entschuldigung, Sie stehen auf meinem Fuß.«

Zuletzt kann es nicht schaden, gut vorbereitet zu sein, egal was Sie vorhaben. Wenn Sie irgendwohin aufbrechen, versuchen Sie nichts zu vergessen, was ganz offensichtlich nützlich aussieht. Fahren Sie ohne Ersatzreifen Auto, dann ist es kein Wunder, dass Sie sich die ganze Zeit darüber Gedanken machen, was passiert, sollte einer der Reifen platzen. Mit Ersatzreifen im Kofferraum fährt es sich da deutlich entspannter – genau wie R2-D2 weiß, das er sich im Zweifelsfall auf seine eingebauten Schubdüsen verlassen kann, sollte es mal irgendwo tief runter gehen.

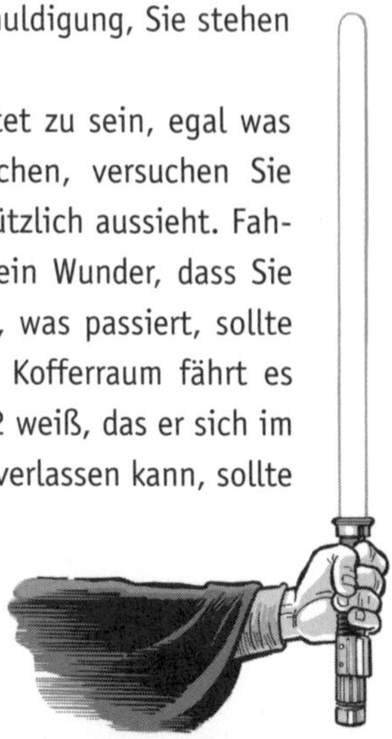

Chewbacca: Einfach mal Dampf ablassen!

Wookiees haben generell ein gewisses Aggressionsproblem (falls Wookiees in der Nähe sind, sollte man es lieber so formulieren, dass sie als sehr leidenschaftlich gelten). Im Expanded Universe, also in all den Büchern und Comics und was es sonst noch so gibt, wird das als Erklärung dafür herangezogen, dass sich so gut wie nirgends Wookiee-Jedi finden. Die bekommen die Sache mit der inneren Ruhe einfach nicht richtig hin. Ein Wookiee-Jedi liefe noch mehr als andere Jedi Gefahr, auf die dunkle Seite abzurutschen.

In Wirklichkeit hat George Lucas einfach irgendwann verboten, Wookiee-Jedi zu verwenden. Das ändert aber nichts daran, dass die andere Erklärung sinnvoll klingt, nicht wahr?

Entsprechend sieht jedenfalls auch Chewbaccas Umgang mit Stress aus. Wenn etwas nicht funktioniert, schlägt er am besten mal dagegen. Wenn einem etwas nicht passt, macht man das mit lautem Geheul deutlich. Und wenn ein paar Ugnaughts versuchen den nervigen Protokolldroiden einzuschmelzen, an dem man trotz allem irgendwie hängt, dann gibt es *richtig* Ärger.

Chewbaccas Methode ist nicht die Schlechteste. Ihnen will nichts gelingen? Ihr ganzes Umfeld stellt Forderungen an Sie, die Sie nicht erfüllen können? Suchen Sie sich etwas, das Sie schlagen können (vorzugsweise einen weichen Gegenstand, der nicht zurückschlägt). Auf diese Weise können Sie einige Anspannung abbauen. So können Sie sich tatsächlich mal ganz Ihrem Zorn hingeben, was den Imperator sicher sehr glücklich machen würde. Hin und wieder muss man einfach ein wenig Dampf ablassen.

Genauso sieht es mit dem Heulen aus. Sich einfach mal den ganzen Frust von der Seele zu brüllen, kann ziemlich befreiend sein. Entdecken Sie den Wookiee in sich! Wenn es Sie in irgendeiner Weise kümmert, was Ihre Mitmenschen von Ihnen denken, dann gehen sie vorher aber am besten auf irgendein einsames Feld, in den Wald oder in einen Raum mit guter Schallisolierung.

Fleißbienchen, die austeilen können?

Kann es das überhaupt geben: Stress in der Sternenflotte? Dies ist ein Club von und für Idealisten, bestückt mit Personen, die sich aus Leidenschaft und persönlichem Interesse für das Gemeinschaftswohl aufreiben und mitunter auch in Gefahr geraten. Der typische Sternenflottenoffizier ist ein kleines Genie in seinem Fachgebiet

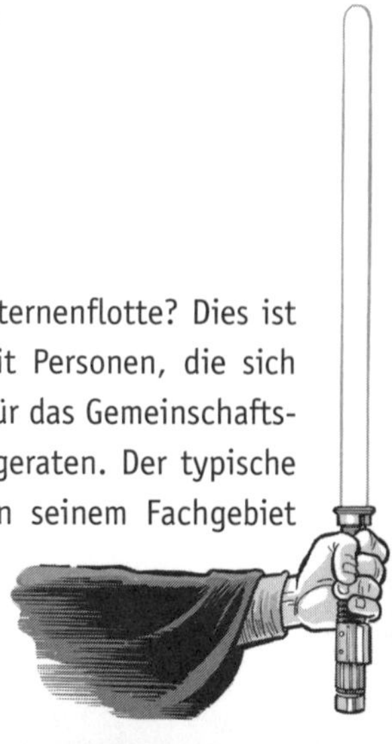

(mancher die Gesetze der Physik ein wenig arg frei interpretierende Ingenieur wurde zum Beispiel schon als »Wunderwirker« bezeichnet) und lebt für das, was er tut. Kann so jemand überhaupt beruflichen Stress empfinden? Immerhin lebt er seinen Traum und rödelt nicht in der Tretmühle des Alltags – oder?

Modell Ransom: Wahnsinn als Ventil

Captain Rudolph »Rudy« Ransom ist echt nicht zu beneiden. Der joviale Xenobiologe und oberster Kommandant des Raumschiffs Equinox strandet mit Schiff und Crew im Delta-Quadranten (ein Schicksal, das die Equinox mit der U.S.S. Voyager teilt). Doch im Versuch, sich und die seinen möglichst heil und möglichst schnell nach Hause zu bringen, geht Ransom wissentlich über Leichen. Ransom tötet Vertreter einer nukleogenischen Spezies, die sogenannten »Geister des Glücks«, weil er aus ihren Überresten einen Stoff gewinnen kann, der die Warpgeschwindigkeit seines Schiffes erhöht. Als Captain Janeway von der Voyager dieses Vorgehen scharf verurteilt und sich von Ransom distanziert – Janeway kritisiert seine Moralvorstellungen und unterstellt ihm, unter dem Druck einer Extremsituation die Ideale der Sternenflotte vergessen zu haben –, sieht dieser in Janeway und Co. Feinde, die es zu bekämpfen gilt. Rudy Ransom unternimmt, was immer er für nötig erachtet, um nach Hause zu kommen.

Seine Methode der Stressbewältigung ist also die Flucht in den rettenden Irrsinn, die Skrupellosigkeit. Ransom konzentriert sich nur noch auf das Ziel, das er erreichen muss. Er ignoriert alles andere. Auch dass er trotz seines zielstrebigen Handelns rechts und links des Weges, den er beschreitet, Opfer zurücklässt. Man mag Rudy unrecht tun, ihn mit Serienkillern und ähnlichen Psychopathen zu vergleichen, aber in puncto Stresskompensation ähneln sie sich durchaus. Ransom hört zwar keine Stimmen, die ihn zu seinen unmoralischen

Taten animieren, aber auch er stellt seine Bedürfnisse (und die seiner Crew) über die von anderen Wesen. Rücksicht, so scheint es, ist eine feine Sache, solange sie den Rücksichtnehmer nicht ausbremst.

Sollten Sie jemals in die Situation kommen, so verzweifelt wie Ransom Ergebnisse produzieren zu müssen, und Ihnen ähnliche Ideen kommen, überlegen Sie schleunigst, ob der Job, den Sie gerade ausüben, überhaupt richtig für Sie ist. Können Sie ihn vielleicht abgeben und etwas anderes machen? Wenn ja: Tun Sie das. Sofort!

Können Sie das nicht? Dann treten Sie einen Schritt zurück, atmen Sie tief durch und fragen Sie sich: Was würde Janeway tun?

Modell Quark: Wer ist hier der Boss?

Unser Ferengi-Wirt steht für eine zumindest in vielen Zügen andere Methode der Stressbewältigung: Bekommt er Druck von oben, gibt er ihn nach unten weiter.

Quark ist Unternehmer und der Herr in seiner Bar. Seine Angestellten sind keine Mitarbeiter, sondern Untergebene und eher notwendige Übel als große Hilfen. Er bestimmt ihre Dienstkleidung (oder, sofern sie weiblich sind, ihren Mangel an einer solchen), er tadelt sie, wenn sie nicht schnell genug sind. Wenn die Stationsleitung ihm einen Strich durch seine zwielichtigen Geschäftspläne macht, kürzt Quark seinen Barleuten die Löhne, um den entgangenen Profit zu kompensieren. Wenn Constable Odo, der lokale Gesetzeshüter, Quark im Verdacht hat und observiert, lässt Quark eben seine Angestellten für ihn die krummen Dinger drehen – Hauptsache, er selbst hat eine weiße Weste. Der wohl schwärzeste Tag in seinem Leben war der, als die Kellner und Animierdamen seines Etablissements eine Gewerkschaft gründen wollten.

Quark macht das gar nicht mal falsch, wissen Sie? Hierarchie kann tatsächlich ein patentes Gegenmittel gegen Stress sein – allerdings

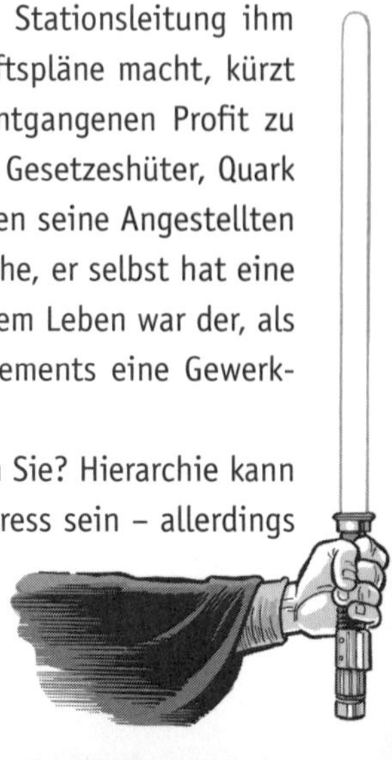

nur, wenn sich der von diesem zu Heilende *oben* auf der Hierarchieleiter befindet. Delegieren Sie die einzelnen Posten auf Ihrer viel zu langen To-do-Liste an Leute, die Ihnen unterstellt sind. Scharen Sie ein Team von verlässlichen Zuarbeitern unter sich. Sie müssen diese ja nicht im Stile Quarks anbrüllen und in knappe Bikinis zwingen, nur um sich besser zu fühlen.

Modell Scotty: Sie nennen es Wunder, ich nenne es Lüge!

Wussten Sie schon, dass Sie Wunder wirken können? Nein, ernsthaft – das ist ganz leicht. STAR TREK hat es uns beigebracht, und es funktioniert hervorragend.

Der von James Doohan und Simon Pegg gespielte Montgomery »Scotty« Scott, Chefingenieur der U.S.S. Enterprise, ist ein weiser Mann – nicht nur in seinem Fachgebiet, der Raumschifftechnik. Scotts anderes großes Talent ist nämlich das der gekonnten Stressvermeidung. Diese gelingt ihm nach einem einfachen und leicht nachahmbaren Prinzip, das wir Ihnen an dieser Stelle gern zur eigenen Anwendung empfehlen.

Situation: Ihr Gegenüber/Vorgesetzter/Auftraggeber konfrontiert Sie mit einem Auftrag, dessen Ausführung ebenso dringlich wie schwierig ist. Das Wohl des Unternehmens beziehungsweise das Überleben der gesamten Besatzung könnte von ihm (und somit ab sofort von Ihnen) abhängen.

Lösung:

1. Nehmen Sie den Auftrag an. Zieren Sie sich dabei allerdings (nicht zu viel, aber glaubhaft) und äußern Sie Zweifel an der fristgerechten / physikalisch möglichen Durchführbarkeit des Gewünschten.
2. Kalkulieren Sie intern, wie lange Sie für die Erledigung des Auftrags benötigen. Verdoppeln Sie den kalkulierten Zeitraum. Stellen Sie dem Auftraggeber die verdoppelte Zeitspanne in Aussicht.
3. Ist er damit zufrieden, arbeiten Sie ganz entspannt den Auftrag ab.
4. Ist er damit nicht zufrieden und unterbreitet ein Gegenangebot, wird dieses immer noch über ihrer wahren, nicht kommunizierten Kalkulation liegen. Zieren Sie sich abermals, aber versichern Sie ihm, alles in Ihrer Macht Stehende zu tun, um seinen Wunschtermin zu halten.
5. Erledigen Sie die Arbeit innerhalb ihres intern kalkulierten Zeitrahmens. Reichen Sie das fertige Produkt nun beim Auftraggeber ein, wird dieser staunen, es *vor* seinem Wunschtermin (den Sie ja vorher noch als schwer zu halten eingestuft hatten) zu bekommen. Und weil Sie das Unternehmen erfolgreich gerettet / das Schiff aus der Gefahr gebracht haben – und das scheinbar noch weit vor Ende der anvisierten Zeitspanne –, wird er sie fortan für einen Wunderwerker halten.

Mit diesem Prinzip bestreitet Scotty so ziemlich jede Krise höchst erfolgreich und ist innerhalb der Sternenflotte zum Status einer lebenden Legende aufgestiegen. Dabei hat er nie etwas anderes gemacht als seinen Job – und zwar stressfrei, da in der Zeit, die dafür nötig war. Er hat ihn nur mit einer guten Portion Bauernschläue verfeinert …

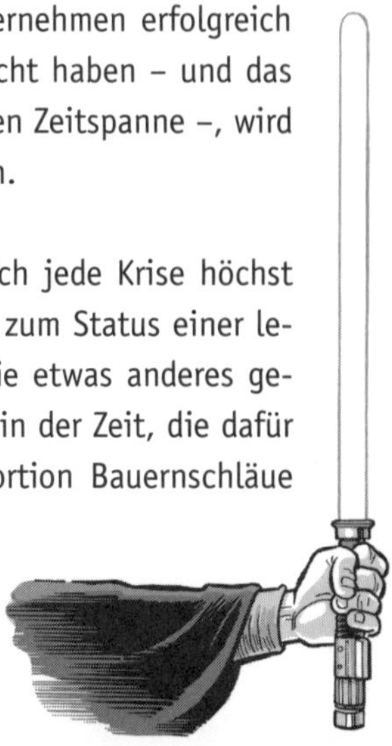

2. AUF DER SUCHE NACH DEN FALSCHEN GURUS

Vor allem wenn es um Stress und den Umgang damit geht, gibt es viele Leute, die Ihnen erklären wollen, wie Sie so etwas am besten angehen. Motivationstrainer, Ratgeberautoren so wie wir[6], selbst ernannte Gurus und Leute, die Ihnen für teuer Geld Chi-Spiralen, Heilsteine und Zimmerbrunnen verkaufen wollen. Die meisten dieser Leute sind nur auf Ihr Geld aus und weniger auf Ihr Wohlergehen.[7]

Daher wollen wir uns zum Abschluss noch einmal auf die Suche nach den falschen Gurus in unseren Star-Universen begeben. Müssen sich unsere Helden auch mit Scharlatanen herumschlagen, die scheinbar einfache Lösungen auf komplizierte Probleme bieten?

Das Image zählt!

In Star Trek gilt Kahless, der Unvergessliche, als Gründervater des Klingonischen Reiches und ist eine Legende. Ganze Generationen von Kriegern lebten und starben bereits in seinem Namen. Der Ehrenkodex, der auf ihn zurückgeht, trennt innerhalb des Reiches die Männer von den Mäusen und ist Grundlage eines speziesimmanent gewordenen Selbstverständnisses der Beinaheunfehlbarkeit und immensen Stärke. Wäre Kahless kein Mann, sondern ein Produkt, er wäre – und bliebe! – ein Bestseller. Tag für Tag für Tag.

6 Wobei wir natürlich viel bessere Antworten auf alles finden als alle anderen. Das glauben Sie nicht? Aber natürlich glauben Sie das. Sehen Sie sich nur an, wie gut wir diese Jedi-Handgeste beherrschen. Und da wir gerade dabei sind: Das sind nicht die Droiden, die Sie suchen …
7 Wir natürlich nicht. Ehrenwort!

Letzteres gibt manchen Klingonen offenbar zu denken ...

Im Jahr 2369 kommt ein schockierendes Geheimnis ans Licht: So gelang es den Mönchen eines klingonischen Klosters, aus einer Reliquie des seit Urzeiten verstorbenen Kriegers Kahless dessen DNA zu isolieren – und mittels dieser erschaffen sie einen Klon des großen Reichsgründers! In einer Welt, deren herrschende Spezies sich aller Gottheiten entledigt hat, stellt dieser Kahless durchaus eine Art Gott dar; zumindest wird er als Quelle von Weisheit und Sinn empfunden und vom Volk entsprechend gefeiert.

Doch die klingonische Welt hat sich seit Kahless' Zeiten weitergedreht. Statt seiner regiert nun ein Kanzler das Reich – und der hegt keinerlei Interesse, seinen Stuhl für einen Klon, eine bloße Kopie des großen Vorvaters, freizumachen.

Die Klingonen lösen dieses Machtproblem auf durchaus kreative und sinnvolle Weise. Zwar behält der amtierende Kanzler Amt und Würden, doch wird der »von den Toten wiedergekehrte« Kahless zu einer Art spirituellem Führer. Er reist übers Land und inspiriert, gibt Ratschläge, kommentiert das politische Geschehen. Fernab der eigentlichen Politik lebt er den Klingonen vor, was ein Klingone ist.

Wäre es zu weit hergeholt, Kahless mit dem Bundespräsidenten zu vergleichen?

Alles echt!

Bei Star Wars gibt es keine falschen Gurus. Natürlich gibt es Palpatine, der Anakin auf den falschen Pfad lockt (siehe Kapitel Mentoren), aber wenn er Versprechen macht, dann sind das keine leeren Versprechen. Man mag nicht immer bekommen, was man eigentlich wollte, und man verfängt sich definitiv in Palaptines Spinnennetz, wenn man auf ihn hört, aber er wirft nicht einfach nur mit leeren Floskeln um sich, um einem das Geld aus den Taschen zu ziehen. Er weiß, wovon er redet. Wüsste er es nicht, hätten die Jedi und die Republik deutlich weniger Probleme. Quacksalber lassen sich immerhin recht einfach enttarnen, indem man ihre Fähigkeiten auf den Prüfstand stellt. Palpatine dagegen beweist sein Können eindrucksvoll, beispielsweise im Kampf gegen Yoda – und auch Mace Windu.

Auch eben jener Yoda – der klingt, wie wohl manch ein Möchtegern-Guru gerne klingen würde –, meint immer, was er sagt, und was er sagt, ist wahr. Würden bei Star Wars Horoskope erstellt, sie könnten tatsächlich die Zukunft voraussagen. Ein Heilstein bei Star Wars würde auch dann funktionieren, wenn man nicht ganz fest daran glaubt. Und ob dort überhaupt jemand Ratgeber schreibt, können wir trotz ausführlicher Recherche nicht sagen. Wahrscheinlich hat niemand Zeit, sie zu lesen, weil alle zu sehr mit Politik und ähnlich wichtigen Dingen beschäftigt sind.

Wenn die Gurus der echten Welt so wären wie ihre Kollegen in Star Wars, wäre das schön. Denn dann gäbe es wirklich einen einfachen Weg, anzunehmen, man könnte tatsächlich alles erreichen, was man will, wenn man nur fest genug an sich glaubt. Und aus Halbedelsteinen würde längst großartige Medizin gewonnen – die man dann auf eine homöopathische Dosis verdünnt, bevor man damit Krebs und Alzheimer und AIDS heilt.

Die Welt wäre ein wahrhaftig sorgenfreier Ort.

Ist sie aber nicht. Deshalb möchten wir das letzte Kapitel dieses Buches mit folgendem Hinweis beschließen: Glauben Sie nicht alles, was man Ihnen erzählt!

Zwischenspiel

MEIN GOTT, BALTAR!

Gurus von jenseits des Tellerrands

Nicht nur in Star Trek und Star Wars gibt es die Gurus, die Leute, die versuchen andere glauben zu machen, sie seien weise und verehrenswert. Auch in anderen Science-Fiction-Filmen und -Serien findet man diesen Typ Mensch (oder Alien) immer wieder. Meistens sind sie schwer damit beschäftigt, ihre Anhänger auszubeuten oder ihnen zumindest das Geld aus der Tasche zu ziehen, während sie gleichzeitig dafür sorgen, dass diese möglichst wenig selbst denken. Schauen Sie sich die Arten von Gurus an, die es gibt, und merken Sie sich, auf wen Sie nicht hören sollten.

Gaius Baltar (Battlestar Galactica)

Er war Wissenschaftler, Politiker ... und Guru. Die vielleicht bizarrste Phase in Gaius Baltars an derlei nicht gerade armen Leben war die, in der ihn eine (zumeist aus athletischen jungen Frauen bestehende) Splittergruppe der ums Überleben kämpfenden Menschheit als Halbgott verehrte. Dabei war Baltar alles andere als heilig.

Seine Jünger sahen schlicht, wie er mit dem mentalen Echo einer Zylonin kommunizierte, das er in seiner Fantasie hörte – und glaubten, er würde beten. Als dann auch noch ein paar Zufälle den Eindruck untermauerten, Baltar sei ein mächtiger Spiritist (als etwa ein todkrankes Kind gesundete, nachdem Baltar für es betete), kannte

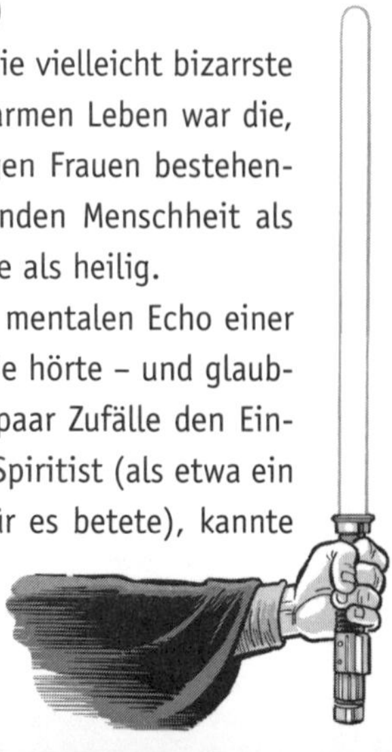

die Baltar-Verehrung auf der Galactica kein Halten mehr. Von der Führungselite müde belächelt, scharten sich die verängstigten Erbsenhirne um ihren vermeintlichen Heilsbringer und lasen ihm jeden Wunsch von den Lippen ab. Zumindest, solange sie an ihn glaubten. Baltars Leben wäre nicht Baltars Leben, würde nicht auf jedes Hoch ein gewaltiges Tief folgen …

G’Kar (Babylon 5)

G’Kar ist ein Sonderfall. Er versucht niemanden von seiner Weisheit zu überzeugen. Er hat einfach nur ein Buch geschrieben, um seine Gedanken mit der Welt zu teilen. Ein wenig so, wie wir *dieses* Buch geschrieben haben – nur mit mehr Weisheit, versteht sich.

Sein Problem ist, dass einige seiner Leser ihn gern zu einem Guru erheben würden. Sie pilgern zu ihm, lauschen gebannt seinen Worten und nehmen lieber wörtlich, was er geschrieben hat, anstatt das eigene Gehirn zu bemühen.

G’Kar ist nicht begeistert. Er weist vergebens auf seine eigene Fehlbarkeit hin und darauf, dass er einige Stellen dieses Buches geschrieben hat, als er wütend und verbittert war. Seine Anhänger bestehen darauf, sein Wort als in Stein gemeißelt und unanfechtbar anzusehen.

Andere Gurus würden ihn darum beneiden, doch er will einfach nur erreichen, dass die Leute sich nicht von ihm das Denken abnehmen lassen. Schließlich verliert er sogar die Geduld und haut einem seiner Schüler das eigene Buch buchstäblich um die Ohren, sodass dieser zur Vernunft kommen möge.

V (V – Die außerirdischen Besucher kommen)

Eine bessere Guru-Demontage kann man sich kaum wünschen: In Kenneth Johnsons SF-Parabel, die in den 1980ern als Miniserie im

Fernsehen lief (und über die ohne Johnson realisierten Fortsetzungen und das erst kürzlich entstandene Remake decken wir nur zu gern den Mantel des Schweigens), kommen Außerirdische zur Erde und verheißen der Menschheit eine Zukunft voller Glückseligkeit. Die Besucher heilen Krankheiten, versöhnen Feinde, helfen hier und verbessern dort.

Doch hinter der Fassade dieser Schönen Neuen Welt steckt ein grauenvolles Geheimnis. Johnson versteht seine Produktion nicht grundlos als Parabel auf die Nazizeit ... Und hinter den schönen Gesichtern der Besucher versteckt sich – quasi als bildliche Parallele zum Seriensubtext – die hässliche Fratze einer Echse. Diese Besucher sind keine Wohltäter, sondern Besatzer, und die Serie schildert den Kampf der menschlichen Rebellen gegen die Übermacht aus dem All.

Machen Sie es ihnen gleich. Hinterfragen Sie! Wann immer Sie nach Mentoren und Ratgebern suchen, prüfen Sie bitte genau, ob sich hinter einem freundlichen Lächeln nicht doch ein Reptil verbirgt.

Goa'uld (Stargate SG-1)

Die Goa'uld bedienen sich des ältesten Tricks überhaupt: Sie lassen sich von irgendwelchen primitiven Eingeborenen als Götter verehren. Damit zählen sie eindeutig zu der übelsten Sorte von Gurus. Sie fordern von ihren Anhängern nicht nur Reichtümer, sondern auch absoluten Gehorsam, Sklavendienste und hin und wieder einen Wirtskörper.

Dafür geben sie praktisch nichts zurück – außer man ist zufällig ein Jaffa. Dann kann man für treue Dienste mit einigen Vergünstigungen rechnen. Außerdem erhält man eine praktisch unzerstörbare Gesundheit, auch wenn das auch wieder mit einem Nachteil kommt: Man muss dafür als Brutkasten für den Goa'uld-Nachwuchs dienen.

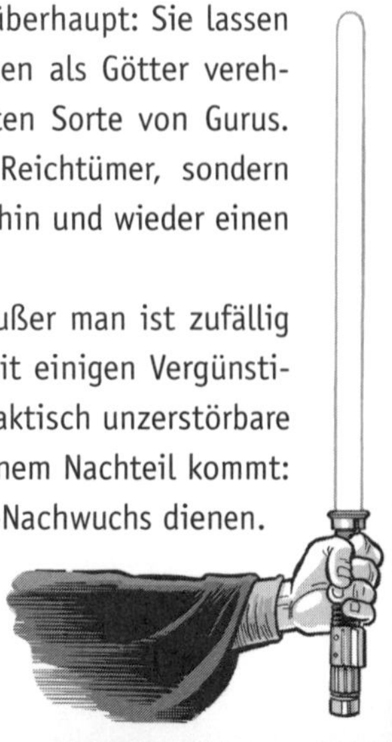

Generell ist ein Guru vom Schlage eines Goa'uld nicht schwer zu erkennen. Die gehen nicht sehr subtil vor. Sie tauchen irgendwo auf, wo sie denken, jemanden beeindrucken zu können, bieten die eine oder andere Machtdemonstration und fordern dann sehr nachdrücklich Respekt.

Das Wichtigste im Umgang mit den Goa'uld (und ihren irdischen Gegenstücken) ist, sich nicht blenden zu lassen. Sobald man aufhört, sie für Götter zu halten, sieht man in ihnen die selbstsüchtigen Tyrannen, die sie zumeist sind.

Nachwort

»GERADEAUS BIS ZUM MORGEN, LIEUTENANT. ENERGIE!«

Seit dem Justin-Bieber-Gespräch mit Thomas sind ein paar Monate vergangen, in denen wir eifrig geschrieben haben. Das fertig Manuskript zu SORGE DICH NICHT, BEAME! liegt vor. Weil wir neugierig auf seine Reaktion sind, nehmen wir es mit – auf einem iPad versteht sich, immerhin sind wir Geeks –, als wir Thomas das nächste Mal treffen.

Wir sitzen im spätsommerlichen Abendrot auf der Terrasse eines Etablissements, das sich Restaurant schimpft und von dem wir nicht genau wissen, warum wir dort immer wieder hingehen, denn auf der Speisekarte haben wir noch nichts gefunden, das man essen kann. Aber dafür hat man dort seine Ruhe, und wir nutzen die Gelegenheit, Thomas unser Werk unter die Nase zu halten.

»Schau mal!«

Seine Augen werden immer größer, während er liest. »Ihr habt das echt gemacht?«

Wir grinsen und nicken voller Stolz.

»Seid ihr total bekloppt?« Er wedelt mit dem iPad. »Ihr könnt doch nicht auf Zeug hören, das ich im Suff sage!«

»Haben wir aber. Und wir haben auch schon einen Verlag dafür gefunden.«

Thomas hört auf zu wedeln und schaut uns skeptisch an. »Im Ernst?«

Diesmal nicken wir mit unseren ernstesten Mienen.

»Oh.« Er kratzt sich ein wenig verlegen am Kopf und schiebt das iPad über den Tisch zu uns zurück. »Ich schätze, ab und zu ist es nicht schlecht, ein bisschen bekloppt zu sein.«

»Und weißt du, warum? Weil Sorgen größer werden, je mehr Aufmerksamkeit man ihnen schenkt. Manchmal hilft man sich am meisten, indem man sich kurz von ihnen beurlaubt. Und Beklopptsein ist mitunter wirklich das perfekte Gegenprogramm.«

»Always look on the bright side of life«, sagt Thomas.

»Na ja«, erwidern wir, »das geht nicht immer – selbst wenn man es möchte. Aber ‚so oft wie irgend möglich' ist doch auch ein erstrebenswertes Ziel, oder?«

Thomas wirkt nachdenklich. »Sorge dich nicht, beame«, murmelt er. »Beamen heißt doch strahlen, oder?«

Dem stimmen wir uneingeschränkt zu. Und grinsen.

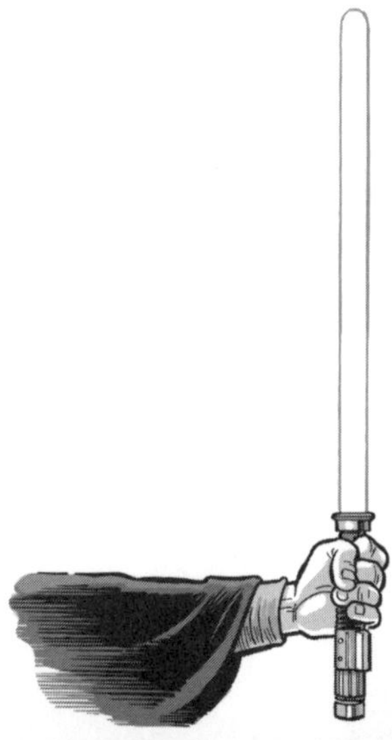